Illustrierte Geschichte der Kriminalliteratur

Waltraud Woeller

Insel Verlag

Die Autorin, Dr. habil. Waltraud Woeller (em.),
war Dozentin für Volkskunde
an der Humboldt-Universität Berlin.

Insel Verlag Frankfurt am Main 1985
Alle Rechte vorbehalten für die Bundesrepublik
Deutschland, West-Berlin, Österreich und die Schweiz
© 1984 by Edition Leipzig
Printed in the German Democratic Republic
ISBN 3-458-14171-5

Inhalt

Einführung 7

Antike 10

Mittelalter 15

17. Jahrhundert 23

18. Jahrhundert 32
   Die Pitavalgeschichte 33
   Der Räuberroman 42
   Der Schauerroman 44

19. Jahrhundert 54
   Die romantische Kriminalnovelle 55
   Die Stories of Ratiocination 59
   Die Pitavalgeschichte 62
   Der Newgate-Roman 66
   Der Familienkrimi 70
   Der Abenteuerkrimi 86
   Die realistische Kriminalerzählung 89
   Die Detektivgeschichte A. C. Doyles 95

20. Jahrhundert 108
   Der Kriminalroman nach der Jahrhundertwende 108
   Der Gentleman-Verbrecher 113
   G. K. Chesterton – Praxis und Theorie 115
   Das Goldene Zeitalter 119
   Edgar Wallace 119
   Die beiden Ladies Christie und Sayers 123
   Rationales und Irrationales 135
   Die Pitavalgeschichte 139
   Die hard-boiled story 142
   Requiem auf den Kriminalroman? 151
   Der Psychokrimi 153
   Der Polizeiroman 161
   Georges Simenon 162
   Maj Sjöwall/Per Wahlöö und Vic Suneson 164
   Arkadi und Georgi Wainer u. a. 168
   Humor im Krimi – Schwarzer Humor 171

Schlußbetrachtung 175

Anhang 179
   Literatur (Auswahl) 180
   Autorenverzeichnis 182
   Bildnachweis 192

Einführung

*Der Leser ist aufgerufen,
die Nachforschung zu verfolgen...*

Ronald A. Knox

Die Kriminalliteratur – für ihre zahlreichen Freunde und Leser der »Krimi« – gilt in der Gegenwart als weitest verbreitetes literarisches Genre. Mit bestimmten, doch insgesamt ganz unterschiedlichen Erwartungen geht ein jeder an »seinen« Krimi: Der eine sieht in ihm eine verkleidete Schachaufgabe und freut sich auf ein vergnügliches Denkspiel und Enträtseln, der andere interessiert sich für erregende Probleme in Prozessen, in der Wertung von Verbrechern und Verbrechen, wieder ein anderer nimmt geistig teil an einer Verfolgungsjagd über Dächer und Straßen. So sucht ein jeder Leser seinen Krimi aus – nach dem Titel, dem Verfasser, dem Helden, vielleicht auch nach dem Bild auf dem Umschlag.

Diese unterschiedliche Leseerwartung und die sich daraus ableitenden Formen der Kriminalliteratur sind allerdings keine Erscheinungen, die sich erst in der Gegenwart beobachten lassen. Von Anfang an hat die Kriminalliteratur ein mehr oder minder breites Spektrum erfaßt.

Wo aber ist der Anfang?

Bei Edgar Allan Poe in der ersten Hälfte des 19. Jahrhunderts? In der Antike? Oder in der Bibel, mit dem Mord Kains an seinem Bruder Abel?

Wenn wir nur vom Thema Verbrechen und Mord ausgehen, das da irgendwo und irgendwie in der Literatur angeschlagen wird, dann begeben wir uns jeder Möglichkeit, die Kriminalliteratur auf ihr eigentliches Terrain einzugrenzen, sie abzuheben, sie zu analysieren und zu verstehen.

Die schöne Helena wird entführt, Siegfried wird meuchlings ermordet. Aber in den alten Sagen und Epen markiert das Crimen nur den Beginn weitreichenden Geschehens, es leitet eine Katastrophe ein. Die Grenzen menschlichen Vermögens, auch die Grenzen beim Ertragen von Schicksalsschlägen sollen sichtbar und begreifbar werden. Die Kriminalliteratur dagegen hat vorwiegend eine Unterhaltungsfunktion, ein durchaus legales Anliegen. Diese Unterhaltung, die kein auf Werte verzichtender, gedankenloser Literaturkonsum ist, baut auf die Spannung. Diese Spannung ergibt sich aus dem Enträtseln, dem Spiel des Verstandes, der Entdeckerfreude.

Im Gegensatz zu anderen literarischen Formen nimmt die intellektuelle Spannung in der Kriminalliteratur an Gewicht zu, ohne das Emotionale völlig zurückzudrängen. Gleichzeitig kann dabei auch das moralische Empfinden angesprochen werden: Denn wenn es darum geht, ein Verbrechen, eine Übeltat nicht nur darzustellen, sondern den Täter, die Hintergründe, die Verstrickungen aufzudecken, die Schuld zu ahnden, so erfüllt sich beim Lesen die Sehnsucht nach Gerechtigkeit – und zwar auf angenehme Weise. Aber es muß der Mensch sein, der das Böse verfolgt und Gerechtigkeit übt. Wird der Lauf der Gerechtigkeit, das Verhängen der Strafe den Göttern, dem Schicksal oder den Erinnyen überlassen, so bleibt das Geschehen im Rahmen des Mythos oder der Legende.

Die emotionalen Elemente können aber noch in eine andere Richtung wirken. So wird es begreiflich, weshalb in einer vorliterarischen Zeit der Hörer, später der Leser, gerade die Beschäftigung mit dem Abgründigen, dem Verbrechen, ja meist dem Mord sucht. Der Mensch wollte und will ein ganzheitliches Bild der Welt gewinnen, er wollte und will alle Möglichkeiten und Emotionen kennenlernen – bereits als Kind, vielleicht nur im Spiel, sicher möglichst ohne Existenzgefährdung. – Dazu gehört auch das Böse, gehören Schauer und Schrecken, ein »mysterium fascinosum et tremendum«. Das Dämonische ist eben keiner Ordnung unterworfen, es verletzt Grenzen und Gesetze, die dem Menschen auch problematisch erscheinen mögen.

Die menschliche Gesellschaft legt in – sich wandelnden – Normen fest, was böse, was verwerflich, was ein Verbrechen ist. Der Verbrecher, der gegen diese Normen verstößt, ist ein Einzelner, ein Individualtäter. Wenn sich allerdings Zweifel erheben, ob diese vorgegebenen Wertungen richtig, ob sie noch tragbar sind, dann drängt sich sozialer Protest vor. Damit entsteht sofort wieder die Frage, wie weit eine Literatur, die auf Unterhaltung, auf Vergnügen an intellektueller Spannung zielt, mit Problemschwere belastet werden kann. So ordnen wir auch Fjodor Michailowitsch Dostojewskis Roman »Raskolnikow« nicht als »Krimi« ein; bereits der Untertitel »Schuld und Sühne« läßt erkennen, daß es hier – fast abgelöst von dem Mord an der alten Wucherin – um die Frage geht, wie weit der Mensch Schuld übernehmen und tragen kann und ob er diese Schuld sühnen kann. Das sind Fragen, die jenseits der Kriminalliteratur liegen.

Trotz der notwendigen Abgrenzung, die Profil und Entwicklungslinien der Kriminalliteratur sichtbar hervorheben soll, bleibt immer noch eine solche Vielfalt, daß wir uns in der Hauptsache auf die erzählenden Formen der Kriminalliteratur beschränken wollen. Wenn das Crimen allerdings mit Blick auf das Publikum, das noch kein Lesepublikum war, auf der Bühne der Öffentlichkeit vorgeführt wurde, soll auch das Drama mit herangezogen werden. Ganz aus der Betrachtung ausgeschlossen wird die »Literatur«, massenhaft verbreitet in Comics und Heftserien, die eine zutiefst inhumane Haltung spiegelt, wo das Genre nur als Vorwand genommen wird zur Darstellung brutalster Verbrechen und primitiven Sexes.

Kehren wir nach diesen Vorbemerkungen zu unserer Frage zurück: Wo und wann beginnt die Kriminalliteratur?

Mit dem Moment, da nicht mehr Götter und Dämonen als Verursacher des Bösen galten, da die Verantwortung des Menschen für Taten oder Untaten bei ihm selbst gesehen wurde, konnte nach seiner Schuld und seinem Vergehen gefragt und geforscht werden. Diese Umwertung hatte die griechische Philosophie gebracht.

So beginnen wir die Geschichte der Kriminalliteratur mit der Antike. Dabei sind wir nicht allein, sondern befinden uns in bester Gesellschaft: Die bekannte englische Autorin von Kriminalromanen Dorothy L. Sayers war sich in ihrem 1935 in Oxford gehaltenen Vortrag sicher, daß der große griechische Philosoph Aristoteles sich »zuinnerst eine gute Detektivgeschichte wünschte«. Mit der Bezeichnung Detektivgeschichte ist aber bereits eine Spielform aus dem weiten Bereich der Kriminalliteratur genannt und in die Antike versetzt worden. Ob zu recht? Wir werden es sehen.

Allerdings läßt sich über das Mittelalter keine Kontinuität für dieses literarische Genre herstellen. Eine Zeit, in der sich Lesefertigkeit fast nur auf den Klerus beschränkte, konnte keine Unterhaltungsliteratur hervorbringen. Dem Unterhaltungsbedürfnis kam vor allem die mündliche Überlieferung nach, von ihr gibt es aber kaum Aufzeichnungen. Trotzdem wollen wir auf unserer Spurensuche diese Jahrhunderte nicht übergehen, sondern nach verblaßten Dokumenten Ausschau halten und sie zu interpretieren versuchen.

So soll die Rückschau auf Anfänge und frühe Formen der Kriminalliteratur nicht die Tatsache verdunkeln, daß sie erst von der Mitte des 19. Jahrhunderts an an Bedeutung gewann, daß sie deutlich sowohl an Gewichtigkeit wie an Verbreitung zunahm, und sich ein breites Spektrum von Mordgeschichten, Kriminalerzählungen, -novellen, -anekdoten, Prozeßberichten, Pitavalgeschichten, Detektivromanen, Polizeiromanen zu entwickeln beginnt. (Die Jahrhunderte davor sind so eigentlich als Vorfeld einer langen Entstehungs- und Entwicklungsgeschichte anzusehen.) Allerdings reagierten weder Literaturhistoriker noch Kritiker auf diese Erscheinung, bis auf wenige rühmliche Ausnahmen, z. B. Kurt Tucholsky:

»Sagt doch ehrlich, saßet ihr nicht gleich mir vor Gemütlichkeit zusammenschauernd in der Bakerstreet beim Holmes, wo alsbald durch das Unwetter das Rollen einer Droschke hörbar wurde oder der Klingelzug eines Hilfsbedürftigen? ›Watson‹, sagte Holmes dann jedesmal, ›wenn mich nicht alles täuscht, so kommt dort ein junger lungenkranker Matrose vom dritten Regiment in Davonshire und hat uns etwas zu sagen!‹ Und richtig – er kam.

Ihr wißt alle, wie es weiterging. Der ›Fall‹; die Vorgeschichte, die langsam heraussickerte; die ersten Anzeichen der Entdeckung – war es nicht schön, wenn Holmes morgens zum Frühstück nicht erschien, sondern uns erst gegen elf Uhr in einem Matrosenanzug erschreckte, aber dafür auch einen kleinen Pfeifenstummel gefunden hatte, der seinesgleichen suchte?

Es war schön.«

Dieser Bereich der Literatur erschien ihnen zu unseriös. Die ersten, die sich da vorwagten, waren englische Literaten, allen voran Kriminalschriftsteller in eigener Sache, so z. B. Gilbert Keith Chesterton und Dorothy L. Sayers (1901, 1928 und 1935). Ihre Äußerungen über Struktur, Funktion, literarischen

Wert u. a. Aspekte der Kriminalliteratur sind so verschieden, ja sich widersprechend wie die literarischen Produkte selbst. In dieser bis heute fortdauernden theoretischen Unklarheit liegt ein Problem, aber auch ein wesentlicher Teil des Anreizes zur Beschäftigung mit diesem Genre.

In den letzten Jahrzehnten hat sich das Bild gewandelt: Der »Krimi« hat einen festen Platz in der Literatur erhalten, und zahlreiche Arbeiten, zumeist Aufsätze, liegen vor, die ihn unter verschiedenen Aspekten beleuchten. Im Mittelpunkt der Betrachtung stehen meist die Detektiverzählungen oder der Detektivroman, andere Formen der Kriminalliteratur werden weniger beachtet.

Doch neben der Literatur, der Belletristik, hat die Kriminalliteratur noch ein weiteres Bezugsfeld: die Geschichte der Kriminalistik, der Rechtsfindung und Rechtspflege, also die gesellschaftlichen Verhältnisse. Wie wird das Verbrechen entdeckt? Wie wird der Täter aufgespürt? Wie wird er überführt? Wie wird ihm der Prozeß gemacht? Wie wird er bestraft? Können wir sicher sein, daß der wahre Täter gefaßt wird?

Freilich soll das für unseren Band nicht bedeuten, daß Akten ausgebreitet, daß Paragraphen zitiert werden, sondern hier kommen Bilder zum Einsatz: Bilder von Gefängnismauern, von Verhören, von Folterwerkzeugen, von Gerichtsszenen, aber auch von Philosophen, Prozeßrednern, Richtern, Deliquenten.

Den Krimi als Literaturgenre soll ein weiterer Teil der Bilder verlebendigen, Bilder von Autoren, von Flugblättern, alten Illustrationen, Romanhelden, Einbänden. Dabei ergibt sich folgende interessante Feststellung: Die Bilddokumente überwiegen in der frühen Zeit, in der Zeit vorherrschenden Analphabetentums und haben oftmals ein beachtliches künstlerisches Gewicht. Mit dem Anwachsen breiter Leserschichten und einer breiten volkstümlichen Literatur – auch Kriminalliteratur – gehen die Abbildungen von Sachzeugnissen zurück. Im 20. Jahrhundert können dann durch die neu hinzukommenden Massenmedien Film und Fernsehen Kriminalromane und -novellen eine, allerdings außerhalb der Literatur liegende Ergänzung erfahren. Immerhin zeigen gerade auch die frühen Bilddokumente, daß die Behandlung des Themas Crimen – gleich auf welcher Ebene – reizte.

Wir wollen nach Herkunft, Wesen und Formen der Kriminalliteratur fragen und fahnden und die Leser bitten, sich mit uns wie rechte Nachkommen des Sherlock Holmes auf die Spurensuche zu begeben. Zuvor soll aber Herrn Professor Kunze an dieser Stelle für seine Anregungen und Hinweise gedankt werden, mit denen er diese Arbeit gefördert hat. Mein Dank gilt auch meinem Sohn, Matthias Woeller, der mich getreulich bei der Spurensuche begleitete.

Antike

*Kannst Du angeben, wie, wann
und weshalb er den Mord beging?*
Heliodor

Wir nehmen den Einstieg in die Antike zu dem Zeitpunkt, da Philosophie, Kunst und Literatur in voller Blüte standen, also etwa im 5. Jahrhundert v. u. Z. Die Philosophie hatte sich vom Mythos und von der Religion gelöst. Im Mittelpunkt von Kunst und Philosophie stand der Mensch, der Polisbürger, kein Gott oder Heros. Ausdruck dafür sind die Dramen der Klassiker Aischylos, Sophokles und Euripides. Über die dramatische Kunstgattung – die Tragödie an erster Stelle, aber auch die Komödie – war der Bürger am besten anzusprechen, bestimmte doch die öffentliche Verhandlung und Diskussion das geistige Leben der Polis. Das Drama, das in Handlung umgesetzte Wort, konnte breite Kreise erreichen.

Gleichzeitig wollte der Bürger, auch derjenige, der seine Muße mit Politik, Wissenschaft und Kunst ausfüllte, auch unterhalten werden. Diese Unterhaltungsfunktion übernahm ebenfalls das Drama. So ist es begreiflich, daß wir in einigen Dramen Spannungselemente vorfinden und – verbunden mit der Frage nach Schuld und Strafe – auch Kriminalelemente. Der Weg dorthin war ein weiter Weg, der bei den Göttermythen und homerischen Gesängen begann, beim Unterhaltungsroman des Hellenismus endete – vorläufig.

Die Vorlagen zu den Dramen waren noch Stoffe aus der Mythologie, aber die mythischen Gestalten wandelten sich zu Menschen. Zeitprobleme wurden mit einbezogen, und an Stelle eines unkritischen Schicksalsglaubens tauchte die Frage nach der Schuld auf.

In Aischylos' »Orestie« rächte Orest den Mord an seinem Vater Agamemnon, indem er die Mutter und ihren Liebhaber Aigistos tötete. Die Erynnien, die Rachegöttinnen, verfolgten Orest, immer wieder beschworen durch den Schatten der erschlagenen Mutter. Die alten Griechen glaubten, daß die Toten in ein Schattenreich eingingen. Apollon riet Orest, nach Athen zu fliehen und Pallas Athene um Schutz und Gerechtigkeit anzuflehen. Athene aber mochte nicht allein über Orests Schicksal entscheiden, das Volk von Athen sollte ihn schuldig oder unschuldig sprechen. So tagte in der griechischen Literatur bereits eine Art Geschworenengericht: Die Erynnien vertraten die Anklage, Apollon war Orestes Verteidiger und gleichzeitig Zeuge – ein sehr glaubwürdiger Zeuge übrigens, denn als Gott und Prophet konnte Apollon nicht lügen. Zwölf ausgewählte Bürger Athens waren die Geschworenen, und Athene war der Richter. Bei Stimmengleichheit entschied sich Athene für Orest, so konnte er »weiterhin die Sonne sehen« und war frei. Es wurde sehr wohl abgewogen: Orest stritt den Muttermord nicht ab, aber wurde er nicht von Apollon dazu gedrängt? Orest handelte keineswegs unüberlegt, er vergewisserte sich erst: »Tat sie es oder nicht? Als Zeuge dient mir dies Gewand: das Schwert des Aigistos hat es gefärbt.« Auch konnte Orest nicht anders handeln, denn kein Ankläger, kein Richter hätte es gewagt, gegen die Königin vorzugehen. Orests Prozeß unterstrich, wie zu verfahren sei: Sorgfältig und in aller Öffentlichkeit sollten die Schuld abgewogen und das Urteil beschlossen und verkündet werden.

Wenn das Orakel Orest in die Gerichtsbarkeit der Polis verwies, so wurde damit eine historische Entwicklung nachgezeichnet. Die Geschworenengerichte hatten die Rechtspflege übernommen, die Geschworenen selbst wurden aus der Volksversammlung erlost.

Als Sophokles den Ödipus-Stoff dramatisierte, übernahm er die Faszination, ja Dämonie der Freveltaten, die Ödipus, wenngleich unwissentlich, beging, aus der alten Mythe. Ödipus tötete, wie das Orakel es vorhergesagt hatte, seinen Vater, den König Laios von Theben, er löste das Rätsel der Sphinx, überwand sie und befreite dadurch die Stadt. Als die Thebaner, ohne nach dem Geschick des Laios zu fragen, Ödipus als König einsetzten, heiratete er ohne Kenntnis seiner Abkunft seine Mutter Jokaste. Zum Mord fügte er den Inzest. Dann aber wurde Ödipus gezwungen, einem verborgenen Verbrechen nachzuforschen, denn der Einbruch der Pest wies auf einen ungesühnten Frevel hin. So führte Ödipus als König von Theben die Nachforschungen durch. Er entlarvte sich selbst als Mörder seines Vaters, als Gatten seiner Mutter. So könnte Ödipus als Ahnherr der Detektive gelten, denn sofort, als er von der Ermordung des Laios erfuhr, begann er seine Nachforschungen und entdeckte Laios' Mörder – sich selbst.

Von der Bühne aus wurde so einem breiten Publikum auch die Freude am logischen Denken und einem kritischen Weltverständnis vermittelt. Um alle zu erreichen, mußte dabei die Motivation klar herausgearbeitet werden. Freilich waren das keine Kriminalstücke, aber das Crimen-Sujet war ein Spannungsfaktor, ein dramatisches Element. Derartige Anregungen konnten bereits die öffentlichen Gerichtsverhandlungen bieten.

Um 400 v. u. Z. blühten – gerade in politischen Auseinandersetzungen – Redekunst und Publizistik auf. Großes Interesse fanden so die Gerichtsreden des Domosthenes. Es waren der geschliffene Ausdruck, der Scharfsinn und die Folgerichtigkeit der Beweisführung, die erfreuten. Immerhin ging es in den Prozessen um so interessante Delikte wie Erbschleicherei, Versicherungsbetrug und das Versenken von Schiffen mit »Mann und Maus«.

Auch wurden, um in die römische Antike überzuwechseln, später im 1. Jahrhundert v. u. Z. Ciceros Gerichtsreden fleißig abgeschrieben und kursierten, damit diejenigen, die die Verhandlung nicht miterlebten, sich wenigstens an den Reden ergötzen und delektieren konnten. Durch zwei Skandalprozesse wurde der junge Cicero als Redner bekannt: einmal der Prozeß gegen den Propraetor (Gouverneur) von Sizilien, C. Verres, im Jahre 71 v. u. Z. und die Verteidigung des Sextus Roscius ein Jahr später. Verres hatte Kunstraub größten Stils betrieben, Getreide verschoben und zahlreiche Tötungen veranlaßt. Cicero, als Vertreter der sizilischen Städte, klagte Verres an und erreichte, daß dieser bereits nach der Einleitungsrede und dem Zeugenverhör freiwillig in die Verbannung ging. Die Rede, die Cicero nicht hatte halten können, wurde als sogenannter zweiter Prozeß veröffentlicht und ist auch heute noch eine höchst erbauliche Lektüre.

Sextus Roscius wurde des Vatermordes beschuldigt. Darauf stand seit alters her das Säcken, d. h., der Verurteilte wurde in einen Sack eingenäht und im Fluß versenkt. Cicero deckte auf, daß zwei Verwandte des Roscius dessen Vater in Rom ermorden und Sextus des Vatermordes anklagen ließen, um sich das Vermögen des alten Roscius anzueignen. Der Prozeß endete mit Roscius' Freispruch.

Den Beruf des Buchhändlers gab es seit etwa 500 v. u. Z. In Rom erlangte Atticus als Verleger und Freund des Cicero Berühmtheit. Cicero hatte übrigens schon den Gedanken, daß sich ein Buch aus vielen einzelnen Metallbuchstaben zusammensetzen lassen müßte. Die Blüte des Handels mit Handschriften aber lag in Roms Kaiserzeit, selbst entlegene Provinzen wurden mit Schriftenrollen beliefert. Es erschienen Auflagen bis zu eintausend Exemplaren.

Seit etwa dem 1. Jahrhundert v. u. Z. legten sich einzelne gebildete Römer eine Privatbibliothek zu. Die in Herkulaneum gefundene Privatbibliothek des Dichters Philodem umfaßte 1860 Rollen. (Die erste öffentliche Bibliothek wurde im 4. Jahrhundert v. u. Z. in Heraklia gegründet. Die mit fünfhunderttausend Bänden größte Bibliothek der Antike befand sich in Alexandria, die Bibliothek von Pergamon zählte zweihunderttausend Bände.) Im 4. Jahrhundert gab es in Rom 28 öffentliche Bibliotheken.

Es entstand ein vielfältiges Schrifttum, das zum großen Teil zur Unterhaltung bestimmt war, in dem auch die frühe Kriminalgeschichte an Profil gewinnen konnte. Für ein gebildetes, der Muße ergebenes Lesepublikum wurden bereits Romane verfaßt. Zwar galten die Romane bei der antiken Literaturkritik nicht als seriös, ihrer Beliebtheit beim großen Publikum tat das aber keinen Abbruch.

Zu dieser Literatur gehört auch der »Goldene Esel« des lateinischen Schriftstellers und Philosophen Apuleius (2. Jahrhundert v. u. Z.). Hier begegnen uns – zur Unterhaltung erzählt – einige Geschichten, die tatsächlich eine frühe Form der Kriminalliteratur darstellen – ganz ohne philosophische Beschwernisse. Apuleius wollte mit »anmutigem Geplauder ergötzen«: »Leser merk auf, du wirst dich vergnügen.« Am Anfang des 10. Buches steht eine dieser zum Vergnügen bestimmten Kriminalgeschichten. Sie soll hier, nach dem Original zusammengefaßt, für sich selbst sprechen:

Ein Witwer hatte sich erneut verehelicht. Schon bald warf sein Weib ein Auge auf den fast erwachsenen Stiefsohn, der von ihren Anträgen aber nichts wissen mochte.

Ihre Liebe schlug in Haß um, der Jüngling sollte um jeden Preis vernichtet werden. Ein Sklave wurde ausgeschickt, ein tödliches Gift zu besorgen. Doch nicht der tugendhafte Jüngling leerte den Giftbecher, sondern sein zwölfjähriger Stiefbruder. Sofort beschuldigte das Weib den Stiefsohn des Mordes an ihrem Kinde.

Der unglückliche Vater eilte gleich nach dem Begräbnis des Knaben zum Gerichtsplatz und klagte seinen Sohn des Mordes an. Mit solchem Mitleid und solcher Entrüstung hatte er schließlich die Ratsversammlung, aber auch das Volk durch seinen Kummer erfüllt, daß man von der Gerichtsverhandlung Abstand nehmen und den jungen Mann durch Steinigung bestrafen wollte. Die Beamten indessen, voller Sorge, es möchte aus den kleinen Anfängen der Entrüstung ein Aufruhr erwachsen, wandten sich teils an die Ratsherren, teils an das Volk, damit ein Prozeß gewährt und nach Prüfung der beiderseits geltend gemachten Gründe das Urteil gefällt werde.

Dieser vernünftige Rat fand Beifall, und die Stadtväter versammelten sich im Rathaus. Zuerst schritt der Ankläger herein, dann wurde der Beklagte gerufen und hereingeführt. Der Herold machte die Prozeßvertreter darauf aufmerksam, daß sie weder Einleitungen vorbringen, noch Mitleid erregen sollten.

Sobald der Redestreit zu Ende war, kam man zu dem Beschluß, die Wahrheit und Zuverlässigkeit der Beschuldigungen mit sicheren Beweisen auszustatten, nicht aber eine so schwerwiegende Vermutung auf bloßen Verdacht aufzubauen; deshalb müßte vor allem jener Sklave zur Stelle geschafft werden, der allein, wie man sagte, die Kenntnis habe, wie der Mord an dem Knaben vor sich gegangen wäre.

Der Sklave fing sofort an, was er selbst ausgedacht hatte, mit Entschiedenheit als wahr zu behaupten: daß ihn der Jüngling gerufen, ihm die Ermordung des Bruders aufgetragen, eine große Belohnung für sein Schweigen in Aussicht gestellt, wegen seiner, des Sklaven Weigerung ihn mit dem Tode bedroht und schließlich das eigenhändig gemischte Gift dem Knaben mit eigener Hand gereicht hätte. Als der Schurke dies mit erheucheltem Zittern vorbrachte, wurde die Verhandlung geschlossen.

Schon sollten die gleichlautenden Urteile, denn keiner der Ratsherren glaubte noch an die Unschuld des Jünglings, in die eherne Urne geworfen werden, da bedeckte einer vom Rat, ein Arzt, der hervorragende Achtung genoß, die Öffnung der Urne, damit keiner leichtfertig seinen Stimmstein hineinwarf, und

Der Philosoph Sokrates mußte, zum Tode verurteilt, einen Schierlingsbecher leeren – eine altgriechische Form der Todesstrafe. Dieser Holzschnitt entstand nach einem Gemälde von J. Louis David.

trug der Versammlung folgendes vor: »Ich will nicht zulassen, daß ein offenbarer Mord begangen wird, weil ein Angeklagter mit falschen Beschuldigungen verfolgt wird. Vernehmt, wie sich die Sache verhält!

Dieser Galgenvogel (der Sklave) da war vor nicht langer Zeit zu mir gekommen mit dem Bemühen, ein schnell wirkendes Gift zu kaufen. Er sagte, es sei notwendig für einen Kranken. Ich durchschaute, daß er nur schwatzte und unzusammenhängende Vorwände gebrauchte, um an das Gift zu gelangen. Ich gab ihm zwar einen Trank, nahm aber den angebotenen Preis nicht sofort, sondern ließ ihn den Beutel versiegeln. Hier ist der Beutel, man mag zusehen und feststellen, ob es sein Siegel ist. Wie kann der Jüngling wegen des Giftes beschuldigt werden, das der da gekauft hat?«

Die Amtsdiener packten die Hände des Sklaven und fanden einen eisernen Ring, den sie mit dem Siegel am Beutel verglichen; dieser Vergleich verstärkte den Verdacht. Der Sklave blieb verstockt, ja nicht einmal unter dem Feuer wurde er geständig.

Da sagte der Arzt: »Ich werde nicht dulden, daß ihr widerrechtlich an diesem unschuldigen Jüngling die Todesstrafe vollzieht, noch daß dieser Bube unser Gericht zum Gespött macht und der Strafe für seine Schandtat entgeht. Ich will euch nämlich einen untrüglichen Beweis geben.

Ihr wißt, daß ich diesem schändlichen Burschen einen Trank gab, denn durch eine Ablehnung würde ich ihm den Weg zum Verbrechen nur erleichtern, er konnte von einem anderen den verderblichen Trank kaufen oder mit dem Schwert oder sonst einer beliebigen Waffe die beabsichtigte Untat ausführen. Darum gab ich ihm Alraunsaft, der als bewährtes Betäubungsmittel bekannt ist und einen todesähnlichen Schlaf hervorruft. Wenn der Knabe wirklich den Trank, den ich mit eigenen Händen gemischt habe, zu sich genommen hat, dann lebt er und ruht und schläft. Wenn er aber ermordet ist oder der Tod ihn ereilt hat, dann dürft ihr für seinen Tod nach anderen Gründen forschen.«

Sofort begab man sich zu dem Grabmal, in welchem der Leib des Knaben beigesetzt ruhte. Und siehe! Wie der Vater selbst mit eigenen Händen den Sargdeckel entfernte, da fand er den Sohn, der eben den tödlichen Schlaf abgeschüttelt hatte und sich erhob; der Vater umarmte ihn aufs innigste und führte ihn dem Volke vor.

Und so wie der Knabe war, noch mit den Leichenbinden umwickelt und eingehüllt, wurde er dem Gericht vorgeführt.

Die Erinyen galten in der griechischen Antike als Rachegöttinnen der Unterwelt, die Verbrechen – besonders Blutschuld und Mord – zu verfolgen und den Frevler zu bestrafen hatten. Ihr Antlitz wurde unbarmherzig starr und umgeben von Schlangenhaaren dargestellt.

Eine öffentliche römische Gerichtsszene findet sich in den Reliefs der Siegessäule Marc Aurels abgebildet.

Nun war der Frevel des ruchlosen Sklaven und des noch ruchloseren Weibes klar ans Licht gebracht. Der Stiefmutter wurde lebenslängliche Verbannung auferlegt, der Sklave aber wurde ans Kreuz geschlagen, und nach allgemeiner Übereinstimmung wurden dem braven Arzt die Goldstücke gelassen als Preis für den zur rechten Zeit angebrachten Schlaftrunk.

Entfernt verwandt mit der Kriminalgeschichte, wie sie Apuleius vorstellt, ist die Geschichte vom Schatzhaus des Rhampsinit im 2. Buch der Geschichten des Herodot. Die Handlung ist im alten Ägypten angesiedelt. Ihr Held ist ein Meisterdieb, dessen Diebstahl nicht geahndet wird. Er stiehlt nicht, um sich zu bereichern; erst als die Familie Not leidet, bricht er in das Schatzhaus des Königs ein und ist gewitzt genug, sich nicht ertappen zu lassen. Damit war dieser Meisterdieb, der dann auch in die europäische Märchendichtung und Trivialliteratur Eingang fand, ein früher Vorfahr des »edlen Räubers«, der den Reichen nahm, um den Armen zu geben.

Die Unterhaltungsromane, deren früheste Blüte im Hellenismus lag, hatten das eine, immer wiederkehrende Thema: die Trennung und die nach unzähligen Abenteuern in fremden Ländern, glückliche Vereinigung der standhaften Liebenden. Oft waren diese Abenteuer Verbrechen, in die das Paar als Zeugen oder Opfer – nie aber als Täter – verstrickt wurde.

»Die äthiopischen Abenteuer von Theogenes und Charikleia« (3. Jahrhundert v. u. Z.) des griechischen Romanschriftstellers Heliodor sind ein Musterbeispiel des durchkomponierten Romans. Bis ins 18. Jahrhundert war das Buch einer der beliebtesten Unterhaltungsromane. »Sex and Crime« sind sicher eine der Hauptattraktionen der »Äthiopischen Abenteuer«: Theogenes, Charikleia und Knemon, ein junger Grieche, fanden in einer ägyptischen Räuberhöhle eine junge Griechin ermordet. Knemon: »Ihr Mörder ist sicher Thyamis, nach dem Schwerte zu urteilen, das wir an der Mordstelle gefunden haben. Es gehört ihm, ich erkenne es am Griff; der aus Elfenbein gedrechselte Adler ist sein Wahrzeichen.« »Kannst du angeben«, fragte Theogenes, »wie, wann und weshalb er den Mord beging?«

Die Frage wurde zwar gestellt, bestimmte aber nicht den Fortgang der Handlung. Das Crimen wurde überlagert durch Abenteuer, und das Hauptinteresse der Leser richtete sich auf die endliche und glückliche Vereinigung des Paares – übrigens ein Schlußmotiv, das trotz mancher Einwände auch heute noch in vielen Kriminalromanen erscheint.

In der Antike konnte das Kriminalmotiv noch keinen Roman tragen, wohl aber eine Kurzgeschichte prägen, so wie bei Apuleius. Hinter diesen Geschichten, hinter den Lesererwartungen steckte eine intellektuelle Neugier – eine Art Profanierung eines philosophischen Forschungsdranges, die Apuleius selbst ironisierte: »Ich bin nicht neugierig, doch möcht' ich gerne alles wissen.«

Mittelalter

*Seht, seht! Des toten Heinrichs Wunden
öffnen den starren Mund und bluten frisch.*
William Shakespeare

Das Mittelalter war, im Vergleich zur Antike, keine bildungsfreudige Epoche. Der Mensch der Antike suchte Klarheit über die Welt zu gewinnen. Für den Menschen des Mittelalters war die Welt klar, und schon der Versuch, die »göttliche Weltordnung« selbst erfassen und begreifen zu wollen, war sündhaft, war »Teufelswerk«. Wer der Verursacher alles Bösen war, stand sowieso fest: der Teufel. Er konnte den Menschen, der sich seinen Einflüsterungen und Verlockungen preisgab, zu bösen Taten anstiften. Solche Vorstellungen spiegeln sich im literarischen Bereich in der Mirakelgeschichte wider. In der 1. Hälfte des 13. Jahrhunderts trug Caesarius, Abt des Zisterzienserklosters Heisterbach, Hunderte dieser Geschichten zusammen, in denen nicht durch menschlichen Verstand und menschliches Zutun, sondern durch ein Mirakel das Böse enthüllt und vereitelt wurde. Zweck dieser Sammlung war, zu erbauen, nicht zu unterhalten.

Zu Beginn des Mittelalters waren wohl nur Angehörige des Klerus des Lesens und Schreibens mächtig. Was an Schriften aus der Antike erhalten war, befand sich fast ausschließlich in Klöstern. Die antiken Schriften bzw. deren Abschriften wurden aber nicht als Ausgangspunkt für neue, eigene Überlegungen gesehen, sondern als feststehende Erkenntnisse.

Um 1200 setzte ein gewisser Prozeß der Verweltlichung ein, Bildungsbestrebungen griffen – wenn auch zuerst zaghaft – auf Laien über. Troubadoure und Minnesänger schufen im Gegensatz zur kirchlichen Askese Liebeslieder und auch – begrenzt – politische Lyrik. Auch gab es Umformungen alter Heldenlieder aus der Völkerwanderungszeit zu Epen, um 1200 durch Geistliche vorgenommen. In diesen Epen wurde in aller »Öffentlichkeit« gehauen und gestochen, wobei Auftreten und Bewaffnung der Helden liebevoll beschrieben wurden. Wurde einmal ein Totschlag begangen, so machte der Täter kein Hehl aus seiner Tat. Für alle lagen die Zusammenhänge klar da. So ist es kaum möglich, hier Ansätze für Kriminalsujets zu sehen.

Als zur Zeit der Renaissance das Bürgertum wirtschaftlich erstarkte, seine eigene Kultur selbstbewußter zu entwickeln begann mit einer bewußten Rückbesinnung auf die Antike, da war die Erfindung des Buchdruckes (1448) eine der wichtigsten Leistungen für den Kulturfortschritt.

In den folgenden fünfzig Jahren erschienen etwa vierzigtausend Titel mit einer (geschätzten) Gesamtauflage von acht Millionen Stück, d. h. etwa zweihundert Exemplare pro Auflage. Dementsprechend hoch waren die Bücherpreise, nur halbwegs Wohlhabende konnten Bücher erschwingen. Aber es gab noch andere Möglichkeiten, um zu einem respektablen Bücherfundus zu gelangen. Herr Püterich von Reicherzhausen berichtete 1462 in einem »Ehrenbriefe«, daß er seine Bibliothek durch Kaufen, durch Stehlen und Entleihen zusammengetragen habe.

Auf einen jeden Buchbesitzer kam jedoch eine schwer faßbare, aber nicht zu unterschätzende Zahl von Familienmitgliedern, Freunden, Leseunkundigen, wenig Bemittelten, die den Buchinhalt über Vorlesen und Nacherzählen vermittelt bekamen. Erst die Lutherbibel erreichte eine Auflagenhöhe, wie sie in der römischen Kaiserzeit erreicht worden war: 1 000 Exemplare. Neben religiösen Erbauungs- und kirchlichen Streitschriften entwickelten sich aber auch Ansätze einer mehr auf Unterhaltung gerichteten Literatur.

Weit verbreitet und sehr beliebt waren die Holzschnitte und Flugblätter, auf denen mit Vorliebe erschröckliche Geschichten wie das Auftauchen von Kometen, Feuersbrünste und Mordtaten dargestellt wurden. Am Anfang der additiven, sich auch an Analphabeten wendenden Bildkomposition stand das

Die Chronisten berichteten in Schrift und Bild von unerhörten Verbrechen. Besonders interessant ist die Schweizerchronik des Diebold Schilling vom Anfang des 16. Jahrhunderts: Hans Spieß wurde zur Bahrprobe an den Sarg seiner ermordeten Ehefrau auf den Friedhof von Ettiswyl geführt (1503). Nachdem ihn die Bahrprobe belastet hatte, wurde Hans Spieß des Mordes angeklagt und auf der Folter zum Geständnis gezwungen. Hans Spieß wurde durch das Rad gerichtet.

Flugblatt von der Folterung und Hinrichtung des Hans Reichart, Glaser von Dietfurt. Der Bildanteil überwiegt, die einzelnen Szenen sind in additiver Komposition aneinander gereiht.

Ebenfalls aus der Schweizerchronik; die Wasserprobe – ein altes Gottesurteil.

Die Strafen sollten abschreckend wirken, daher ihre Härte: das Vierteilen. Holzschnitt um 1514, aus Livius »Römische Historien«.

Die Vorbereitung zur »Peinlichen Frage«, aus der Bambergischen Halsgerichtsordnung, der Vorgängerin der »Karolina«.

Aus dem Laienspiegel von 1512: Weitere Formen der Hinrichtung, die alle öffentlich vollzogen wurden. Dabei sollte die Körperlichkeit des Verbrechers zerstört werden.

Abkonterfeien des Verbrechens, der Täter dabei meist einem Monster ähnelnd, war er doch einer, der sich dem Bösen verschrieben hatte. Jedoch das Bindeglied zwischen Tat und Bestrafung, das Bild vom Aufspüren und Überführen des Täters, fehlte. Das war kaum bildlich zu fassen, vor allem stand es eben nicht im Brennpunkt des öffentlichen Interesses und Einblicks.

In zahlreichen Sagen und auch Märchen finden wir das Gottesurteil oder -gericht: Eine Blume verwandelt sich in einen blutenden Knochen, wenn der bis dahin unbekannte Täter sie vom Grabe des heimlich Erschlagenen pflücken will; das als Hirtenflöte genutzte Totenbein konnte den Mörder entlarven. Unentdeckte Verbrechen wurden doch noch durch ein Gottesgericht gesühnt. Das Crimen wurde aber nicht verselbständigt, es war als Baustein in die Wunderhandlung eingelassen, und die Sühne können wir als Ausdruck einer ersehnten Gerechtigkeit deuten. Sogar ein historisch belegter Kriminalfall wurde zum Märchen: die Geschichte vom Ritter Blaubart, von Charles Perrault in seine »Geschichten meiner Mutter Gans« (»Contes de ma mère l'Oye«) aufgenommen. Das Märchen gründete sich auf die Verbrechen des Giles de Rais, die in der ersten Hälfte des 15. Jahrhunderts durch einen Zufall entdeckt wurden. Über zweihundert Jugendliche und Kinder hatte dieser auf sein Schloß in der Bretagne gelockt und dort grausam ermordet. Das Interesse am Thema Crimen war schon da, bekundete sich auf verschiedene Weise, fand zwar noch keine eigene Form, war aber in die tradierten Genres eingelassen.

Wie sah es, abgesehen von den wunderbaren Mirakelgeschichten, mit dem Aufdecken und Bestrafen von Verbrechern aus, was war das Gottesurteil? Das Rechtsleben war gekennzeichnet durch das Akkusations(= Anklage-)verfahren. Wer sich geschädigt glaubte, erhob ein »Gezeter«, ein »Geschrey«, gegen den Tatverdächtigen. Gleichberechtigt standen Kläger und Angeschuldigter vor dem Gericht. Beide Seiten hatten tunlichst auch Eideshelfer zur Seite, die den guten Leumund bestätigten. So war es für das Gericht schwer, ein Urteil zu fällen, es sei denn, der Täter war auf »handhafter Tat« (= auf frischer Tat) ertappt worden.

Natürlich fanden auch Beobachtungen und Erfahrungen Beachtung in diesen Prozessen; die Gerichtspersonen mühten sich bereits um das Lesen von Spuren, suchten nach der Tatwaffe, wußten, wieviel Zeit das Gras brauchte, um sich wieder aufzurichten, wenn es beim Darübergehen geknickt worden war,

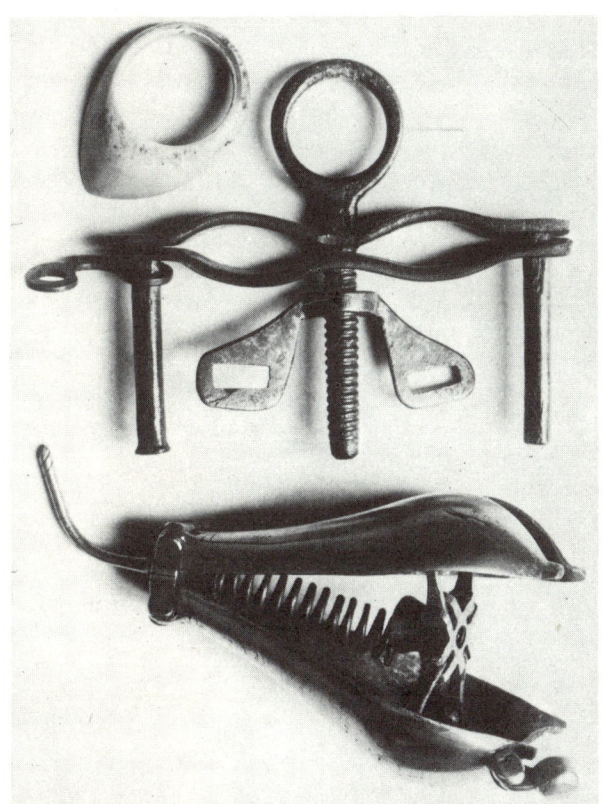

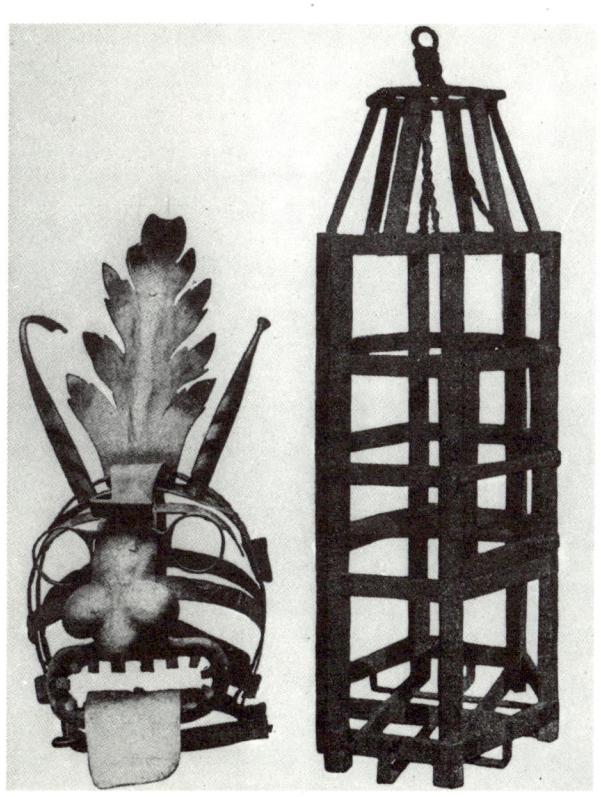

Geräte zum Richten und Foltern. Um die Arbeitskraft der Verurteilten zu erhalten, wurden sogenannte »Ehrenstrafen« verhängt. Hier: Strafmaske und Schandkäfig.

aber dennoch blieb die Unsicherheit der Rechtsfindung. Um sie zu überwinden, wurde das Ordal, das Gottesurteil, zur Hilfe herangezogen. Es boten sich für schwere Verbrechen an: die Feuerprobe, die Wasserprobe, der gerichtliche Zweikampf und die Bahrprobe. Sehr viel hing für den Beschuldigten von der Art des Ordals ab: Bei der Wasserprobe hatte der Beschuldigte keine Chance. Gelang es ihm, obwohl an Händen und Füßen gefesselt, über Wasser zu bleiben, so war er schuldig; als unschuldig galt er im Falle des Versinkens (und damit Ertrinkens).

Dramatisch war auch die Bahrprobe, denn hier wurde das Opfer als Zeuge wider den Täter herangezogen: Die Wunden des Getöteten begannen zu bluten, wenn der Mörder an die Bahre trat. In der »Schweizerchronik« des Diebold Schilling (16. Jahrhundert) findet sich ein Bericht über den Frauenmörder Hans Spieß.

Von einem wunderbaren Mordhandel
(Dem Original nacherzählt.)

Dieses Jahr (1503) im Heumonat hat Hans Spieß, ein Krieger, Hurer, Spieler, Prasser, im Luzerner Gebiet, im Ettyswyler Kirchspiel auf einem Hof gesessen, seine fromme Frau Margret im Bett erstickt und sie, als sie gestorben, wie gewohnt früh verlassen.

Doch man hegte so großen Argwohn gegen ihn, daß er, gefangen, zu Willisau streng gefoltert wurde; doch gestand er trotz aller Marter nichts. Aber der Größe des Verdachtes wegen ward mit Recht erkannt, daß man das Weib, das zwanzig Tage zu Ettyswyl im Kirchhof gelegen hatte, ausgraben sollte, auf eine Bahre legen und ihn beschoren und nackend dazu führen; sodann sollte er seine rechte Hand auf sie legen und einen gelehrten Eid bei Gott und allen Heiligen schwören, daß er an diesem Tode keine Schuld habe. Und also da dieses elende, grausame Ansehen zugerichtet war, daß er sie mochte ansehen, je mehr warf sie wie würgend einen Schaum aus und da er gar hinzukam und sollte schwören, da entfärbte sie sich und fing an zu bluten, daß es durch die Bahre niederrann. Da fiel er nieder auf seine Knie, bekannte öffentlich seinen Mord und begehrte Gnade.

Die Gnade wurde Hans Spieß freilich nicht zuteil. Er wurde gerädert und aufs Rad geflochten.

Abführen eines Missetäters ins Gefängnis.
Holzschnitt von 1523.

Hinrichtung durch das Fallbeil, bereits im 16. Jahrhundert geübt. Holzschnitt von Lukas Cranach d. Ä.

Im 13. Jahrhundert löste das Inquisitionsverfahren, ausgebildet in der Verfolgung der Häretiker, der Ketzer, das alte Akkusationsverfahren ab. Gefördert wurde diese Ablösung auch durch die Scholastik, denn die archaischen und dubiösen Gottesurteile gerieten immer mehr in Widerspruch zu der von den Scholastikern angestrebten Logik. Der Inquisitor war Kläger, Untersuchender und Richter zugleich. Nach Möglichkeit trachteten die Inquisitoren danach, vom Beschuldigten ein Geständnis zu erhalten, wenn es nicht anders ging, dann mit Hilfe der »peinlichen« (d.h. Pein bereitenden) Frage, der Folter. Oftmals genügte das bloße Vorzeigen der Folterinstrumente, um ein Geständnis zu erhalten. Der Schrecken wurde dadurch erhöht, daß die Verhandlung geheim war. Die Inquisition löste Angst und Schauder aus und lähmte ob ihrer Unbeeinflußbarkeit das Interesse an der Urteilsfindung. Es gab keine Wechselrede zwischen Ankläger und Verteidiger – weil es keinen Verteidiger gab. Ebenso wenig wurde zwischen be- und entlastenden Momenten abgewogen. Das Inquisitionsverfahren bildete auch den Hintergrund der vielen Hexenprozesse.

Wo die Untat mit dem Hinweis auf Teufelsbündnis und -buhlschaft eindeutig motiviert war, wo die Verdächtige als Hexe bereits überführt war, da gab es zwischen Inquisition, Verließ und Scheiterhaufen auch keinen Freiraum zur Entwicklung einer Kriminalliteratur.

Andere Verbrechen, betrügerischer Konkurs, Vertrieb von Falschgeld, Erbschaftsstreitigkeiten, die die Bürger untereinander ausmachen sollten, wurden dem Schöppenstuhl überwiesen. Die juristisch unbewanderten Schöppen stützten sich nach wie vor in Zweifelsfällen auf die Ordalien.

Soweit zur Rechtssituation; auf unserer Suche nach frühen Formen der Kriminalliteratur werden wir Mitte des 16. Jahrhunderts endlich fündig.

In der Schwanksammlung »Rollwagenbüchlein« (1555) des Stadtschreibers Jörg Wickram ist auch »Eine grausame und schreckliche Historie, die sich wegen eines Kaufes oder Tausches zugetragen hat«, enthalten. In einem Wirtshaus war ein Doppelmord geschehen. Als alle, die sich dort aufhielten, gefangen gesetzt worden waren und zur »peinlichen Frage« geschritten werden sollte, entschied der Scharfrichter als Untersuchungsführender dagegen. »Es hatte aber der Nachrichter als einer, der diese Dinge gewohnt ist, aus vielen Zeichen und verdächtigen Umständen über die Sache gar viel nachgedacht, dazu auch den Amtsleuten geraten, mit den Gefangenen nicht zu eilen, denn es wollte ihn ganz und gar bedünken, der Wirt habe solchen Mord an seinem Weib und sich selbst begangen.« So war es denn auch, und fast hausväterlich wurde an die nun aufgeklärte Mordgeschichte die Moral geflickt: »Darum laßt uns solche unehrbaren Tauschgeschäfte und solch gefährlichen Käufe vermeiden.«

In den Schwänken, die die Erzählsammlungen des 15. und 16. Jahrhunderts bestimmten, ging es nebenbei auch um handfeste kriminelle Handlungen, um Zechprellerei, Betrug, Ehebruch, Verleumdung, Sachbeschädigung. Aber allen Lastern wurde die komische Seite abgewonnen. Es gab eigentlich keine Opfer, nur Hereingelegte. Hörer und Leser freuten sich über die Schlauheit des Anstifters, über seine Tricks, Ränke und Listen. Es ging dabei auch nicht um Tod und Leben.

1532 wurde im Heiligen Römischen Reich Deutscher Nation die »Carolina«, die peinliche Gerichtsordnung Karls V. (1500–1558), verkündet – ein Versuch, die Unterschiedlichkeit in den Landesrechten zu überwinden. Die Anwendung der Folter sollte eingeschränkt werden, sie blieb aber erhalten und mit

Titelblatt der »Karolina«, der »Peinlichen Gerichtsordnung« Kaiser Karls V.

ihr noch andere Rechtssitten. So hieß es auch: »... doch wollen Wir durch diese gnädige Erinnerung Kurfürsten, Fürsten und Ständen an ihren alten wohlhergebrachten rechtmäßigen und billigen Gebräuchen nichts benommen haben«.

Die Inquisition wirkte bis weit ins 17. Jahrhundert hinein, es blieb bei der Heimlichkeit und Abgeschlossenheit des Gerichtsprozesses. Diesen Raum des Nichtwissens mußten zwangsläufig Gerüchte und Verdächtigungen ausfüllen, die umliefen, sich aber kaum literarisch verdichten konnten.

Anders war die Situation im elisabethanischen London. Die Londoner Bürger waren wirtschaftlich gesichert und selbstbewußt, sie wollten von ihrer Geschichte und der Weltgeschichte erfahren, vor allem wollten sie auch über die Rechtspflege und -ordnung eine gewisse Kontrolle gewinnen. Um all diese Probleme einer breiten Bürgerschaft zu verdeutlichen und zu verlebendigen, bot sich das Drama an. Ähnlich wie in der Antike wurden so auch Kriminalsujets auf der Bühne abgehandelt. In das Rund der großen Volkstheater strömten die Londoner Bürger, auch die nicht lesen konnten und die, die sich keine Bücher leisten konnten.

Diese Entwicklung wird deutlich am Schaffen William Shakespeares. Bereits in den Königsdramen wird die Handlung durch Machtgier, Herrschsucht, Mord und Intrigen bestimmt. Auch in den Komödien, z.B. im »Kaufmann von Venedig«, spielen Rechtshändel eine Rolle. Mord als zentrales Motiv erscheint im »Hamlet« und in »Macbeth«. Im »Hamlet« ist der Mord bereits vor dem Einsetzen der Handlung geschehen, es geht im folgenden um die Auswirkungen der Tat, um die Frage nach Rache und Gerechtigkeit, aber auch um die Frage, wie weit der Mensch die Last von Konflikten und Schuld ertragen kann, weshalb wir diese Dramen nur in die Nähe des Kriminalsujets rücken wollen. In »Macbeth« wird – fast noch in mittelalterlicher Weise – die dämonische Verlockung zum Mord gezeigt, im weiteren Verlauf der Tragödie, wie sich an den einen, den ersten Mord, eine Kette von weiteren Morden und Verbrechen anschließt. Doch ging es Shakespeare nicht um blutrünstige Greueltaten, sondern um das Ausmaß menschlicher Leidenschaften und um die Steigerung des Dramatischen. Für die vielen Zuschauer im weiten Rund des Theaters mußte die Dramatik deutlich sichtbar werden: mit Dolch und Schwert, Hexen und Gespenstern.

Fast wird die Konstellation des »Krimis« beschrieben, wenn Lucianus im »Hamlet« sagt: » – Gedanken schwarz, Gift wirksam, Hände fertig, Gelegene Zeit, kein Wesen gegenwärtig.« Die Länge der Shakespeare-Dramen läßt es fraglich erscheinen, ob sie ungekürzt aufgeführt worden sind und ob vielleicht der ausführliche Text nicht doch mit Blick auf ein sich langsam herausbildendes Lesepublikum veröffentlicht wurde.

Auf dem europäischen Kontinent verbreiteten englische Komödianten die Dramen Shakespeares, wenngleich oft in entstellter Form. Der Dreißigjährige Krieg vertrieb jedoch die Spieltruppen und löschte für lange Zeit die Erinnerung an die Stoffe Shakespeares.

17. Jahrhundert

*Das Parlament befahl dem Bannrichter,
sowohl in als auch außerhalb der Stadt
fleißig nachzuforschen.*

Georg Philipp Harsdörffer

Mit »Cogito, ergo sum« hatte René Descartes bereits am Anfang des 17. Jahrhunderts das philosophische Bekenntnis zur Ratio ausgesprochen. Aber in der Wirklichkeit war man noch weit entfernt von der Durchsetzung dieses Gedankens.

Krasse Gegensätze prägten diese Zeit: Es gab in England die Habeascorpusakte (1679) und auf dem Kontinent wurden weiter Hexenprozesse geführt. Neben den Akademien blühten Astrologie und Alchemie. Neben der barocken Kultur existierten Bettelarmut und Rechtlosigkeit. Die Literatur war in weiten Teilen höfisch: galante und heroische Romane, Tragödien mit Haupt- und Staatsaktionen, Huldigungen, Trinklieder, Schäferromane ... Aber das 17. Jahrhundert brachte auch die ersten volkstümlichen Romane. Die Gegensätzlichkeit, die Antithetik wurde zu einem Stilmerkmal. Sie drückte sich auch aus in der Malerei, der Skulptur, in sprachlichen Wendungen, in der Musik.

Für unsere Recherchen bietet sich der volkstümliche Roman an. Es ist der picareske Roman. Sein Held ist der Picaro, eine Gestalt der spanischen Reconquista. Es war einer der Entrechteten, der Hungerleider, dem es mit Menschenkenntnis, List und Gaunertricks doch noch gelang, sich einen Platz am Rande der Gesellschaft zu sichern. Der Dreißigjährige Krieg machte ihn zum Vertreter all derer, die wie Strandgut im Gefolge von Schlachten, Hungersnöten und Seucheneinbrüchen herumgetrieben wurden: des Simplizius und der Landstörzerin. Aber die Leidenswege konnten sich auch in Abenteuer verkehren – abenteuerhaltig waren oft auch die Streiche.

Die Gaunerstreiche konnten immer in die Verbrechenssphäre hineinwachsen, Straßenräuber und Betrüger agierten in derartigen Erzählungen, heruntergekommene Nachfahren eines Robin Hood.

Thomas Dekker stellte sie in »Der Ausrufer von London« zusammen (The Belman of London, 1608) mit der im Untertitel genannten Absicht »Bringing to the Light the most notorious villainies new practised in the Kingdom« (die berüchtigsten Schurkereien jetzt im Königreich verübt, an das Licht zu bringen). Aber das Ganze war mehr als Sittengemälde angelegt, wobei freilich einige Sitten oder Unsitten den löblichen Leser belustigen sollten. Es lag also noch nichts völlig Neues vor, diese Gaunerliteratur blieb vorerst im Schatten der alten Schwanktraditionen. Im 17. Jahrhundert gesellte sich ein irrationaler Typ zur Gruppe der Missetäter: der Vampir, der arglose Schläfer überfiel und ihnen das Blut aus den Adern saugte. Anfangs blieb sein Wirken auf Chroniken, Sagen und Märchen beschränkt; erst im 19. Jahrhundert verließ er endgültig seine Gruft, um in Schauerromanen, und später auch im Film, bis in unsere Tage zu überleben. Er schuf eine Atmosphäre des Unheimlichen, des Rätselvollen, die der Kriminalautor einzufangen trachtete.

Der Bischof von Belley, Jean Pierre Camus, gab 1630 das »Blutige Amphitheater« (Amphithéatre sanglant) heraus, in dem er verschiedene Geschichten, die er auf Reisen, Pilgerfahrten und Konferenzen gehört hatte, vereinte. Der Titel war marktschreierisch, aber kirchlicher Eifer und moralisierende Besserungssucht sprachen aus jeder Erzählung. Dieses »Amphithéatre« wurde dann der Vorwurf zu der Erzählsammlung »Der große Schauplatz jämmerlicher Mordgeschichte« (ab 1649) des Nürnberger Patriziers und Juristen Georg Philipp Harsdörffer, in der er Mordgeschichten unterschiedlicher Tradition darstellte.

Damit war eine neue literarische Form gefunden: der Casus, ein Abzweig der Kurzgeschichte. Harsdörffer wählte jedoch statt des aktentrockenen Terminus die vielversprechende Bezeichnung »Mordgeschichte«. Wenn sich Harsdörffer mit der Sammlung und ihrem Titel Camus annäherte, so näherte er sich auch bewußt der Vorstellungswelt der Naturwissenschaftler, die in einem »Anatomischen Theater« einem breiten Publikum medizinische und naturwissenschaftliche Experimente darboten.

Ging es also darum, ein Verbrechen, seine Aufklärung und seine Bestrafung literarisch zu fassen, so war Harsdörffer eine überaus geeignete Persönlichkeit. Er war nicht nur ein weitgereister Patrizier und Jurist, sondern auch ein angesehener Dichter, der Begründer des Nürnberger »Gekrönten Hirten- und Blumenordens« der »Pegnitzschäfer«. Auch eine gewisse Kenntnis des materialistischen Empirismus und der naturrechtlichen Gesellschaftstheorie in England kam Harsdörffer zugute.

Angelegt waren die Geschichten jedoch als Spannungsliteratur. Bereits in der Vorrede an den »Neugierigen Leser« versicherte der Autor, »den Leser, welcher des Ausgangs begierig ist, nicht verdrüßlich« aufzuhalten. Ebenso waren die Titel der einzelnen Erzählungen dramatisch geladen und versprachen Sensationelles und Spektakuläres:

Der doppelte Brudermord, Der unerhenkte Gehenkte, Das tödliche Wort, Der Rachbrand

Geglaubt oder nicht geglaubt, wurde auch das Irrationale als Spannungselement eingebaut. Diese seltsame Mischung von Rationalem und Irrationalem zeigt sich in der Erzählung vom Gespenst, das tatkräftig bei der Überführung des Mörders mithilft.

Das Gespenst (Dem Original nacherzählt.)
In der Hauptstadt des Königreiches Schweden, Stockholm, hat es sich begeben, daß ein Fleischhakker oder Metzger daselbst, sich in seine schöne Dienstmagd verliebte, welche aber so bedachtsam war, daß sie in seinen sündlichen Willen sich nicht fügen wollte, es sei, sein Weib sterbe zuvor, und er eheliche sie. Weil aber die Alte nicht dahinfahren wollte, war er darauf bedacht, der Marter abzuhelfen. Er ließ einen Sarg fertigen, zerspaltete dem schlafenden Weibe das Haupt mit seinem Schlachtbeil und sargte sie eiligst ein mit dem Vorgeben, sie sei an der Pest gestorben. Dann ließ er sich die Magd antrauen, und niemand außer dem Täter wußte von dem Verbrechen. Doch bald darauf trieb ein erschröckliches Gespenst den Mann aus seinem Hause, und es blieb öd und leer stehen. Der Mann zog in eine andere Behausung, aber sein Gewissen plagte ihn weiter.

Nachgerade fügte es sich, daß ein Reichstag zu Stockholm gehalten wurde und daß auch eine adlige Wittib dahin reiste, die aber keine andere Herberge bekommen konnte, als in dem verschrienen Haus. Die Wittib scheute sich aber nicht, im festen Gottvertrauen dort Wohnung zu nehmen. Um Mitternacht kam das Gespenst mit großem Gepolter in die Stube, die Wittib betete und wandte das Angesicht zur Wand. Weil ihr nun kein Leid widerfahren war, sprach sie in der folgenden Nacht das Gespenst an: Alle guten Geister loben *Gott* den *Herrn*. Das Gespenst, ein Weib mit gespaltenem Haupte, antwortete: Ich bin ein guter Geist und lobe auch Gott den Herrn.

Hierdurch wurde die Wittib beherzt und erkühnte sich zu fragen, wie denn der Geist in diese wüste Behausung käme.

Im 17. Jahrhundert waren durchziehende Heerhaufen, daneben aber auch Morde und Überfälle von Räubern für die Bevölkerung im Heiligen Römischen Reich Deutscher Nation eine arge Belastung. Räuberischer Überfall. Radierung von Hans Ulrich Frankh.

Georg Philipp Harsdörffer, Nürnberger Dichter, Jurist und Patrizier. Zeitgenössischer Stich.

Titelseite des »Großen Schauplatzes jämmerlicher Mordgeschichte«.

Inhaltsverzeichnis des III. Teiles des »Großen Schauplatzes jämmerlicher Mordgeschichte«.

Da erzählte ihr das Gespenst von der Mordtat und gab zu verstehen, daß es nicht ruhen könnte, bevor der Mann seine verdiente Strafe empfangen hätte.

Das alles ist wohl noch glaublich, aber was dann folgte, ist hart, und wäre es nicht von so hohen Personen bezeugt, möchte man Ursache haben, daran zu zweifeln. Die Wittib soll ihren Wappenring vom Finger gezogen haben und ihn in den zerspaltenen Schädel geworfen und mit ihrem Haartuch zusammengebunden haben. Darauf verschwand dann das Gespenst. Am anderen Tage zeigte dann die vielbesagte Wittib die Begebenheit bei der Obrigkeit an, und weil ihr niemand glauben wollte, wurde das Grab eröffnet. Das Haartuch samt dem Ringe wurden aufgefunden, und der Mörder, der sich nicht denken konnte, wer ihn verraten hatte, der gebührenden Strafe zugeführt.

Der Gespensterglaube und das Suchen nach realen Beweisen und Indizien – Ring, Kopftuch – standen sich hier gegenüber. Ebenso unterschiedliche Gefühle wurden auch den Lesern vermittelt: als wichtigstes aber zum Schluß das Gefühl des Waltens von Gerechtigkeit, Ordnung und Sicherheit. Es waren vor allem die bürgerlichen Mittelschichten, die nach der harten und entbehrungsreichen Zeit des Dreißigjährigen Krieges sich eine gesicherte Existenz herbeisehnten, die gleichzeitig auch Erregendes, Merkwürdiges, »Curiöses« hören und nacherleben wollten, um ohne Gefährdung den Arbeitsalltag zu verlassen, und die bereits empfänglich waren für eine populäre naturwissenschaftliche Fragestellung.

In einer weiteren Geschichte, betitelt »Die Erscheinung der Geister«, geht es nicht einfach um Spuk, sondern um ein Alibi. Sie soll hier nur kurz skizziert werden.

Die Handlung spielt in Frankreich. Ein adliger Ehemann, der mit seiner Frau in Unfrieden lebte, erdrosselte diese und suchte dann, um das Verbrechen zu verschleiern, einen Zauberer auf. Dieser bewirkte mit seiner Magie, daß die Gestalt der toten Frau noch einige Tage allen sichtbar hin- und herging. Der Ehemann verreiste klüglich während dieser Zeit. Als er zurückkam, war seine Frau tot. Jedoch »... fand man den Leichnam so stinkend und verfault in deß Edelmanns Hauß / daß viel wähnten / es müsse nicht recht hergehen ...«. Der Verdacht richtete sich schließlich gegen den Ehemann, und er wurde in Haft genommen. Als er die Praktik eingestanden hatte, wurde er lebendig gerädert. Der Zauberer konnte noch fliehen, wurde aber anderenorts ergriffen und lebendig verbrannt.

Weder Betrug noch Magie konnten die Suche nach Schuld und Schuldigen und den Lauf der Gerechtigkeit aufhalten. Eine ebenso tröstliche wie warnende Erkenntnis für den Leser.

Bei der Behandlung von Themen wie Folter und Bahrprobe, hier als Bahrrecht bezeichnet, war Harsdörffer mehr Jurist als Erzähler. Folter und Ordalien behielten zwar bis in das 18. Jahrhundert ihre Gültigkeit, aber es mehrten sich unter den Juristen die Stimmen, die Bedenken anmeldeten, die überzeugende Fälle neben dubiose stellten, die nach den natürlichen Ursachen spektakulärer Zeichen fragten.

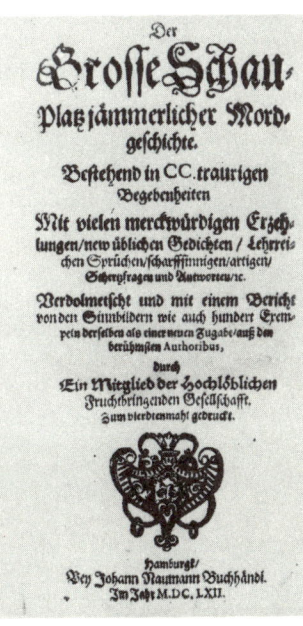
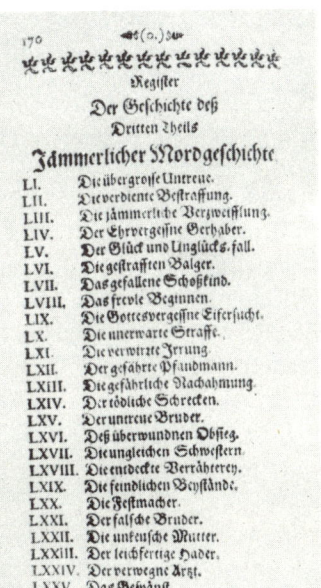

Dem »Großen Schauplatz jämmerlicher Mordgeschichte« folgte der »Große Schauplatz Lust- und Lehrreicher Geschichte« (1653). Lust- und lehrreich blieb für den Verfasser wie für seine Leser aber der Typ der Mordgeschichte, der Casus. Den Anfang machte gleich eine handfeste Räubergeschichte mit wilden Verfolgungsjagden – zu Fuß und zu Pferde –, kaschiert freilich unter dem erbaulichen Titel »Das glückselige Almosen«. Von einem raffinierten Trickdiebstahl handelte »Der subtile Kirchenräuber«. Mitten in der Kirche simulierte einer der Räuber einen Pesttod, die Gläubigen und auch die Geistlichen verließen fluchtartig das Kirchenschiff und sahen dann später mit Erleichterung und Beruhigung, wie die Gefährten des scheinbar Gestorbenen ihn in einer Kiste fortschafften. Tatsächlich aber wurde der Kirchenschatz weggeschleppt – unter den Augen aller.

Den Schluß der fast schwankhaft anmutenden Geschichte prägte jedoch der Wunsch nach ausgleichender Gerechtigkeit: Der Räuber, der sich wie eine Pestleiche hingestreckt hatte, starb dann tatsächlich an der Pest, während seine Kumpane am Galgen endeten.

Die Nacherzählung eines alten französischen Kriminalfalles, den ein halbes Jahrhundert später auch François Gayot de Pitaval in seine »Causes célèbres« aufnahm, berührte das Irrationale nicht. Es wurden das Verschwinden eines Kaufmanns aufgeklärt und der Raubmörder ermittelt. Auch bei Harsdörffer lautet der Titel:

Des Blinden Zeugschaft (Dem Original nacherzählt.)
Ein italienischer Kaufmann, der sich längere Zeit in England aufgehalten hatte, wollte in seine Heimat zurückkehren. Er schrieb deshalb an seine Freunde, daß sie ihn in sechs Monaten erwarten sollten und kam mit seinem Diener, der ein Franzose war, von London nach Rouen. Von dort wollte er nach Paris weiterreisen. Mit sich führte der Kaufmann seine Handelsbücher, Schuldverschreibungen und seine Barschaft. Doch nahe bei Argenteuil in den Weinbergen wurde er von seinem Diener überfallen und beraubt. Ein Blinder, der des Weges mit seinem Hunde kam, fragte den Täter, der an ihm vorüber ritt, wer denn da klagte und ächzte. Der Mörder antwortete, daß da ein Kranker wäre, und damit schieden die beiden.

In Italien, in Lucca, wartete man vergeblich des Kaufmanns. Schließlich sandten die Freunde einen Boten aus, um Nachricht von seinem Aufenthalt zu erlangen. Er erfuhr, daß der Kaufmann von Dieppe nach Rouen gereist war, daß er weiter nach Paris wollte, doch dann verlor er die Spur. Schließlich brachte er sein Anliegen vor das Parlament, und es befahl dem Bannrichter, sowohl in als auch außer der Stadt fleißig nachzuforschen. Dem Bannrichter, er hieß Bigot, war ein neuer Handelsmann verdächtig, der seit acht Monaten einen großen Laden aufgetan hatte. Er führte ihn in Verhaft und brachte ihn schließlich dazu, seine Schuld am Tode des vermißten Kaufmanns einzugestehen. Der Bannrichter forschte nun auf dem Wege nach Paris nach und erhielt Kunde von einem Leichnam in den Bergen von Argenteuil. Gerade zu dem Zeitpunkt kam der Blinde zu dem Bannrichter, um zu betteln und hörte, wie von dem Mord die Rede war. Da fiel dem Blinden ein, daß er wohl die Stimme des Täters gehört hatte. Der Bannrichter ließ den Gefangenen reden und den Blinden verborgenerweise zuhören. Er bejahte, daß es der Mann wäre, der mit ihm am Weinberge gesprochen hätte.

Als der Täter klagte und von Verleumdung sprach und daß ein blinder Zeuge aufgeboten würde, ließ man ihrer zwanzig Mann nacheinander reden. Aber ein jedesmal erkannte er des gefangenen Mörders Stimme. So wurde endlich dem Beklagten mit der peinlichen Frage gedroht und die Geistlichen sprachen ihm beweglich zu, so daß der Mörder die Tat aus Zwang seines bösen Gewissens bekannte und seine Sünde bereute.

Das Irrationale fehlte in dieser Erzählung. Recherchen der Freunde, polizeiliche Methoden und der Zufall führten zur Entdeckung der Tat, zur Konfrontation mit dem Zeugen und zur Bestrafung des Täters. Die immer wieder beteuerte »Wahrhaftigkeit« der Geschichten, die sowohl die Ratio wie das Gefühl ansprachen, wurde durch diese Art der Darstellung bekräftigt. Nicht von ungefähr spielte das Geschehen in Frankreich. Das Polizeiwesen hatte dort im 17. Jahrhundert eine beachtliche Entwicklung genommen, vor allem in Paris. In der Zeit des Absolutismus war Paris zum wirtschaftlichen, kulturellen und gesellschaftlichen Zentrum des Landes geworden. Paris war übervölkert, die sozialen Spannungen verschärften sich. Ein Stadtviertel von Paris befand sich über längere Jahre in der Hand von Bettlern und Banden, die Bevölkerung war stark beunruhigt.

Aber die Bedrohung kam nicht nur aus düsteren und winkligen Straßen. In den Kreisen des Adels häuften sich auffällige und rätselhafte Todesfälle.

Flugblatt von der »Gefährlichkeit« der
Hexen. Holzschnitt von 1669.

Eine Hinrichtungsszene aus »Les misères et
les malheurs de la guerre« (1633) von J. Callot.

Marquis d'Argenson. 1720 Generalleutnant
der Polizei von Paris.

Der Verbrecher wird zum Richtplatz geführt –
Kupferstich von 1669.

Das Gerede vom »poudre de succession«, vom »Erbschaftspulver« wurde immer lauter. Auch der Hof blieb von Giftmord und Giftmordversuchen nicht verschont.

So wurde für »Unsere gute Stadt Paris« 1667 die »Haute Police« geschaffen, an ihrer Spitze stand der Generalleutnant – Lieutenant génerale de la Reynie. Großrazzien wurden durchgeführt, die Straßen erhielten Beleuchtung, die Gaststätten hatten um zehn Uhr abends zu schließen. Der spektakulärste Vorgang spielte sich dagegen in adligen Kreisen ab. 1676 wurde die Marquise de Brinvilliers auf dem Grèveplatz hingerichtet, nachdem sie den Vater und zwei Brüder vergiftet, Arsenpulver an Gästen und Hospitalarmen ausprobiert hatte. Vor der drohenden Verhaftung hatte sich die Marquise in ein Kloster in Lüttich geflüchtet; der ihre Spur verfolgende Polizeileutnant hatte sich als amouröser Priester verkleidet, um sie aus dem sicheren Asyl zu locken. Madame de Sévigné, die bekannte Briefschreiberin, vermerkte zum Tod der Marquise: »... ihre Asche wurde in die Luft gestreut. Wir können sie nun einatmen, und wer weiß, mit welchen giftmischerischen Launen uns dies anstecken wird.«

Die Ansteckung war längst erfolgt. »Im Namen des Königs« wurde 1679 Madame Monvoisin verhaftet, die das sehr einträgliche Geschäft der Giftmischerei betrieben hatte. Zu ihren Kunden gehörte auch Frankreichs Hochadel. Erst 1789 gelangten die Akten dieses brisanten Prozesses an die Öffentlichkeit. Die Rechtsprechung lag bei dem Pariser Parlament – seit Mitte des 13. Jahrhunderts –, in der Mehrzahl waren bürgerliche Juristen vertreten. Seit dem 17. Jahrhundert wurden dort keine Hexenprozesse mehr verhandelt, es waren nicht allein die Einwände von Philosophen und Naturwissenschaftlern, die diesen Prozessen ein Ende setzten, sondern für den Merkantilismus und das Manufakturwesen waren die Hexenverfolgungen und -brände bereits überholt, unwirtschaftlich. Allerdings wurden Delikte wie Giftmischerei und Sudelei weiter verfolgt.

Jedoch sollten diese Verbrechen erst im 18. Jahrhundert ihre literarische Bearbeitung finden, bis dahin blieben sie als Schauergeschichten, Gerüchte und Gerichtsakten erhalten. Daß in Gerichtsakten interessanter Stoff verborgen lag, hatte auch der Jurist Matthias Abele von und zu Lilienberg entdeckt, und er bemühte sich, diesen Stoff für breitere Leserschichten aufzubereiten. Die erste Ausgabe der »Metamorphosis und seltsame Gerichtshändel« (Teil 1 und 2) erschien 1651, wurde bis 1685 fünfmal nachgedruckt und ins Holländische, Französische und Englische übersetzt. Die Gerichtsanekdoten wurden fortgesetzt unter dem etwas despektierlichen Titel: »Vivat ... Unordnung« (1673).

Marie Madeleine Marquise de Brinvilliers, berüchtigte Giftmischerin im Paris Ludwigs XIV.

Boten Gerichtsakten und umlaufende Geschichten um Verbrechen einen Hintergrund, von dem sich die aufkeimenden Kriminalgeschichten abheben konnten, so gab geselliges Beisammensein eine weitere Möglichkeit: das Enträtseln. Das Rätselraten war gerade im 17. Jahrhundert eine beliebte Form des Zeitvertreibs geworden. Daneben fanden sich auch episch verkleidete Rätsel in der Volksdichtung. Weit verbreitet war also die Freude an einem Spiel des Verstandes, an Scharfsinnsproben. Wurden in den Schwänken der Trick und der Hereingefallene belacht, so ging es in Rätselspielen und -erzählungen darum, hinter den Trick zu kommen, überhaupt alle Dinge und Erscheinungen von einer ungewohnten Seite zu sehen.

Dieses Herangehen finden wir ebenfalls in den Scharfsinnsproben, die besonders im Orient gepflegt wurden. Hier ließen sich im außereuropäischen Bereich Frühformen der Kriminalliteratur, die sonst nicht nachzuweisen sind, finden.

Zu solchen Vorläufern gehört auch eine Geschichte aus der Yüan-Dynastie (1280–1368), die zuerst das Sujet der späteren Kreidekreisdramen –

Während sich Pranger und Galgen in oder bei vielen Ortschaften befanden, konnten nur bedeutende Städte sich größere Bauten für den Strafvollzug leisten: Das Zuchthaus zu Bamberg. Kupferstich aus dem Jahre 1627. Das turmartige Gebäude enthielt die Folterkammer.

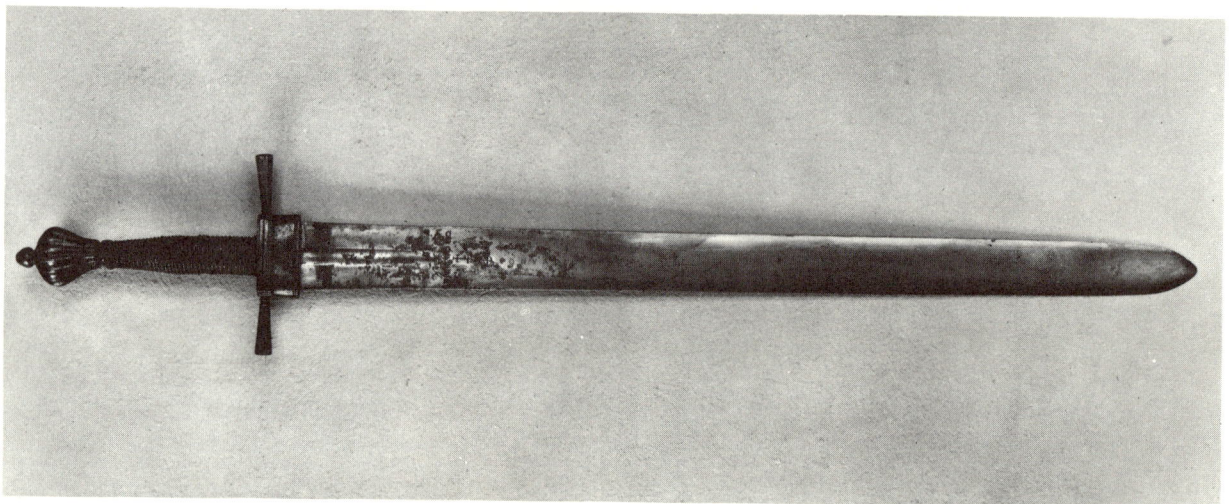

Richtschwert aus dem Kulturhistorischen Museum Dresden. Mit diesem Schwert wurde 1601 der sächsische Kanzler Doktor Nicolaus Krell auf dem Jüdenhofe in Dresden enthauptet.

das bekannteste von B. Brecht – aufgriff. Kein irrationales Element war am Wirken, mit Hilfe der Logik und der Menschenkenntnis löste der Richter Pao Taeng den komplizierten Fall. Es begann mit Giftmord, mit falschen Anschuldigungen, mit versuchter Kindesunterschiebung. Der kluge Richter beobachtete das Verhalten aller Beteiligten und ersann die Kreidekreis-Probe, um die falsche Mutter zu überführen. Damit zählt das chinesische Stück auch zu den Scharfsinnsproben, macht aber gleichzeitig deutlich, wie die Befriedigung über Erfolge von Verstand und Scharfsinn in das Vorfeld der Kriminalliteratur gehört.

Darüber hinaus wurde ein für volkstümliche Literatur wichtiger Trost gegeben: daß auch die Reichen und Mächtigen ihrer Strafe nicht entgehen. Das Motiv vom Rechtsstreit zweier Frauen um ein Kind führt jedoch zurück zu dem sprichwörtlichen »Salomonischen Urteil«, das bereits im Alten Testament aufgezeichnet wurde und ganz in der Tradition der anfangs genannten Scharfsinnsproben stand.

Erzählungen wie die aus den »Wundersamen Geschichten« hatten zwar Vorgänger, fanden aber keine Nachfolge. So verlief diese literarische Entwicklung im Abseits, weil die chinesische Rechtspraxis einer Weiterbildung entgegenstand.

Auch in den europäischen Literaturen war am Ausgang des 17. Jahrhunderts noch kein festumrissenes Bild der Kriminalliteratur entstanden, jedoch war das Vorfeld besetzt mit Mordgeschichten, Nacherzählungen von Kriminalfällen, Kriminalanekdoten, Gottesgerichtssagen, auch Märchen wie das von Blaubart, eingekleideten Rätseln ...

Lesebedürfnisse, ein Stoffhunger, die in diese Richtung zielten, waren wohl vorhanden, aber die Sujets hatten noch keine entsprechende Form gefunden. Ein Beispiel bietet der Romanschriftsteller Johann Beer, der ganz im Stil und in der Aufmachung der alten Volksbücher »Die Geschichte und Historie von Land-Graff Ludwig dem Springer« (1698) herausbrachte. Es ging dabei um den 1085 verübten Mord an dem Pfalzgrafen Friedrich von Gosek. Er wurde auf der Jagd erschlagen, ein Täter wurde nie gefunden, aber in Gerüchten, in Sagen und Balladen, die sich herausbildeten, wurde Landgraf Ludwig von Thüringen der Mord angelastet. Angestachelt haben zu der Tat sollte ihn die Frau des Pfalzgrafen.

Erwiesen ist lediglich, daß Landgraf Ludwig die Witwe heiratete. Diesen Stoff um Liebe und Mord bot Jahrhunderte später Beer einem Lesepublikum an, das seine Bücher in kleinem und billigem Format auf Märkten erwarb. Zum Stil der wieder aufgegriffenen Volksbuchtradition passen auch die Holzschnitte, die gerade an dramatischen Stellen eingelassen sind, vielleicht von Beer selbst gefertigt.

Hinderlich für die doch stark von der Ratio geprägte Kriminalliteratur war ein trotz des Aufschwungs der Naturwissenschaften sich noch in das Weltbild fügender Glaube an jenseitige Gewalten, magische Kräfte und Mittel.

War in einigen Stücken bei dem Juristen-Dichter Harsdörffer und erst recht bei dem erzählfreudigen Juristen Abele das Irrationale bereits ausgeschlossen, so griff der Augustinerpater und Wiener Kanzelprediger Abraham a Santa Clara wieder auf das Bahrprobenthema zurück.

Der blutende Knochen (Dem Original nacherzählt.)
1585 befand sich ein Edelmann auf der Jagd unweit Wiens. Er bemerkte, daß sein Hund einige blendend weiße Knochen aus der Erde gescharrt hatte. Es waren die Gebeine eines Menschen. Der Edelmann nahm sie mit und gab sie daheim einem Schwertfeger mit der Weisung, daraus den Griff zu seinem Hirschfänger zu arbeiten. Kaum hatte der Schwertfeger das Gebein berührt, als es zu bluten begann. Der Schwertfeger entsetzte sich, verfiel in Trübsinn und gestand schließlich, es sei der Überrest eines Kameraden, den er einst als Wandergesell erschlagen und dort am Fundort vergraben habe.

Gedruckt erschien diese Geschichte dann in »Judas der Erzschelm« (1686–1695).

Aber: Abraham a Santa Clara konnte als Geistlicher, vor allem auch als kaiserlicher Hofprediger, dem Wunder nicht skeptisch gegenüberstehen. Außerdem wandte er sich in seinen Predigten, die erst später nachgedruckt wurden, an ein Publikum, das vielfach noch nicht schreiben und lesen konnte, das angesichts der Belagerung Wiens durch die Türken auf Wunder hoffte.

Die etwa 50 Jahre zuvor veröffentlichten Kurzgeschichtensammlungen, wie die Mordgeschichten Harsdörffers und die Gerichtsanekdoten Abeles, waren an ein Lesepublikum gerichtet, verbreiterten diese Leserschichten und bestätigten sie in ihrer bestimmten Leseerwartung, daß nämlich Verbrechen und Laster auf alle Fälle aufgedeckt und bestraft würden, wobei die Tugend belohnt und die Gerechtigkeit und Ordnung wieder hergestellt würden. Damit wirkten diese Erzählungen thematisch bis in das 18. Jahrhundert hinein.

18. Jahrhundert

*In der ganzen Geschichte der Menschheit
ist kein Kapitel unterrichtender für Herz und Geist
als die Annalen seiner Verirrungen.*

Friedrich Schiller

Im 18. Jahrhundert meldete das Bürgertum mit Vehemenz seine politischen und wirtschaftlichen Forderungen an. 1789 kulminierte diese Entwicklung in der Großen Französischen Revolution. Aber auch auf philosophischem und literarischem Gebiet setzte sich das bürgerliche Denken immer mehr durch. Welche literarischen Richtungen dabei verfochten wurden, ob einem Rationalismus, einer Aufklärung, zugeneigt oder einer starken Gefühlsbetontheit, einer Empfindsamkeit, sie war antihöfisch, antifeudal. Die Literatur war in allen Schattierungen bürgerlich und an ein vorwiegend bürgerliches Lesepublikum gerichtet. Es waren bürgerliche Tugenden, die als literarisches Sujet immer wieder ausgespielt wurden gegen höfische Sitten(-losigkeit), Machenschaften und Intrigen. Eigentlich wäre damit der Boden bereitet, auf dem die Frühformen der Kriminalliteratur sich weiter entwickeln konnten – doch der Weg verlief nicht gradlinig. Der trockene und spröde Tugendbegriff, wie er sich in den moralischen Wochenschriften niederschlug, machte die Entdeckung höfischer Verbrechen und Kabalen keineswegs plaisierlich. Eine belehrende und unterhaltsame Lektüre gab es unter diesen Bedingungen nur vereinzelt. Aufregende und erregende Themen blieben im Philosophischen stecken. Am ehesten blieben Reisebeschreibungen und eine die Gefühle ansprechende Literatur vor trockenem Moralisieren bewahrt.

Die Hinwendung zur Ratio, zum Rationalismus, brachte jedoch eine Wiederaufnahme der alten Scharfsinnsproben, eingelagert in erzählende Prosa. Die bekannteste findet sich in Voltaires »Zadig« (1750; Erstfassung 1747) mit dem Abenteuer der Prinzen von Serendip, bereits von d'Herbelot de Mailly in die französische Literatur übernommen.

Das Ausdeuten des Unscheinbaren, des nebensächlich Erscheinenden stand am Anfang von Daniel Defoes »Pest in London« (1722): Kritisch, mißtrauisch und voll böser Ahnungen betrachteten die Bürger das Anwachsen der Totenlisten gerade in den armen Gemeinden, wobei verschiedene Krankheiten als Todesursache angegeben wurden. Die geforderte schärfere Nachprüfung ergab, daß die Pest – Defoe blendete in das Jahr 1665 zurück – in London Einzug gehalten hatte. In dieser Einleitung wurde die Zahl zum Indiz.

Denis Diderot, französischer Schriftsteller und Philosoph, konnte mit seiner Forderung, es sei die Aufgabe der Kunst, »die Tugend zu ehren und das Laster bloßzustellen«, allen literarischen Richtungen eine philosophische Grundlage geben, so auch den Vertretern der Empfindsamkeit wie erst recht denen des »Sturm und Drang«. Die Dichter des »Sturm und Drang« freilich schlugen scharfe, ungewohnte Töne an: Erniedrigung, Verführung, Kindesmord waren Themen, die immer wieder variiert wurden, weniger freilich in der vergleichsweise nüchternen Prosa als in Balladen und Dramen, weil diese Genres das Gefühl des Lesers, des Theaterpublikums unmittelbar ansprachen, weil gerade das Drama sich dem Miterleben und Nachfühlen besser anbot. Die Stoffe waren historischen Fällen (das historische Gretchen, die Susanna Margareta Brand, wurde wegen Kindesmordes auf dem Marktplatz in Frankfurt hingerichtet) entnommen, die reichlich verarbeiteten Kriminalelemente sollten vor allem das Aufbegehren gegen die gesellschaftlichen Verhältnisse verdeutlichen.

Auch das berühmte Jugenddrama Schillers, »Die Räuber«, mit dem revolutionären Untertitel »In tyrannos« hatte seinen Vorwurf in Kriminalfällen des 18. Jahrhunderts. Da gab es einmal das aktenmäßig bekundete Treiben von Räuberbanden, und da gab es die »Akte Butlar« mit Protokollberichten, die zwischen 1734 und 1736 angelegt wurden. Wesentlich, mit Blick auf das Drama, war, daß in dieser Akte die Verbindung einer adligen Familie mit einer gedungenen Räuberbande bezeugt wurde, und daß Erbschleicherei, Verleumdung, Gewalt und Mord in den Verhandlungen sichtbar wurden, »ein Mordfall, der den Major Butlar ... sehr gravierete!« Diese Verbrechen, bis hin zum versuchten Vater- und Brudermord, alles Böse personifiziert in dem schurkischen Grafen Franz von Moor, der »Kanaille«, bildete das eigentliche Gerüst der Handlung. Die Bildung der Räuberbande, deren Hauptmann die Sache der Gerechtigkeit in die eigene Hand nehmen wollte, ist eine eingebaute Folgehandlung.

Die ebenso bewegende wie bewegte Handlung dieser Literatur gab aber keine Rätsel auf. Die Positionen der Akteure waren festgelegt: Der Verführer, der Verleumder war ein Adliger, vielleicht sogar ein Höfling, die verführte Betrogene war ein armes Mädchen.

In den folgenden Abschnitten werden wir direkte Vorläufer, meist aus dem trivialen Literaturbereich, etwas genauer betrachten bzw. werden wir uns direkt dem ersten Zweig der Kriminalliteratur zuwenden können.

Die Pitavalgeschichte

Ich habe mich bemüht, die Erzählungen auf so eine Art zu ordnen, daß der Leser den Ausgang und das Urteil nicht sogleich voraussehen kann...

François Richer

Rückten die Kriminalelemente in der Literatur des Sturm und Drang vor, entfachten sich dabei die Emotionen des Bürgertums, so entdeckten auf dieser Suche nach neuen Werten und der Gerechtigkeit die Juristen – wie bereits im 17. Jahrhundert – einen neuen literarischen Bereich: die Pitavalgeschichte.

François Gayot de Pitaval, Advokat am Parlamentsgerichtshof in Paris, baute den von Ph. G. Harsdörffer genutzten Casus zum literarisch-historischen Kriminalreport aus: Zur Pitavalgeschichte, die sich sehr bald als eigenes Genre von ihrem Begründer löste. 1734 erschien der erste Band seiner »Causes célèbres et interessantes« (Berühmte und interessante Rechtsfälle).

Seit dem 14. Jahrhundert tauchten in der europäischen Chronographie vereinzelt Berichte von Prozessen auf. Pitaval jedoch stellte merkwürdige Rechtsfälle, die er aus historischen Kriminalakten kennengelernt hatte, zusammen und machte seine Sammlung sowohl für den Juristen wie für den Nicht-Juristen, den lesenden Bürger, interessant. Es handelte sich um Fälle, die beträchtliches Aufsehen erregt hatten, sei es wegen der Schwere und Grausamkeit des Verbrechens, sei es wegen der Schwierigkeiten beim Aufspüren des Täters oder des Prozeßverlaufes, sei es wegen der Schuldfrage. Mit seinen Darstellungen ging Pitaval bis in das 16. Jahrhundert zurück, so mit dem Prozeß um die Identität des Martin Guerre, eines Bauern, der längere Zeit in fremden Kriegsdiensten gestanden hatte und erst nach Jahren zu seiner Familie zurückkehrte.

Die Mehrzahl der Rechtsfälle aber waren Sittenzeugnisse aus der Zeit der Könige Ludwig XIII., XIV. und XV. Einen breiten Raum nahm dabei die Überführung der berühmt-berüchtigten Giftmischerin Marquise de Brinvilliers ein.

Doch auch Fälle, die der Pariser Polizei nicht gerade zum Ruhme gereichten, dafür aber Bürgern und Juristen Stoff zum Nachdenken boten, wurden aufgenommen. Da waren die Brüchigkeit eines reinen Indizienbeweises, der einem Postillion fast das Leben gekostet hätte; die Anwendung der Folter, die Unschuldige zu Krüppeln gemacht hatte; die Gefährlichkeit von Verleumdung, Rachsucht und Massenhysterie im Falle des unglücklichen Paters Urban Grandier; das Schicksal der wegen Kindesmordes Angeklagten; der durch flüchtige, mit Vorurteilen belastete Untersuchungen bedingte Justizmord.

Literaturkritiker, die sehr wohl merkten, daß sich hier eine neue literarische Form herausbildete, feindeten Pitaval und seine »Causes célèbres« an, sie stießen sich jedoch nicht an den thematischen Vorlagen, sondern am Stil der Darstellung.

Trotz alledem wurde die zwanzigbändige Sammlung Pitavals eifrig gelesen, der interessante Stoff machte offensichtlich die schriftstellerischen Mängel

Darstellung von Überführung, Verhör und Hinrichtung einer Kindsmörderin auf einem Flugblatt aus dem 18. Jahrhundert – klar verständlich durch seine additive Komposition auch den Leseunkundigen.

wieder gut. François Richer, ebenfalls Parlamentsadvokat, äusserte sich dazu: »Wenig Bücher sind wohl so begierig aufgenommen und zu gleicher Zeit so sehr getadelt worden, als die Rechtsfälle des Herrn Gayot de Pitaval. Alles, was lesen konnte, las diese Rechtsfälle ...«

Durch eine Überarbeitung versuchte Richer, die Darstellung besser und übersichtlicher zu gliedern und die sprachlichen Mängel zu beseitigen. Vor allem ging es ihm um das Steigern der Spannung bei der Lektüre: »Ich habe mich bemüht, die Erzählungen ... auf so eine Art zu ordnen, dass der Leser den Ausgang und das Urtheil nicht sogleich voraussehen kann, und bis zur Entwicklung des Stücks immer ungewiss bleiben muss. Nach meiner Meynung war jeder Rechtsfall durch diese Methode interessanter, die Aufmerksamkeit des Lesers bleibt gespannt, und da das Interesse immer abwechselt, und die Gründe einander das Gleichgewicht halten, so wird seine Neugierde, bis ans Ende, im gleichen Grade unterhalten.« Damit hatte Richer die Pitavalgeschichte als ein selbständiges Genre erkannt und die Grundstruktur einer Kriminalgeschichte freigelegt. 1772–1778 erschien die umgearbeitete Sammlung in nunmehr 22 Bänden in Amsterdam.

Dass die Pitavalgeschichten trotz anfänglicher Überfrachtung mit juristischen Betrachtungen so starke Resonanz beim bürgerlichen Lesepublikum fanden, lag auch an der französischen Rechtspraxis. In den Kriminalgeschichten von François Gayot de Pitaval wurden Prozesse vorgestellt, die z. B. vor dem Pariser Parlament geführt wurden. Die Rechtsprechung, die auch den Adel nicht ausschloss, wie der Prozess gegen die Marquise von Brinvilliers zeigte, wurde dem Bürger hier begreiflich. Aber in der geschichtlichen Wirklichkeit gab es die gefürchteten Lettres de cachet der französischen Könige, Verhaftsbefehle, mit denen ein jeder, dessen Name eingetragen wurde, ohne Untersuchung, ohne ausreichenden Grund, ohne Prozess, oft auch ohne Wissen seiner Familie und Freunde in die Bastille eingeliefert werden konnte. Louis Sébastien Mercier, Literat, Kul-

Gefangennahme mit einem »Lettre de Cachet«.

Abtransport der Toten aus dem Kerker – zeitgenössischer Kupferstich.

Der französische Arzt Joseph Ignace Guillotin führte dem Konvent das Modell seiner Hinrichtungsmaschine vor. Nach einem Gemälde von J. C. Hertrich.

Königin Marie Antoinette, eng verbunden mit dem Skandal der Halsbandaffäre.

turhistoriker, Mitglied der Académie française, widmete mehrere Abschnitte seines »Tableau de Paris« (Mein Bild von Paris) der französischen Gerichtsbarkeit. Er schilderte die düsteren Kerker der Bastille und anderer Gefängnisse, die Hinrichtungen auf dem Grèveplatz und stellte fest: »Das Buch mit dem Titel ›Sammlung aller Fälle von Verurteilungen Unschuldiger‹ ist noch immer ungeschrieben.«

Unter diesen Umständen mußten eine Publikation wie »Fünfunddreißig Jahre im Kerker« von Henry Masers de Latude (1730) auf eine engagierte Leserschaft ihre Wirkung ausüben und die Erstürmung des verhaßten Staatsgefängnisses den Auftakt zur Großen Französischen Revolution bilden.

Auch in diesem Zusammenhang erscheint der Name Voltaires. Er nahm sich des Falles Calas und des Falles Sirven an. Jean Calas, ein geachteter Kaufmann aus Toulouse, war das Opfer eines Justizmordes geworden. Der offenkundige Selbstmord eines seiner Söhne wurde ihm als Mord angelastet. Staatliche Willkür und religiöser Fanatismus besiegelten das Urteil, das 1762 vollstreckt wurde. Voltaire gelang es, die Affäre Calas, die zu einer Affäre der Humanität geworden war, neu aufzugreifen und die endgültige Rehabilitierung der Familie durchzusetzen.

Im Fall Sirven hatte der Literat wieder gegen aufgehetzte »Zeugen«, gegen Justizwillkür und Intoleranz zu kämpfen. Diese Auseinandersetzung stand bei Voltaire auch im Vordergrund, die Aufklärung des Falles selbst war dem untergeordnet. Alle Philosophen waren sich darüber einig, daß die Folter menschenunwürdig sei und abgeschafft werden mußte, daß die Behandlung der Gefangenen humanitärer sein sollte. Ebenso laut erhoben sich die Stimmen für das Verbot der Hexenprozesse. 1740 wurde in Preußen nach der Thronbesteigung Friedrich II. die Folter abgeschafft, andere Länder folgten. 1789 wurde im Gefolge der Revolution in Frankreich die Folter verboten. Aber die »Constitutio Criminalis Theresiana« – die peinliche Gerichtsordnung der Maria Theresia von 1769 – kannte noch die Folter und brachte im Anhang Abbildungen von Folterwerkzeugen und -methoden. Bestehen blieb allerdings eine verschleierte Tortur durch die Anwendung von Ungehorsamsstrafen wie Züchtigung, Hungerkost und Dunkelarrest.

Es war also zum einen fast schon ein staatsbürgerliches Anliegen, zum anderen aber auch eine interessante Beschäftigung, Prozeßberichte zu lesen und die Aufdeckung von Verbrechen zu verfolgen.

Bezeichnenderweise wurde eines der spektakulärsten Verbrechen des 18. Jahrhunderts nicht, besser: noch nicht, zur unterhaltsamen Lektüre. Die sogenannte Halsbandaffäre brachte die »Gräfin« de La Motte vor Gericht. Eigentlich war das Ganze eine Gaunerkomödie, die jedem Picaro zu Ehren gereicht hätte. Einem – vielleicht blaublütigen – Gaunerpaar gelang es, den Amouren stets zugeneigten Kardinal Rohan zum Ankauf eines kostbaren Diamantenhalsbandes zu bewegen, um dadurch die Gunst der Königin Marie-Antoinette zu gewinnen. Aber es war nicht die Königin, sondern eine kleine Pariser Modistin, die die geschröpfte, aber ahnungslose Eminenz in den Boskett von Trianon belohnte. Erst die Juweliere deckten den Betrug auf. In dem Prozeß, der 1786 gegen die angebliche Vertraute der Königin, die »Gräfin« de La Motte, und den Kardinal angestrengt wurde, fiel der Name Marie-Antoinettes kein einziges Mal, aber alle wußten, daß die Anklage eigentlich gegen sie gerichtet war. Ihr übler Leumund machte solche Betrügereien ja erst möglich. Das ancien régime war bloßgestellt. Karikaturisten und Pamphletisten griffen das ebenso pikante wie brisante Thema auf, die Verteidigungsschriften der

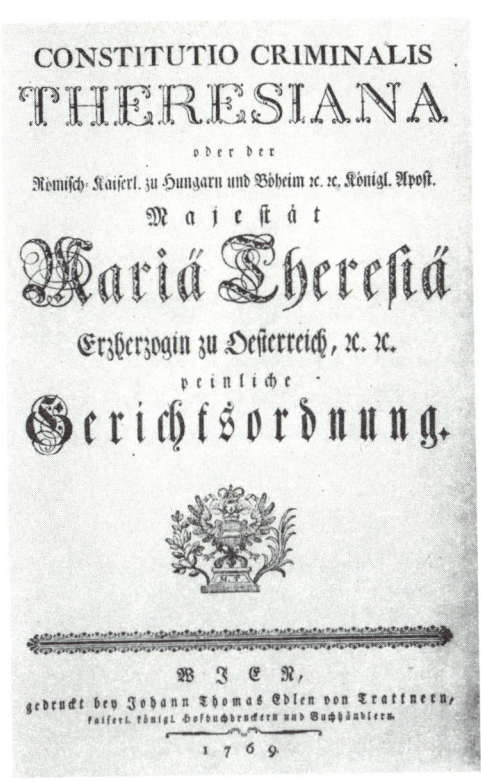

Titelblatt der »Constitutio Criminalis Theresiana«, der »Peinlichen Gerichtsordnung« der Maria Theresia.

Illustrationen in der »Theresiana« über die Anwendung der Folter: das Anlegen von Daumenschrauben.

Das Aufziehen des Delinquenten.

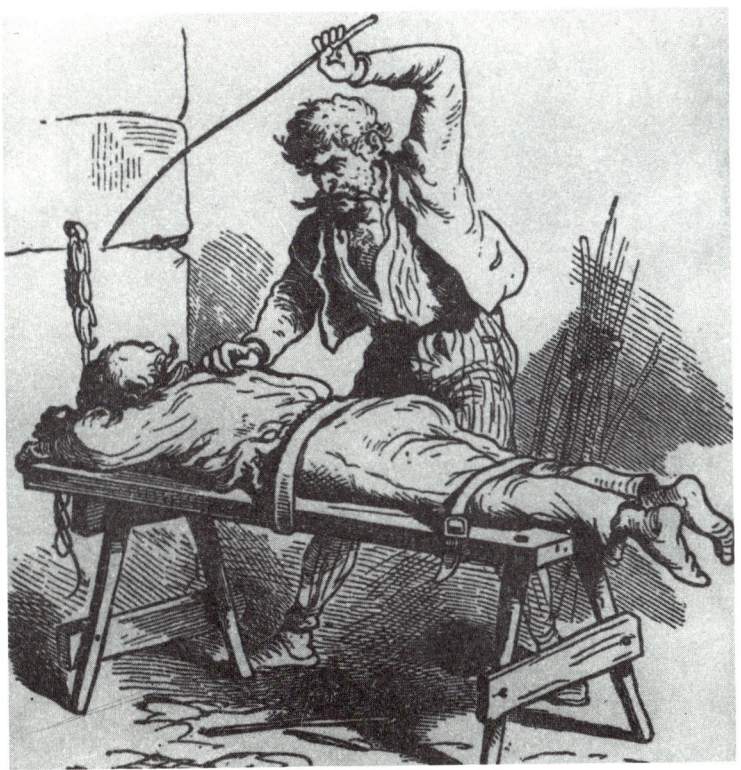

Ausübung der Prügelstrafe – zeitgenössische Abbildung.

Flugblatt, das die Hinrichtung zweier Sünderinnen durch Enthaupten vor den Toren der Stadt Leipzig wiedergibt.

August Gottlieb Meißner.

beiden so unterschiedlichen Angeklagten erschienen bereits vor der Verhandlung im Druck, Buchläden wurden gestürmt. Empörte und Neugierige reisten aus der Provinz nach Paris, vor dem Justizpalast staute sich die Menge. Unter dem Jubel der Bevölkerung wurden der Kardinal und die kleine Modistin freigesprochen. Die de La Motte wurde freilich trotz lebhafter Proteste zum Staupen verurteilt und gebrandmarkt, floh dann aber nach England.

Die Halsbandaffäre war mehr als ein Kriminalfall, sie war ein Politikum, ein Wetterleuchten vor dem Ausbruch der Revolution. Damit konnte sie jedenfalls im 18. Jahrhundert noch keine Vorlage für ein Werk der Unterhaltungsliteratur sein; erst in der zweiten Hälfte des 19. Jahrhunderts machte Alexandre Dumas d. Ä. daraus einen Roman. Auch im »Neuen Pitaval« erschien 1858 die überfällig gewordene Halsbandaffäre. Mit der Absicht, politische zeitgeschichtliche Ereignisse zu dramatisieren, hatte Goethe bereits versucht, die Skandalgeschichte im »Großkophta« zu verarbeiten.

Die Pitavalgeschichte, das heißt die Aufzeichnung und Aufbereitung eines interessanten und dabei für seine Zeit symptomatischen Kriminalfalles, war für alle Bürger lesenswert. So wurden die »Causes célèbres« vielfach übersetzt. Die deutsche Ausgabe von 1792 zeichnete sich dadurch aus, daß ihr eine Einleitung durch Friedrich Schiller beigefügt wurde, in der dieser den Wert der Pitavalgeschichten hervorhob: »Man findet in demselben eine Auswahl gerichtlicher Fälle, welche sich ... bis zum Roman erheben und dabei noch den Vorzug der historischen Wahrheit voraus haben. Man erblickt hier den Menschen in den verwickelsten Lagen, welche die ganze Erwartung spannen, und deren Auflösung der Divinationsgabe des Lesers eine angenehme Beschäftigung gibt ... Triebfedern, welche sich im gewöhnlichen Leben dem Auge des Beschauers verstecken, treten bei solchen Anlässen, wo Leben, Freiheit und Eigentum auf dem Spiel stehen, sichtbarer hervor, und so ist der Kriminalrichter imstande, tiefere Blicke in das Menschenherz zu tun.« Der Untertitel, den Schiller der Sammlung hinzusetzte, betont diese Wertung: »Merkwürdige Rechtsfälle als ein Beitrag zur Geschichte der Menschheit«.

Auch auf eine geplante Weiterführung der Sammlung nahm Schiller Bezug. Mit Sicherheit hatte er eines der wichtigsten Merkmale der Pitavalgeschichte erkannt. Sie war eine »wahre Geschichte« und damit – nach dem Urteil der Leserschaft – fiktiven Erzählungen überlegen. Sie vermittelte Realitäten. Auch

Hinrichtung auf dem Rabenstein.
Kupferstich von D. Chodowiecki.

Berliner Zivilgerichtssitzung. Kupferstich
von D. Chodowiecki.

Die Gefangennahme des bairischen Hiesel, alias Matthias Klostermeyer, 1771. Nach einem zeitgenössischen Kupferstich.

Flugblatt von der öffentlichen Verbrennung eines Diebes und Brandstifters im Jahre 1786 in Berlin.

der Phantasieloseste mußte sie respektieren. Diese Realitätsgebundenheit hat bis heute der Pitavalgeschichte ihre Faszination verliehen. Am Ausgang des 18. Jahrhunderts hatte sich jedenfalls die Pitavalgeschichte als selbständiger Zweig der Literatur herausgebildet. Wenn Schiller in seinem Vorwort ein Plädoyer für die Kriminalgeschichte hielt, so konnte er damit auch eigne Versuche auf diesem Gebiet rechtfertigen und ihre Zielsetzung erklären. 1792 war die Kriminalnovelle »Der Verbrecher aus verlorener Ehre« erschienen, zuvor bereits anonym unter dem weniger treffenden Titel »Verbrecher aus Infamie – eine wahre Geschichte«. Tatsächlich orientierte sich der Dichter an einem Kriminalfall aus seiner Heimat, an der Geschichte des Sonnenwirts Friedrich Schwan (1729–1760). Schiller hatte die Lebensumstände des Sonnenwirts wohl von seinem Stuttgarter Lehrer Abel erfahren, der eine ausführliche Biographie (1787) des unglücklichen Wirtes verfaßt hatte. Erst 1854 wurde der Stoff von Hermann Kurz als Roman unter dem Titel »Der Sonnenwirt, schwäbische Volksgeschichte aus dem vorigen Jahrhundert« umgestaltet.

Trotz der Annäherung an einen historischen Kriminalfall verfaßte Schiller mit der Schilderung der Schicksale des Sonnenwirts keine Pitavalgeschichte, sondern bot dem Leser ein neues Genre an: die Kriminalnovelle. Es ging eben nicht um Fragen der Rechtsfindung, um das Verfolgen juristischer Probleme, sondern die Frage »Wer ist schuldig?« wurde von einem moralisch-ethischen Standpunkt aus an die Gesellschaft gestellt. Es ging in erster Linie nicht um das Entdecken und Sühnen der Tat, es ging um die Ursachen der Tat.

Menschenverachtung, Gleichgültigkeit und eine seelenlose Justizmaschinerie hatten den Sonnenwirt aus der Gesellschaft gestoßen, an der er sich dann zu rächen glaubte. Der Dichter rückte also die Vorgeschichte des Verbrechens ins Blickfeld, das Verbrechen selbst, seine Aufdeckung und Bestrafung konnten kurz gefaßt werden. Wenn die »Leichenöffnung seines Lasters« gefordert wurde, war der Leser als Richter in letzter Instanz gesehen. Die Beschränkung auf die Motivation für das Abgleiten des Sonnenwirts, für seine Verbrechen vom Wilddiebstahl zum Mord, die Frage nach Schuld und Sühne, stets mit Blick auf die Vorgeschichte, führten zwangsläufig zur Novelle.

Während der Herausgabe des »Pitaval« versuchte sich Schiller an einem Drama, das »Die Polizey« heißen sollte. Die Konzeption wies dabei eher auf einen Kriminalroman hin. Der Held sollte ein Leutnant der Chambre ardente (Glühende Kammer) sein. Die Chambre ardente war der hohe Gerichtshof, der sich mit den schwersten Verbrechen befaßte und diese meist mit dem Feuertod ahndete. In die Verbrechen, die der Held aufzuklären hatte, waren viele einflußreiche Familien verwickelt. »So wird ganz Paris durchwühlt.« Das Projekt wurde nicht weiter ausgeführt; der Entwurf nahm jedoch den Aufbau und die Handlung von Eugène Sues »Geheimnisse von Paris« voraus.

Für das alltägliche, durchaus berechtigte Unterhaltungsbedürfnis – Unterhaltung mit diskussionsträchtigen Problemen – boten sich dem deutschen Leser die »Skizzen« (1778–1796, in 14 Teilen) August Gottlieb Meißners an. Der Literat, Professor für Ästhetik und späterer Konsistorialrat, veröffentlichte hier auch Kriminalgeschichten, die vom rationalistischen Standpunkt angelegt waren. In »Ja wohl hat sie es nicht getan« wurden die Rechtsprechung und die Folter angegriffen: »Lieber zehn Unschuldige gepeinigt, als einen Bösewicht durchschlüpfen lassen! ... Umsonst bat die Arme um Erbarmen. Daumenschrauben, Fitschel und selbst die sogenannte Leiter mußten dreimal ihr höllisches Meisterstück am Körper der Leidenden versuchen, alle dreimal blieb die Unglückliche auf Behauptung ihrer Unschuld, und endlich mußte man mit der Folter, wenn auch nicht ganz aufhören, doch aussetzen. Die Inquisitin wurde ins Gefängnis zurückgebracht ...« Zuletzt wurde die tatsächliche Kindsmörderin – auch Meißner hielt sich an das aktuelle und emotionale Thema – durch einen Zufall, durch die Beobachtungs- und Kombinationsgabe eines Burschen, der müde auf dem Ofen lag, und durch ein resolutes Wirtsehepaar entdeckt. Mit Mühe gelang es den dreien, den Dorfrichter, der eben gerade auch in der Schenke weilte, zum Eingreifen zu bewegen. Die fälschlich und ohne Recherchen Angeschuldigte mußte nun entlassen werden. Den letzten Passus der Kurzgeschichte nahm entsprechend den moralisch belehrenden Absichten des Verfassers die Beschreibung des elenden Zustandes der Gefolterten ein: »Nur gebückt konnte sie fortan schleichen. In ihren ausgerenkten Armen war keine Kraft mehr. Man gab ihr daher eine sogenannte Spitalpfründe ...«

Charakteristisch war der über die Frage »schuldig oder unschuldig« laut am Wirtshaustisch streitende Kreis der Bauern: eine ins Dörfliche übertragene Diskutierrunde, wie sie in den zahlreichen bürgerlichen Lese- und Konversationszirkeln zu finden war.

Es ging um die Frage: Folter oder Verzicht auf die Folter und dafür eine sorgfältige, vorurteilsfreie Untersuchung durch die Justizbehörden. Zurücktraten dabei die Probleme: Wer war der Täter? Warum wurde die Tat begangen?

Charakterzeichnung und Motivation wurden nur angedeutet. Die Dienstmagd hatte das unehelich Geborene getötet. Fürchtete sie nur die Schande, bangte sie um ihre Stellung? Stand ihr Dienstherr hinter dem Verbrechen? In einer Kurzgeschichte konnten und mußten diese Fragen natürlich nicht beantwortet werden.

Für ein sich aber erst langsam herausbildendes breiteres Lesepublikum war es günstiger, wenn die Zahl der Figuren begrenzt blieb. Aus dieser Sicht ist die Wirkung gerade der Jugenddramen Schillers begreiflich. Mit leidenschaftlich anklagenden Worten gab er dem Ausdruck, was breite Bevölkerungsschichten in ohnmächtigem Zorn ertragen mußten, fühlten, aber noch nicht artikulieren konnten.

Der Räuberroman

In des Waldes finstern Gründen...
Christian August Vulpius

Zunehmende Vertrautheit mit der Literatur eröffneten gerade dem ehemals verpönten Roman breite Leserschichten; ja, die Aufnahmebereitschaft weiter Kreise, vornehmlich aus dem Bürgertum, brachte eine Blüte des Romans. Die Begeisterung, die Schillers Drama von dem edlen Räuberhauptmann Karl Moor, der auf eigene Faust für Recht und Ordnung sorgen wollte, hervorgerufen hatte, brachte eine Flut von trivialen Räubergeschichten. Nicht mehr nur Romane in Buchform, sondern auch Heftserien richteten sich an das Kleinbürgertum. In seiner Jugendzeit wurde der spätere »König der Romantik«, Ludwig Tieck, von geschäftstüchtigen Autoren mit eingespannt und schrieb die »Geschichte des famösen Wilddiebs und Straßenräubers Klostermayer, genannte der bayrische Hiesel«. Der Ablauf der Handlung in allen diesen »Produkten« war stets der gleiche: Die Räuber überfielen Postkutschen, erschlugen die Männer und bemächtigten sich der Frauen und des Geldes.

Das »literarische Mirakel« war der »Rinaldo Rinaldini, der Räuberhauptmann, eine romantische Geschichte unseres Jahrhunderts«, ab 1799 in neun Büchern erschienen – sein Verfasser der Weimarische Bibliothekar Christian August Vulpius, Schwager Goethes.

Auf einer Reise hatte Vulpius in Regensburg ein italienisches Heftchen aufgespürt, in dem über Rinaldos Taten berichtet wurde. Auch das »Journal de l'Europe« brachte einiges über den Capitano, der tatsächlich in Italien gelebt und eine Räuberbande befehligt hatte.

Hauptmann Rinaldo verübte mit seiner Bande aber keineswegs nur Banditenstreiche, gut die Hälfte seiner Abenteuer waren amouröse Eskapaden. Immer wieder begegnete er verfolgten Heroinen, die gerettet, gefährdeten Tugenden, die beschützt, vornehmen Damen, die geliebt sein wollten ... Eigentlich waren es nur edle Taten, die Rinaldo kavaliersmäßig durchfocht. Genau besehen, kehren diese verfolgten, unschuldigen und liebreizenden Heldinnen weit über ein Jahrhundert später wieder: in den Romanen von Edgar Wallace.

Es waren edle Taten, die der Räuberhauptmann verübte. Darüber hinaus spielten in die turbulente Handlung noch das Treiben von Geheimgesellschaften und politische Intrigen hinein, und zum Schluß enthüllte eine familiäre Romanze die edle Abkunft des edlen Räubers.

Der Roman erlebte in kurzer Zeit fünf rechtmäßige Ausgaben, er wurde ins Französische, Englische, Russische, Dänische, Holländische, Spanische, Polnische, Ungarische und Italienische übersetzt.

Daß die Räuberthematik einen so starken Widerhall erfuhr, lag vor allem daran, daß der edle Räuber, der den Reichen nahm, um den Armen zu geben, schon immer eine Art Volksheld war. Aus der Reihe dieser Räuber ragte der bereits legendäre Robin Hood hervor. Aber ob in der Folklore oder in der Literatur: Diese Räuberhelden galten nie als Verbrecher; bei allen Verfolgungen besaßen sie die Sympathie und die Bewunderung der Hörer bzw. Leser. Die Personen – der verwegene Held und Helfer, die schutzbedürftige Heroine, der Intrigant und die Va-

Rinaldo in den Armen seiner schönen Rosa.
Eine späte Abbildung aus den Jahren
1870/80.

terfigur im Hintergrund – haben sich im Räuberroman entwickelt, um dann in den Kriminalroman hinüberzuwechseln. Auch auf beliebten Schauplätzen des »Krimis« agierten vordem die Räuber: auf Schlössern, in Ruinen, unterirdischen Gewölben, geheimen Gängen ... Freilich trafen sie dort mit Gestalten des Schauerromans zusammen.

Anders war es dagegen mit dem Räuber in der Folklore, in Märchen, Balladen und Sagen, bestellt, der nicht den Armen half, sondern der ein mitleidsloser Gewaltverbrecher war; einer, der junge Mädchen in seine Höhle schleppte, der im Walde Wehrlose überfiel, beraubte und mordete. Mit Spannung geladen wurde das Motiv vom skrupellosen Raubmörder in den Sagen um die Mordschenke dargestellt. In einer einsamen Waldlandschaft verlor sich die Spur vieler Reisender. Nur ein Krug, eine Schenke, bot dort Beherbergungsmöglichkeit. Nachts mordete der Wirt die Reisenden, raubte sie aus und ließ ihre Körper durch eine raffiniert konstruierte Bettlade in der Tiefe versinken. Dem Glück und der Beobachtungsgabe eines Wanderers war es zu verdanken, daß die

```
Rinaldo Rinaldini
    der
Räuber Hauptmann.

Eine
romantische Geschichte
unsers Jahrhunderts
in
Drei Theilen
oder
neun Büchern.

Erstes bis drittes Buch.
Mit drei Kupfern.

Leipzig 1799.
bey Heinrich Gräff.
```

Titelblatt der Erstausgabe.

Verbrechen des Wirtes aufgedeckt wurden. Auch der Räuberbräutigam des gleichnamigen Märchentyps konnte durch die Kaltblütigkeit des verlockten Mädchens, das einen Ringfinger als eine Art Indiz aus dem Räuberhause entwendete, oder sogar durch die Wachsamkeit seiner Großmutter überführt werden.

In all diesen Märchen und Sagen ging es darum, den Raubmörder zu entlarven, ihn unschädlich zu machen und die Helden waren die, denen dies gelang. Physisch waren sie – das junge Mädchen, die alte Frau oder in der Sage von der Mordschenke der einsame Wanderer – dem Verbrecher unterlegen, aber moralisch und geistig zeigten sie sich ihm überlegen. Das war selbstverständlich tröstlich und anspornend für die, die schwach waren und sich dennoch im Recht fühlten.

Wenn Diderot gefordert hatte, »die Tugend zu ehren und das Laster bloßzustellen«, so zeigte es sich, daß das stete Lob der Tugend auf die Dauer langweilig war. Die literarische Beschäftigung mit dem Laster war ergiebiger und unterhaltsamer, zuletzt triumphierte beruhigenderweise ja die Tugend. Schon der Räuberroman hatte sich trotz aller von Edelmut überquellenden Szenen in diese Richtung entwickelt.

Die tiefsten – und interessantesten – Blicke in die Höhlen des Lasters und der Verbrechen bot jedoch der Schauerroman, die Gothic Novel. Der Begriff gotisch, ursprünglich gleich barbarisch gesetzt, wurde in diesem Romantyp neu bestimmt und aufgewertet.

Der Schauerroman

Der Anblick des Gruftgewölbes, der fahle Lampenschein, die rings sich versammelnde Finsternis, das offene Grab...
Matthew G. Lewis

1764 überraschte Horace Walpole, Parlamentarier und Literat, die englischen Leser mit der »Burg von Otranto« (Castle of Otranto), getarnt als eine Übersetzung aus dem Italienischen. »... allen Regeln, aller Kritik und Philosophie zum Trotz« hatte er seinen Roman geschrieben, der bewußt im Gegensatz zum klassischen Rigorismus stand. Obwohl Walpole die Handlung in das 12. Jahrhundert zurückverlegte, wollte er keineswegs einen historischen Roman schaffen, die Burg mit ihren Gewölben, unterirdischen Gängen, Grabmälern gab den Rahmen, in dem Wunder glaubhaft werden und Gespenster einherschreiten konnten.

Im Gegensatz zu späteren Schauerromanen war »Die Burg von Otranto« ein schmales Werk, aber prall mit dramatischen Geschehen angefüllt. Dafür fehlten ausführliche Schilderungen von Charakteren, Landschaften, Burgen und Dörfern.

Auch erwies sich dieser erste Schauerroman trotz der Burgkulisse weit weniger schauerlich als seine Nachfolger, die Szenerie war einfach zu sehr ausgeleuchtet. Der englische Romancier Walter Scott, der in einer Abhandlung über Walpole kommentierte, traf dieses: »Ein geheimnisvolles Dunkel scheint, wenn auch nicht durchaus notwendig, doch sehr förderlich für unsere Begriffe von der Geisterwelt.« Dieses Dunkel breitete Matthew Gregory Lewis über seinen Roman »Der Mönch« (The Monk, 1796) aus – die Geschichte des glaubenseifrigen Kapuziners Ambrosio, der, durch ein als Novize verkleidetes Weib verführt und von sinnlichen Begierden überwältigt, zum Verbrecher wurde. In blindem Taumel ermordete er seine Mutter, schändete seine Schwester und brachte Unheil und Verderben über alle, die ihm vertraut hatten. Doch es war keine weltliche Macht, die den abtrünnigen Mönch überführte und bestrafte, es war am Ende der Teufel selbst, der ihn preisgab, überlistete und zerschmetterte.

Lewis verzichtete auf den überdimensionalen Spuk der »Burg von Otranto«, seine Teufelsgestalt wirkte aber weit überzeugender. Letztlich glich dieser Teufel dem Teufel der Sagen und Märchen, der Korrektor sozialen Unrechts war und der auch die heimlich Bösen so provozierte, daß sie die Verbrechen begingen, die sie in Gedanken mit sich herumtrugen. Die in ein Mönchshabit gewandete verführerische Schöne entpuppte sich als Geschöpf der Hölle.

Neben dieser Vergeltung durch Dämonen erhoben sich im »Mönch« aber auch anklagende Stimmen aus der Menge, hier gegen die ruchlose Domina eines Klosters gerichtet: »Mitnichten verraten, sondern entlarvt! ... Ich klage die Äbtissin von Santa Clara des gemeinen Mordes an und bürge mit meinem Leben für die Wahrheit solcher Beschuldigung.«

So begann die Suche nach den Opfern dieser Verbrechen in Grüften, Gewölben und Verließen, erfüllt von Modergeruch und Zeugnissen der Vergänglichkeit.

Es mag dabei sonderbar anmuten, daß Lewis die Handlung seines Romanes, ähnlich wie Walpole, in ein romanisches Land, nach Spanien, verlegte, denn England selbst bot sich mit alten verfallenen Abteien, Burgen und Schlössern eigentlich auch als Schauplatz von geheimnisvollen, schaurigen Abenteuern an. Doch die Verlagerung der Szenerie nach Spanien gab neben der Schauerromantik unterirdischer Gelasse, machtvoller Klöster dem puritanischen Leser einen weiteren Anreiz: Alles schaudervolle und verbrecherische Geschehen ging zu Lasten der kirchlichen Orden – im Hintergrund war die Gewalt der Inquisition spürbar. Bei aller Aufregung, die mit dem Erscheinen des Buches verknüpft war, verband sich die Überzeugung, eine durchaus angemessene Lektüre, die diesmal gar nicht langweilig war, goutieren zu können.

In diese Richtung zielte vor allem der Roman »Der Italiäner oder der Beichtstuhl der schwarzen Brudermönche« (1797) von Ann Radcliffe: Mönche, Priester, Inquisitoren, geheime Gewölbe, geheime Gerichte, wilde Gegenden zu nächtlicher Stunde, unheimliche Erscheinungen und eine aus Not und Schrecken gerettete Heldin. Im Gegensatz zu dem »Mönch« von Lewis gab es nichts Übersinnliches. Der Spuk wurde zum Schluß rationalistisch erklärt, er gehörte zum Konzept der Verbrecher. Eine solche für die Unterhaltungs- bzw. Trivialliteratur der Aufklärung typische Enthüllung findet sich auch im letzten Kapitel der »Geheimnisse von Udolpho« (The Mysteries of Udolpho, 1794), deutsch bereits 1795/96. Die unheimlichen Ereignisse auf dem im wildesten Apennin gelegenen Schlosse, eine gemordete Tante, Leichen, auch imitierte aus Wachs, wurden als Verbrechen und Machenschaften einer Bande enthüllt. Die Heldin schluchzend, des öfteren in Ohnmacht sinkend, vermochte zu fliehen, um schließlich ihren Geliebten zu heiraten.

»Die nächtliche Erscheinung im Schlosse Mazzini« war kein Spuk, sondern die jahrelang in einem Gewölbe des wüsten Südturmes eingekerkerte, für tot ausgegebene Marquise, die Frau des Schloßherrn. Aber die Justiz griff nicht ein, sie wurde nicht benötigt. Das verbrecherische Paar, den Marquis und

Horace Walpole.

Illustration zur französischen Übersetzung von A. Radcliffes Schauerroman »Der Italiäner oder der Beichtstuhl der schwarzen Brüdermönche« von 1797.

seine Geliebte, traf ein gewaltsamer Tod. Die illustre Familie erschauerte vor dem Frevel und dem harten Schicksal.

Mag die Sprache dieser Romane des 18. Jahrhunderts uns auch mitunter umständlich oder altertümlich erscheinen, diese Gothic Novels selbst in ihrem Handlungsaufbau, mit ihrem Lokalkolorit, ihren Schauplätzen erinnern uns an Schauerkrimis des 19. und auch des 20. Jahrhunderts.

Überzeugen wir uns selbst und beteiligen wir uns an dem Fluchtversuch eines jungen Paares:

»... und sie kamen in einen so schmalen und niedrigen Gang, daß sie nicht aufrecht gehen konnten. Dieser Gang schloß sich mit einer Thür, die fast ganz von Eisen war. Hippolitus stutzte bei diesem Anblick, als er sich aber mit voller Stärke gegen die Thür lehnte, gab sie nach, die eingeschlossene Luft drang heraus und löschte beinahe die Lampe aus. Sie kamen jetzt in einen finstern Abgrund, und das Schloß, das eine Springfeder hatte, sprang plötzlich hinter ihnen zu. Als sie rings um sich blickten, entdeckten sie mit Entsetzen, daß sie sich an einem großen Gewölbe befanden, daß dazu diente, die Körper derer, welche von den Banditen ermordet wurden, zu verbergen.

Kaum konnte der Graf Juliens sinkende Lebensgeister aufrecht halten; er lief nach der Thür und suchte sie zu öffnen; allein das Schloß war so eingerichtet, daß es nur von der andern Seite geöffnet werden konnte, und alle seine Bemühungen waren vergebens. Er suchte nun nach einer andern Thür, konnte aber keine gewahr werden. Ihre Lage war die bejammernswürdigste, die man sich nur denken kann; ... Die Erde war an verschiedenen Stellen aufgeworfen, und bezeichnete die Grenzen neu gemachter Gräber. Die unbegrabenen Leichname waren entweder aus Eile oder Nachlässigkeit zurückgelassen, der Anblick war schrecklich ...«

Auch sprachlicher Traditionalismus bewahrte die Verbindung vom alten Schauerroman zu Kriminalro-

Öffentliches Hängen in Tyburn.

Wie im »Caleb Williams« zeigt sich in
William Hogarths Stichen eine kritische
Sicht der damaligen englischen
Rechtsverhältnisse:
Die Schnapsgasse – Brutstätte allen
Lasters.

Der Lohn der Grausamkeit. Die Sektion eines Hingerichteten, gleichzeitig eine Nachtodstrafe. Aus der Kupferstichfolge »Die vier Stufen der Grausamkeit« (1751).

Der Gerichtshof.

Im Schuldgefängnis.

Aus den »Folgen des Fleißes und des Müßiggangs« (1747): Der faule Lehrling wird von der Dirne verraten und in einem Nachtkeller mit seiner Komplizin verhaftet.

Der faule Lehrling wird zu Tyburn hingerichtet.

manen des 20. Jahrhunderts: Unter »Mysteries« werden im Englischen Schauerromane wie auch Kriminalromane sowie Detektivromane und -geschichten zusammengefaßt.

Während die englische Gothic Novel internationale Verbreitung erlangte und ihren Platz in der Entwicklung der Literatur erhielt, blieben die deutschen Schauerromane auf ein Lesepublikum vorwiegend im Heiligen Römischen Reich deutscher Nation begrenzt. Nur die Romane von Christian Heinrich Spieß mit ihrer unterschwelligen Auflehnung gegen die Kabinettsjustiz wirkten auf die sich herausbildende englische Kriminalliteratur ein. Mit Recht konnte so J. W. Appell, ein Literaturhistoriker, der sich um die Mitte des 19. Jahrhunderts mit der deutschen Unterhaltungsliteratur beschäftigte, von den Ritter-, Räuber- und Schauerromanen sagen: »Im Grunde rumort hier allenthalben der Drang der Auflehnung gegen das verrottete Leben an den deutschen Höfen und Höfchen gegen Kabinettsjustiz, Beamtendruck, fürstliche Blutsaugerei ... Wenn also in diesen und anderen Romanen fürstliche Räthe, die dem rechtslosen, hartgeplagten Bauer das ›letzte Restchen Fell über die Ohren zogen‹, abgesetzt und des Landes verwiesen, in Saus und Braus lebende adlige Schurken entlarvt und unterdrückte Unschuldige wieder im Triumpf herbeigeführt wurden, so hatte dies zugleich seine praktische Bedeutung für den damaligen Leser, und mancher arme Teufel erlabte seine gepreßte Untertanenseele an solchen stark aufgetragenen Gemälden der vornehmen Bosheit und ihrer wohlverdienten Niederlage.«

In Frankreich hatte sich die Pitavalgeschichte herausgebildet – in England entwickelten sich die »Newgate Calendars«. Auch sie bezogen sich auf Rechtsfälle, aber diese wurden nicht aus Akten herausgeschrieben, sondern sie entstanden an der Galgenstätte selbst.

Anfangs war Tyburn die traditionelle Gerichtsstätte Londons. Was dort geschah, vermerkte der »Tyburn Calendar« oder »Das Register der Übeltäter« (The Malefactors Register). Die Zuschauer der düsteren Zeremonie hatten vor allem an den »letzten Worten« Interesse. Es gab Geistliche, die den Verurteilten beizustehen hatten und die deren Bekenntnisse kolportierten. Am bekanntesten in diesem Geschäft war der Reverend Paul Lorraine.

Eine der Broschüren begann mit dem Versehen »Die Verbrechen, die hier berichtet werden, sind ungeheuer und wahr...« (The crimes related here are great and true...)

In diesen bildhaften Schilderungen wurden einzelne Episoden fast in der Art einer Detektivgeschichte dargestellt: Der berühmte Dick Turpin wurde ergriffen, weil ein Schulmeister seine Handschrift wiedererkannt hatte.

Im Jahre 1783 erschien Tyburn den Behörden nicht mehr sicher genug: Die neuen Galgen waren an der Straße außerhalb von Newgate errichtet, und Newgate wurde die neue Gerichtsstätte. Achtmal im Jahre spielte sich in Newgate das letzte Kapitel der Rechtsprozedur ab. Aus allen Gegenden strömten die Zuschauer zusammen, bunt gemischt: Vornehme Herren knüpften Bekanntschaften an, Kinder wurden mitgebracht, um sie zu erziehen. Taschendiebe ihrerseits nutzten das Gewühl. Bei gutem Wetter übernachteten viele im Freien, um sich eine gute Sicht zu sichern. Wer über genügend Geld verfügte, konnte sich einen Fensterplatz verschaffen. Die Schenken machten ein gutes Geschäft.

Die Kalender, die unter verschiedenen Namen seit den ersten Jahrzehnten des 18. Jahrhunderts erschienen, erhielten 1773 ihre feste Bezeichnung mit »The Newgate Calendar, The Malefacters' Bloody Register«. Diese Verbrecher-Biographie war die längste, die bis dahin erschienen war, sie umfaßte fünf Bände und zeigte bereits die Entwicklung zur Newgate Novel an. Liebevoll ausgeführt und voller Interesse gelesen wurden die Szenen, in denen der Bandit den Häschern ein Schnippchen schlagen und aus dem sicheren Gewahrsam ausbrechen konnte. (Er ähnelte damit dem alten Picaro des 17. Jahrhunderts.)

Die Helden der Kalender waren auch noch im 19. Jahrhundert die Helden der Londoner Gassenjungen. Neben dem bereits erwähnten Dick Turpin gab es da Jack Sheppard und Claude Duval. Defoes Interesse, menschlich wie literarisch, war so groß, daß er Jack Sheppard im Kerker aufsuchte und befragte. Einer der berühmt-berüchtigten Verbrecher war Jonathan Wild, der als erster die Londoner Unterwelt organisiert hatte. Er wurde zur Titelfigur von Henry Fieldings Roman »Jonathan Wild der Große« (1743). Aber Fielding, Jurist und Friedensrichter von Westminster, bot keine Biographie im Stil der Newgate Erzählungen. »Jonathan Wild« wurde angelegt als eine Gesellschaftssatire, daher auch der Beiname »der Große« – beibehalten bis zur Galgenstätte. Wie viele der »Großen« sind Gauner, dem »Klaubruder« gleich! Satirisch aufgeputzt wurde so auch der Abend vor der »Verherrlichung« des großen Jonathan gezeichnet, der Abend, an dem er seine Frau zum letzten Male als »Saustück« bezeichnete und an den Haaren packte. Ebenso auch der Morgen, da Jonathan Wild zum »Baum der Ehre« fuhr und mit einem Fluch aus der Welt schied. Das Buch war voll von Ironie und Spott, aber es wollte weder Rätsel noch Geheimnisse zum Lösen anbieten, es wollte nur auf offenkundige Fakten hinweisen.

Dem Hang zur Gesellschaftssatire folgte auch die »Bettler-Oper« (The Beggars Opera, 1728) von John Gay. Sie war als Zeitsatire gedacht. Puppenspieler nahmen das dankbare Thema von der Verkehrung von Recht und Unrecht auf. Brecht griff mit seiner »Dreigroschenoper« auf Gay zurück und brachte damit Kriminalsujets in die Weltliteratur ein.

In der bildenden Kunst, genauer in der Grafik, arbeitete William Hogarth. Er illustrierte und festigte moralische Grundsätze, didaktisch genutzt in der Bildserie »Fleiß und Faulheit« (The effects of industry and idleness, 1747), wie in dem Kupferstich von der «Schnapsgasse». Während der fleißige Lehrling Bürgermeister von London wurde, fuhr sein fauler und böser Gegenpart zur Galgenstätte nach Tyburn.

Diese Versuche, diese geglückten Versuche, wie wir heute sagen müssen, waren mehr dazu bestimmt, moralisch zu wirken als zu unterhalten. Aber im 18. Jahrhundert gab es hier noch keinen schroffen Gegensatz. Das Bildungsbürgertum las mit Begeisterung das Sachbuch.

Fernab von dem Jahrmarktstreiben, das den Vertrieb der Newgate-Kalender umgab, entstand 1794 »Caleb Williams: oder die Dinge wie sie sind« (Caleb Williams: The Things as They Are). William Godwin, der Verfasser, führte eine kritische in die Romanform eingebundene Auseinandersetzung mit der Rechtspraxis. Es ging um die Haltung des Gerichts gegenüber dem einzelnen, gegenüber dem armen abhängigen Caleb und gegenüber dem reichen Aristokraten.

Gleichzeitig bildete dieser Gegensatz auch den Auftakt zu einer fast detektivischen Handlung. Caleb, verdächtigt, vom Galgen bedroht, versuchte, selbst den Mörder eines Landedelmannes zu ermitteln. Noch zwei weitere Stellen brachten einen Vorgriff auf Eigentümlichkeiten der späteren Kriminalromane: Einmal die turbulente Verfolgungsjagd, denn die Behörden fahndeten bereits nach Caleb; zum andern die Art der Darstellung des Ermordeten als roher Landedelmann, dem der Leser keine Sympathie entgegenzubringen vermochte. – Das Wichtigste in diesem Buch war jedoch die Darstellung der Gerichtsverhandlung. Diese Verhandlungen fanden nach alter englisch-normannischer Tradition vor einer breiten Öffentlichkeit statt, nur der Richter war juristisch vorgebildet, die Geschworenen dagegen Laien, den verschiedensten Berufsgruppen entstammend. Alles, was an Argumenten gegen den Angeklagten vorgebracht wurde, auch alles, was zu seinen Gunsten ausgesagt werden konnte, mußte so formuliert werden, daß die Geschworenen – und mit ihnen die Öffentlichkeit – die Argumentation verstanden. Wer hatte den überzeugenden Beweis, wer konnte die besten Zeugen aufbieten, wer konnte den Angeklagten in die Enge treiben oder auch entlasten? Das lockte die Besucher in die Sitzungen der Geschworenengerichte; überdies konnten sie sich dabei auch als eifrige Staatsbürger fühlen. Vor der Gerichtsverhandlung stand und steht noch das Inquest, die Untersuchung, die einem ungewöhnlichen Todesfall zu folgen hatte. Aber auch dieses Inquest fand vor der Öffentlichkeit statt, ein jeder war nicht nur berechtigt, sondern auch verpflichtet, das anzugeben, was der Aufhellung der Todesursache dienen konnte. Wenngleich auch Godwin Kritik an der englischen Rechtspraxis übte, so mußte er doch auf den besonderen Charakter der Geschworenengerichte eingehen, sie mit Fehlern und Vorzügen darstellen. Sicher schärften diese Verfahren den Sinn breiter Massen für das Thema Verbrechen und Täterermittlung.

Godwins Freund, Thomas Holcroft, nahm das Thema Verbrechen und Sühne wenige Jahre später – 1805 – wieder auf in den »Memoiren von Bryan Perdue« (Memories of Bryan Perdue). Er plädierte leidenschaftlich dafür, den Verbrechern im Strafvollzug doch noch eine Chance zur Wiedereingliederung zu geben: »Deal not in human blood!« (Handle nicht mit menschlichem Blut.) Das war eine Forderung, wie sie in England vor der Justizreform von 1820 erhoben wurde.

So wie hier die Schwelle des Jahrhunderts überschritten wurde, so wirkten auch Pitavalgeschichte und Kriminalnovelle weiter und entwickelten sich Schauerromane teils parallel zur Kriminalliteratur, teils eng mit ihr verbunden.

Die Kriminalliteratur des 19. Jahrhunderts konnte sich so auf einer verhältnismäßig breiten Basis herausbilden.

19. Jahrhundert

*Wissenschaft und Wunder, das Fabulieren
mit dem A + B, eine Literatur, die etwas Monomanes
und Mathematisches an sich hat…*

Brüder Goncourt

Mit dieser Feststellung haben Edmond und Jules de Goncourt, französische Literaten und Kulturhistoriker, auf Zusammenhänge in der Entwicklung der Literatur und der Naturwissenschaften gerade für das 19. Jahrhundert hingewiesen. Sicher war dieses Zusammenspiel eine der Ursachen, die die rasche Entwicklung der Kriminalliteratur in jenem Jahrhundert beförderte (z. B. war ein Stand der Polygraphie erreicht, der hohe Auflagen möglich machte). Letztlich sind aber auch hier gesellschaftlich-soziale Faktoren die bestimmenden Momente gewesen, so u. a. neue Rechtsformen, die die bürgerliche Klasse durchsetzte, und Ausbau eines großen Polizeiapparates.

Die Literatur des 19. Jahrhunderts führte von der Romantik zum Realismus, wobei beide Begriffe nicht als Gegensatz aufgefaßt sind.

Die Romantik mit der Hinwendung zum Rätselvollen, auch zum Dunklen, mit dem Gefühl für »das Wunderbare in der Welt«, das aber durchaus nicht irreal zu sein brauchte, das den Menschen eng mit der Natur verband, mußte auch das Crimen als literarisches Sujet aufgreifen. Am spektakulärsten geschah dieses in den »Schicksalstragödien«, die genau genommen »fatalistische Schauerdramen« waren. Nicht das Schicksal, der Zufall schlug zu. »Der 24. Februar« von Zacharias Werner griff das alte und in Sagen und Balladen weit verbreitete Thema von den Mordeltern auf. Der Gemmiwirt beraubte und tötete seinen Gast mit einem Messer, das bereits vordem in der Familie eine verhängnisvolle Rolle gespielt hatte. Zu spät erfuhr der Wirt, daß er den eigenen Sohn gemordet hatte. Das fatale Datum ist immer dasselbe, der 24. Februar, ebenso die Mordwaffe. Hinter Freveltaten und ihren Enthüllungen blieb der »Kommissar Zufall« des 20. Jahrhunderts weit zurück.

Hatten diese »Schicksalstragödien« auch einen Augenblickserfolg auf der Bühne, so zog die mit Unwahrscheinlichkeiten sowie Unglaubwürdigkeiten überladene Fabel die Gefahr der Lächerlichkeit nach sich. Das gilt letztlich auch für »Die Ahnfrau« des jungen Franz Grillparzer, in der sich die fatalistische Schauergeschichte mit der Räuber- und Gespenstergeschichte vermengte.

1808 wurde in Weimar »Der zerbrochene Krug« von Heinrich von Kleist aufgeführt und wurde ein Mißerfolg. In einer zeitgenössischen Theaterkritik hieß es: »Aus dem scheuen Schweigen der Tochter, der Verlegenheit und den Wunden des kahlköpfigen Dorfrichters erraten wir sogleich, daß nur er am Abend … bei der Jungfer Even gewesen, aber hilf, Himmel, Hilf! nun müssen wir noch den zweiten und den … dritten Akt, alles ein einziges Verhör, mitanhören.« Wahrscheinlich bewog die wenig erfreuliche Aufnahme der Komödie Kleist dazu, die Buchfassung zu straffen und zu kürzen. Die Enthüllung des wahren Sachverhalts in einer in ganz andere Richtung zielenden Untersuchung ist dem Oedipusdrama nachgezeichnet, es gewissermaßen profanisierend. So endet die Verhandlung auch nicht in Tragik, sondern in einer humorvollen Pointe: Dem zerbrochenen Krug sollte in Utrecht, dem Sitz der Regierung, »Recht geschehen«. – Letztlich ging es nicht um Entdecken und Aufdecken einer Tat, sondern darum, die gesellschaftlichen Verhältnisse in Preußen anzuprangern.

Der »Schicksalstragödie« näher als der Kriminalgeschichte steht Kleists Erzählung »Der Findling« (1811). Aus Menschenfreundlichkeit schmuggelte der römische Grundstückshändler Piachi einen Knaben durch die Quarantäne, die über eine verseuchte Stadt verhängt war: In der Folge starb sein Sohn an der Pest. Der gerettete Junge, an Kindes Statt angenommen, raubte ihm später sein Vermögen, betrog und tötete sein Weib. Es gab keinen Frevel zu entdecken, der Leser erfuhr alles und begriff, daß Piachi den fatalen Schützling tötete, auf die Absolution verzichtete, um seinen Widersacher in der Hölle wiederfinden zu können.

Die anscheinend kühl referierende Form der Darstellung brachte es mit sich, daß Kleist es eine kurze Zeit übernahm, Polizeiberichte für das »Berliner Abendblatt« (um 1810) abzufassen. Anfangs berichtete er über »Mordbrennerbanden«, bis er schließlich der »Polizeirapporte« wohl überdrüssig wurde. Die ersten Berichte waren jedoch so gut abgefaßt, daß »vor einigen Tagen Wache nötig war, um das andringende Publikum vom Stürmen des Hauses des Verlegers abzuhalten. Diesen Reiz gibt ihm die Aufnahme der Polizeinachrichten …« (1810). Kleist, der jedoch nicht um die Gunst des Lesepublikums buhlte, ironisierte bald diese Berichte. »Am verwichenen Donnerstag sind durch Nachlässigkeit zweier Dienstmädchen die Erbsen angebrannt und kaum zu genießen gewesen.«

Das elende, alltägliche Verbrechen, das Verbrechen in der Dimension der Großstadtgosse war für ihn uninteressant geworden. Jedoch war nach dem Rückgang des Analphabetentums die Zahl der Leser angewachsen, die tunlichst in billigen Heftchen von Aufsehen und auch Schauer erregenden Verbrechen lesen wollten. Geschäftstüchtige Verleger beeilten sich, erdachte, aber auch tatsächliche Kriminalfälle unter attraktiven Titeln und bebildert anzubieten.

Die Titelseiten dreier deutscher Heftchen mit Kriminalerzählungen.

Die Illustrationen waren grobschlächtig, im Mittelpunkt stand das verübte Verbrechen.

Die romantische Kriminalnovelle

»Wegschaffen«, murmelte Hubert, indem er seitwärts wegblickte und die Büchse anlegte. »Ja, wegschaffen«, grinste Daniel …
E. T. A. Hoffmann

Anders, außergewöhnlich, fast in das Dämonische hinüberreichend, zeigte sich das Crimen in den romantischen Novellen. Wenn in diesen Novellen nicht nur seelische Abgründe sichtbar wurden, wenn das Verbrechen – als zentrales Motiv – entdeckt, verfolgt und gewertet wurde, dann können wir – gerade bei unserer nach dem »Krimi« forschenden Betrachtung – von Kriminalnovellen sprechen. Das Schick-

E. T. A. Hoffmann, Jurist, romantischer Dichter, Maler und Komponist.

sal stand im Mittelpunkt der Novellen, um beim Fortgang der Erzählung aufgeklärt zu werden. Je geheimnisvoller das Geschick, um so spannender die Auflösung des damit verbundenen Rätsels. Ratio und Romantik schlossen einander nicht aus.

Am eindrucksvollsten wurde das Crimen-Thema in den Novellen des Dichters, Musikers und Kammergerichtsrates E. T. A. Hoffmann behandelt. Hervorzuheben wären die in den »Nachtstücken« sich findenden Novellen »Ignaz Denner« (1814) und »Das Majorat« (1817). Im »Ignaz Denner« ging es um das verhängnisvolle Treiben einer Räuberbande. Der Räuberstoff des 18. Jahrhunderts fand – und nicht nur bei Hoffmann – in der Literatur des 19. Jahrhunderts eine Wiederaufnahme. Aber das Bandenleben auf der einen Seite, das Leben im Jägerhaus auf der anderen Seite spielten nicht in fernen Ländern, sondern die Kulisse des dramatischen Geschehens war eine Waldlandschaft, wie sie in Dichtungen und Bildern romantischer Künstler dargestellt wurde. Aus ihr entwickelten sich die Gestalten. Den düster-dämonischen Charakter des Ignaz Denner signalisierten bereits sein Auftreten, die Umstände seines Erscheinens: das Heulen des Sturmes, die schwarzen Tannen, das Winseln der Hunde, das aufziehende Wetter. Dieses Einbeziehen der Umwelt, die Ankündigung von Gefahren und gefährlichen Personen durch Wind und Wetter, knarrende Türen, verschreckte Tiere ist ein Zug, der bis heute in der Kriminalliteratur fortwirkt, der sich nicht an die Ratio, sondern an das Gefühl richtet. Auch in dieser frühen Novelle tauchte bereits die Frage nach dem Alibi auf, das zur Entlastung des verdächtigten und verurteilten Jägers kurz vor der Hinrichtung bekannt wurde. Bedeutsam war ebenfalls, daß, abgeleitet vom Treiben und Geschick des Räuberhauptmanns Denner, eine weitere Gestalt und eine Geschichte im Flash-Back sichtbar wurde. Ignaz Denner, der als Kaufmann verkleidete Hauptmann, war eben doch nicht voll verantwortlich für alle Verbrechen und Taten seiner Bande, sondern sein Vater, der Wunderdoktor Trabacchio, der mit dem Satan einen Bund geschlossen hatte. Höllenspuk oder Verbrechen?

»Das Majorat« war dem Glauben verpflichtet, daß es den Mörder an den Tatort zurückzöge. Die Rahmenerzählung brachte dem Leser die Einstimmung: Das einsame Stammhaus des Geschlechts, die karge, düstere Landschaft mit windzerzausten Föhren, kaltem Wind und Schneeschauern. Dazu im krassen Gegensatz das lärmende Treiben einer Jagdgesellschaft. Was in der Rahmenerzählung als bedrückend, geheimnisvoll, voller Spuk erschien, klärte sich in dem rückblendenden Bericht des hintangesetzten jüngeren Sohnes: An dem alten Majoratsherrn wurde ein Verbrechen verübt. Er fand seinen Tod in der Ruine eines alten Turmes. Der Spuk, der schlafwandelnde Diener Daniel, wurde so erklärt, aber die Stimmung des Geheimnisvollen, Unerklärlichen blieb dennoch über den Schluß hinaus, blieb verbunden mit der Einsamkeit des Ortes, des halbverfallenen Stammhauses, blieb verbunden mit Wetter und Nacht. »Oft genug Vetter! haben wir über Dinge gesprochen, die du mehr ahntest als verstandest«, so begannen die Ausführungen des alten Justitiars, die Licht in das Dunkel bringen sollten. Dann ging es weiter mit Überlegungen zum Tode des in die Tiefe abgestürzten Majoratsherrn: »Es schien, daß der unglückliche Wolfgang in der Nacht aufgestanden war und sich vielleicht in das andere Kabinett, wo eine Bibliothek aufgestellt, begeben wollen. In der Schlaftrunkenheit verfehlte er die Tür, öffnete statt derselben die Pforte, schritt vor und stürzte hinab. Diese Erklärung enthielt indessen viel Erzwungenes.« Es folgten dann weitere Überlegungen. Für uns zeigt sich: Ratio und romantisches Gefühl schlossen und schließen einander nicht aus, sondern bereicherten und bereichern die Kriminalliteratur.

Szenenbilder aus der Verfilmung des »Fräuleins von Scuderi« mit Henny Porten in der Titelrolle und Willy A. Kleinau als Cardillac.

Die geheime Pforte.

Der fanatische Goldschmied.

Das rationale Element, das ja unverzichtbarer Bestandteil der Kriminalgeschichte ist, schlug sich in Hoffmanns »Das Fräulein von Scuderi« (1818) deutlicher nieder: bereits eine »reine Kriminalnovelle«. Bezeichnenderweise verlegte Hoffmann die Handlung in das Paris zur Zeit Ludwigs XIV., als zum Schutze der Bürger eine städtische Polizei gegründet wurde. Bei dem historischen Rückgriff stützte sich der Dichter auf unterschiedliche Quellen: Auf Voltaires »Siècle de Louis XIV.« (1751), auf die in den »Causes célèbres« des Gayot de Pitaval berichteten Giftmordskandale um die Marquise von Brinvilliers und auf den Bericht in einer alten Nürnberger Chronik (1697), der eine galante Anekdote um die französische Schriftstellerin Madeleine de Scudéry brachte. Als Liebhaber um die eigene Sicherheit in den nächtlichen Pariser Straßen bangten, soll sie das Distichon »Un amant qui craint les voleurs / n'est point digne d'amour« (Ein Liebhaber, der die Diebe fürchtet, ist der Liebe nicht wert.) geprägt haben. Die Scudéry steht im Mittelpunkt der Novelle, ihr gelingt es, eine Kette geheimnisvoller Raubmorde aufzuklären. Der Täter ist der Goldschmied Cardillac, der die von ihm gefertigten Kostbarkeiten durch nächtliche Überfälle und Morde wieder zurückholt, gebannt von dem Kunstwert, nicht dem Geldwert der Geschmeide. Cardillac ist ein Verbrecher und ein ins Dämonische gesteigerter Künstler. Die Ansätze zum Detektiv, die die Scuderi Hoffmanns bereits zeigt, werden oft genug übersehen oder geleugnet. Nicht die Scuderi, nur der Zufall kläre das Geheimnis auf, und das alte Fräulein handele nur, weil ihre Gefühle, weil eine Intuition sie leiten würde – so lautet die Argumentation. Wir halten dagegen, daß der Zufall in vielen, sehr vielen Kriminalgeschichten und -romanen eine Rolle spielt; wir werden dem »Kommissar Zufall« noch öfter begegnen, und auch »klassische« Detektive – von Sherlock Holmes bis Hercule Poirot – lassen sich von Intuitionen leiten. Andererseits stellt das alte Fräulein Recherchen an »... Immer und immer wieder ließ sich die Scuderi die kleinsten Umstände des schrecklichen Ereignisses wiederholen. Sie forschte genau, ob jemals ein Streit zwischen Meister und Gesellen vorgefallen ... Genau alles prüfend ... fand die Scuderi im Reich der Möglichkeit keinen Beweggrund zu der entsetzlichen Tat ...« So setzt sie sich – dabei nicht nur Sympathien folgend – für den verdächtigen Gesellen Olivier ein, und sie bittet den Polizeipräsidenten de la Reynie, den Angeklagten selbst sprechen zu dürfen. Das wiederum ist ein Zug, der auch dem heutigen Leser bekannt vorkommt.

Aber auch in dieser Novelle verzichtet Hoffmann nicht völlig auf die Schauerromantik, hier vor allem, um die Rätselhaftigkeit des Tatbestandes zu erhöhen. Ausgerechnet eine der historischen Realität entnommene Gestalt wie der Sergeant der Marechaussee, der Sergeant Desgrais, dem es gelungen war, die Brinvilliers festzunehmen, erlebt die Begegnung mit dem Unheimlichen und schildert sein Erlebnis dem Polizeipräsidenten: »... nennt mich, gnädiger Herr, immerhin einen Rasenden, einen törichten Geisterseher, aber es ist nicht anders, als wie ich es Euch erzähle. Erstarrt stehe ich vor der Mauer, als mehrere Häscher atemlos herbeikommen ... Wir zünden die Fackeln an, wir tappen an der Mauer hin und her; keine Spur einer Türe, eines Fensters, einer Öffnung. Es ist eine steinerne Hofmauer, die sich an ein Haus lehnt ... Noch heute habe ich alles in genauen Augenschein genommen. Der Teufel selbst ist es, der uns foppt.«

Aber die weiteren Untersuchungen, eben ausgelöst durch das alte Fräulein, ergaben, daß die Mauer eine Geheimtür zu einem Gang barg, der im Hause des Goldschmieds Cardillac endete. Es wurden alle Ereignisse aufgeklärt, letztlich unerklärlich blieben nur die Abgründe im menschlichen Charakter.

Unter den letzten Erzählungen Hoffmanns findet sich auch die Nacherzählung eines Falles aus dem alten »Pitaval«, in dem es um Bigamie und Verleumdung der Ehre einer Frau ging, »Die Marquise de la Pivardière«. Bereits der Titel zeigt, daß Hoffmann von seiner Vorlage abwich. Sein Interesse galt nicht dem Marquis, sondern seiner unglücklichen, verfolgten und an der Ehe zerbrochenen Gemahlin. Die Faszination der Pitavalgeschichte, der historisch beglaubigten Kriminalgeschichte, schlug auch hier wieder durch.

Schwächer dagegen wirkte Wilhelm Hauffs Novelle »Die Sängerin« (1826/27). Fast wie auf einem Gemälde von Spitzweg stellt sich die Handlung dar: eine Liebesgeschichte in einer Kleinstadtidylik, in die der Mordversuch eigentlich gar nicht paßt. Ein Taschentuch zeigte sich als – sehr fragwürdiges – Indiz; und zum Schluß traf der Dolch, mit dem das Opfer, die Sängerin, umgebracht werden sollte, den Verbrecher selbst. Das war ein Schluß nach der Art der bereits überwundenen »Schicksalstragödien«. Letztlich überdeckte eine vordergründige Liebesgeschichte das magere Crimenmotiv.

Im Abseits der Entwicklung der Kriminalliteratur blieb auch Clemens Brentano mit der Erzählung »Vom braven Kasperl und dem schönen Annerl«.

Szenen und Handlungsfolge waren bewußt holzschnittähnlich: die Alte als Bittstellerin, das Walten des Henkers, die ritterlichen Tugenden Kaspers, das verführte Annerl, das im Kindesmord den einzigen Ausweg sah, der adlige Verführer, das gemeinsame Grab der unglücklichen Liebenden. Das alte Thema des Sturm und Drang wurde hier emotional aufgelöst; Emotionen – Zorn, Resignation, Mitgefühl – bestimmten die Erzählung. Die Ratio trat zurück. Auch das volkstümliche Gerechtigkeitsempfinden konnte wohl schwerlich damit befriedigt werden, daß dem Paar ein »ehrliches Begräbnis« zuteil wurde.

Die Stories of Ratiocination

... so frohlockt der Analytiker bei der Betätigung jener geistigen Kräfte, deren Ziel es ist, Geheimnisse zu entschleiern.

Edgar Allan Poe

Rationalismus und Romantik vereinen sich auch im Werk Edgar Allan Poes. Poe kannte die englischen Romane, er kannte die Erzählungen E. T. A. Hoffmanns. Die Möglichkeit, in Magazinen und Zeitschriften zu publizieren, lenkte Poe – und nicht nur ihn – auf die Kurzgeschichte, die »Short Story« hin.

Edgar Allan Poe.

Überdies war diese für literarische Experimente seit jeher besonders geeignet. So leitete »Der Doppelmord in der Rue Morgue« (The Murders in the Rue Morgue), 1841 in »Graham's Magazine« erschienen, die Detektivgeschichte ein, die Poe selbst als »Story of Ratiocination« bezeichnete. Detektivische Momente waren bereits in Hoffmanns »Fräulein von Scuderi« sichtbar geworden. Jetzt aber wurden diese förmlich herauspräpariert: Schilderungen der Umwelt, der Personen blieben streng begrenzt auf die Fakten, die zur Darstellung des Kriminalrätsels wie zu seiner Lösung unbedingt erforderlich waren. Anregung kam auch von einem anderen Genre in der amerikanischen Literatur. In den Indianerromanen James F. Coopers nahm das Spurenlesen einen breiten Raum ein. Wer war entlang geritten? Wieviel Zeit war verstrichen? Wann wurde der Lagerplatz verlassen? Autor und Leser hefteten den Blick auf niedergetretenes Gras, geknickte Äste, verkohlte Scheite. Eine ähnlich scharfäugige Analyse von sonst unbeachteten Einzelheiten steht auch am Beginn des »Doppelmordes in der Rue Morgue«. Das Wichtigste aber ist die Einführung des Monsieur Auguste Dupin, vorgestellt von einem frühen, noch ungenannten »Doktor Watson«. Er ist es, der die Gedankengänge des Untersuchenden – und Autors – dem Leser zu übermitteln hat, der Leser wird so in den Kreis der Klugen, Wohlunterrichteten und Eingeweihten einbezogen – ehrend und vergnüglich zugleich.

An Dupin interessiert vor allem seine Mentalität, er löst rätselhafte Vorkommnisse aus Leidenschaft für die Verstandeskräfte. Um ihm etwas von einer unverwechselbaren Persönlichkeit zu verleihen, wird er mit einigen Eigentümlichkeiten ausgestattet: So macht er die Nacht zum Tage; Kerzen brennen, wenn er liest und arbeitet – bei seinem Nachfahren Sherlock Holmes ebenfalls. Dabei ging Poe, als er seinen Dupin schuf, auf ein historisches Vorbild zurück: Den Exgauner und Exchef der Sûretè, Eugène Vidocq. Das war für ihn wohl auch der Grund, die Handlung der Erzählung nach Paris zu verlegen.

Gerade das paradox Erscheinende ist es, das Dupin zur Aufdeckung des Sachverhaltes führt: »Mir scheint, daß diese geheimnisvolle Tat genau aus dem Grund für unlösbar gehalten wird, aus dem sie eigentlich als leicht zu lösen angesehen werden sollte – ich meine damit, daß die Umstände so betont ungewöhnlich sind.« So deutet er die Widersprüchlichkeit der Zeugenaussagen, die gehörte Schreie als Äußerungen in spanischer, deutscher, russischer Sprache angaben, als das Gekreisch eines Orang-Utans. Damit werden auch die bestialischen Züge des Verbrechens, das eigentlich keines ist, erklärt.

Der Chevalier Dupin hatte die Lösung gefunden, für ihn war der Fall abgeschlossen. Für die Öffentlichkeit und für die Polizei blieb das Geschehnis rätselhaft und ungelöst. Das kennzeichnete auch der Titel: »Der Doppelmord in der Rue Morgue«: Wenn die Seitenstraße im Quartier St. Roch, wo das Verbrechen geschah, Rue Morgue (Straße des Leichenschauhauses) hieß, so war hier in verhüllter Ironie eine Beziehung zur Schauerromantik angedeutet.

Auch ein später oft genutztes Motiv wurde von Poe bereits vorgebildet: das Geheimnis des verschlossenen Raumes, in dem die Tat geschah. Allerdings erwiesen die gründlichen Recherchen des Chevaliers Dupin, daß doch ein Weg durch das Fenster offenstand.

Im November 1842 wurde in »Graham's Lady's and Gentlemen's Magazine« »Das Geheimnis um Marie Rôget« (The Mystery of Marie Rôget) veröffentlicht, anschaulich als »Eine Erzählung im Anschluß an den Doppelmord in der Rue Morgue« bezeichnet. Da die Analyse – nicht Aufklärung – der rätselhaften Vorkommnisse wieder Auguste Dupin übertragen wurde, verlegte der Autor die Handlung auch wieder nach Paris. Doch das spezifische Lokalkolorit war nur dünn aufgetragen, das Bild des Hudson, die Gegend um Weehawken, schlugen durch. Tatsächlich versuchte Poe den sensationellen Mord an Mary Cecilia Rogers aufzuhellen. Das junge Mädchen hatte in New York im Hudson River ihren Tod gefunden. Poe, der sich zu der Zeit nicht in New York aufhielt, war lediglich auf Zeitungsberichte angewiesen. Er stellte vor der Pariser Kulisse den Mordfall nach. Poe bot jedoch keine Lösung, er schlug nur eine Lösungsvariante vor, indem er auf einen Marineoffizier als vermutlichen Täter schloß. Poe ließ seinen Helden die Zeitungsberichte analysieren und stellte dabei Faktoren heraus, die auch beim Aufbau der Detektivgeschichte eine Rolle spielen. »Zu häufig begeht man bei Untersuchungen dieser Art den Fehler, die Recherchen auf das Nächstliegende zu beschränken und die beiläufigen oder nebensächlichen Ereignisse außer acht zu lassen! Die Erfahrung hat gelehrt, ... daß ein erheblicher, vielleicht sogar der größere Teil der Wahrheit auf dem Umweg über das anscheinend Unwichtige gefunden wird.«

Daß Poe dabei weniger Resonanz fand, lag wohl daran, daß Dupin mit langen Monologen vor den Leser hintrat, ohne einen Mittler, einen Watson, ohne den Leser in seinen Gedankenaustausch einzubeziehen. Die Fragen, die der Leser vielleicht hatte, die ein Watson bestimmt gestellt hätte, blieben damit offen und unbeantwortet.

Die Leidenschaft der Deduktion konnte sich beim Auffinden des »Entwendeten Briefes« (The Purloined Letter, 1845) voll entfalten. Ohne Suchaktionen gelang es Dupin, indem er sich in die Psyche des Täters versetzte, den kompromittierenden Brief aufzufinden. Nicht in einem raffinierten Versteck, sondern offen im Briefständer auf dem Schreibtisch steckte der bewußte Brief neben anderen Briefen. Spätere Krimiautoren verbargen dann einen Mord in einer Serie von Morden.

Neben diese drei bekanntesten Detektivgeschichten Poes müssen wir aber noch den »Goldkäfer« (The Gold Bug, 1843) stellen. Es wird nicht nur ein vergrabener Piratenschatz entdeckt, sondern auch ein längst vergessenes Verbrechen – die Ermordung der Helfershelfer des Kapitän Kidd. Doch das interessiert nicht so sehr, es interessieren vor allem die Entzifferung der Geheimschrift und das Auffinden des Schatzes. Die Suche nach verborgenen Schätzen ist nicht nur ein im Schauerroman beheimatetes Motiv, sondern ist auch in der Kriminalliteratur, darunter auch der Detektivgeschichte, aufzufinden. Wir werden auf unserem literarischen Pfad noch manchem vergrabenen Schatz begegnen.

Fast eine Parodie auf das neu erschlossene Genre Detektivgeschichte, aber keine Endabrechnung bot »Du bist es« (You Are The Man, 1844). Gerade der Biedermann mit dem wohlklingenden Namen Goodfellow (Guter Kerl) ist der Mörder, der den Verdacht

Die Morgue, das Leichenschauhaus, in Paris Anfang des 19. Jahrhunderts.

Spätere Illustration zu Poes »Mord in der Rue Morgue« von A. Kubin.

auf den Erben des Ermordeten lenkt und falsche Indizien gegen ihn häuft. Intuition, nicht Deduktion veranlassen einen Bürger zu eigenen Recherchen, schließlich gelingt es ihm durch einen Trick, dem entsetzten Täter das Geständnis zu entreißen: Der Deckel einer Weinkiste öffnet sich, der verweste Leichnam richtet sich auf und klagt Goodfellow an »Du bist es«. Diese parodistische Nachzeichnung des Handlungsschemas enthält trotz allem wichtige Bauelemente der Detektivgeschichte: Das Auslegen falscher Spuren und die überraschende und effektvolle Konfrontation des Täters mit seinem Opfer.

Wenn Poe auch die Detektivgeschichte schuf, so stand das Kriminalsujet unabhängig von den »Stories of Ratiocination« im Hintergrund einiger seiner phantastischen Geschichten. In »Der Kater« lieferte sich der Mörder selbst dadurch aus, daß er zusammen mit der erschlagenen Frau einen unheimlichen Kater eingemauert hatte, der ihn durch sein Heulen verriet. Ein gespenstischer Zufall, oder war die Erregung des Täters schuld? Würde da das alte Thema vom Wirken des Gottesgerichtes wieder angeschlagen?

Nur am Rande wollen wir erwähnen, daß auch der spätere Präsident Abraham Lincoln von der Detektivgeschichte fasziniert war. Er setzte einen Fall aus seiner Praxis als Rechtsanwalt literarisch um: »The Trailor Murder Mystery« (1846).

Die Pitavalgeschichte

Aktenmäßige Darstellung merkwürdiger Verbrechen.

Paul Anselm Feuerbach

Unter diesem Titel brachte der Professor und Strafrechtslehrer Paul Anselm Feuerbach seine Sammlung von Prozeßberichten heraus (1808-1811). Er wollte den »bildungshungrigen Lesern aller Stände« unterhaltende Lektüre, aber auch Einsicht in soziale und juristische Probleme bieten. Das heißt, er verfolgte literarische und politische, demokratische Ziele; seine Publikation sollte als eine Aufforderung zur Strafrechtsreform begriffen werden. Feuerbach erreichte unter anderem 1806 in Bayern die Abschaffung der Todesstrafe für Wilddieberei, der verschärften Todesstrafen und die Abschaffung der Folter. In seinen Kriminalfällen war er daher bemüht, zu zeigen, wie auch ohne ein erpreßtes, mehr oder minder verläßliches Geständnis durch sorgfältige Untersuchung des Tatbestandes wie durch Zeugenbefragung der Verbrecher ermittelt und überführt werden kann. In dieses Deduzieren bezog der Autor seine Leser mit ein und machte die aufsehenerregenden Fälle so noch attraktiver. Daß Feuerbach in seine Sammlung Verbrechen aus der Umwelt der ärmeren, verelendeten Bevölkerungsschichten wie auch der Privilegierten aufnahm, zog den fortschrittlichen und kritischen Leser besonders an.

Man fand Beispiele von Kabinettsjustiz wie den Fall des Freiherrn von Brettschart, in dem Amtsmißbrauch, Unterschlagungen und ähnliche schwere Delikte durch den kurfürstlich-bayrischen Hof mit Verleihung des Grafentitels, des Kammerherrnschlüssels und des Malteser Kreuzes honoriert wurden, bis nach Jahren ein sehr umstrittener Prozeß eröffnet wurde. Auffällig in der Darstellung Feuerbachs ist die überaus breite und detaillierte Beschreibung des Tatortes, des Zustandes des Opfers, der Tatwaffe: eine Notwendigkeit zu einer Zeit, da es noch keine Photographie gab und die Spurensicherung erst wenig entwickelt war. Der vollständige und exakte Bericht war tatsächlich die beste Grundlage für die Untersuchung. Vergessen wir dabei nicht, daß Feuerbach mit seinem Beitrag die Pitavalgeschichte des 18. Jahrhunderts fortsetzte, ein Feld der Kriminalliteratur weiter bearbeitete, aber in erster Linie als Jurist dachte. Vielleicht hatte er sich in einem Falle mit Spekulationen zu weit vorgewagt, im Fall des sonderbaren Findlings Kaspar Hauser – 1828 in Nürnberg ausgesetzt –, den Feuerbach für den entführten Sohn des Großherzogs von Baden hielt. Ob er, der Präsident des Appellationsgerichtes in Ansbach, mit seiner Beweisführung recht hatte oder nicht, ist wohl nicht mehr zu klären. Aber so sonderbar wie der Findling bleibt die Tatsache, daß Feuerbach in dem Jahre (1833) starb, vielleicht vergiftet wurde, in dem sein Schützling und Mündel Kaspar Hauser erdolcht wurde.

Wenn Feuerbach vorwiegend süddeutsch-bayrische Kriminalfälle literarisch aufgearbeitet hatte, so erweiterten auf Anregung des Verlagsbuchhändlers Heinrich Brockhaus die Berliner Juristen und Literaten Julius Eduard Hitzig und Georg Wilhelm Häring (= Willibald Alexis), beide zum Freundeskreis von E. T. A. Hoffmann gehörend, mit der Sammlung »Der neue Pitaval« (1842-1863) den Berichtsraum.

Die alte Bezeichnung wurde von den Verfassern gewählt, weil für sie die Pitavalgeschichte bereits ein »sächlicher Begriff«, das heißt eine eigenständige Gattung war. Im Vorwort zur 2. Auflage hieß es deshalb: »Auffällige Criminalgeschichten gehören aber jetzt nicht dem Lande allein an, wo sie vorgefallen, auch nicht der Wissenschaft allein; sie haben das traurige Vorrecht, ein großes Gemeingut zu sein. Und wie die Theilname durch alle Länder ist sie durch alle Stände verbreitet, und aus dem wissenschaftlichen auf das große gebildete Publicum übergegangen.«

Den ersten Band leitete daher der heftig debattierte Fall der Ermordung des Schriftstellers August von Kotzebue durch den Studenten Karl Ludwig Sand ein. Weitere spektakuläre Morde waren der an dem Kunsthistoriker Johann Jakob Winkelmann und dem Maler Georg von Kügelgen. Gleichzeitig konnte aber auch die berühmt-berüchtigte Halsbandaffäre aus dem 18. Jahrhundert als längst überfällige Pitavalgeschichte aufgearbeitet werden.

Diese den Aktenmaterialien und dem Prozeßverlauf folgenden Berichte boten sich gerade den fort-

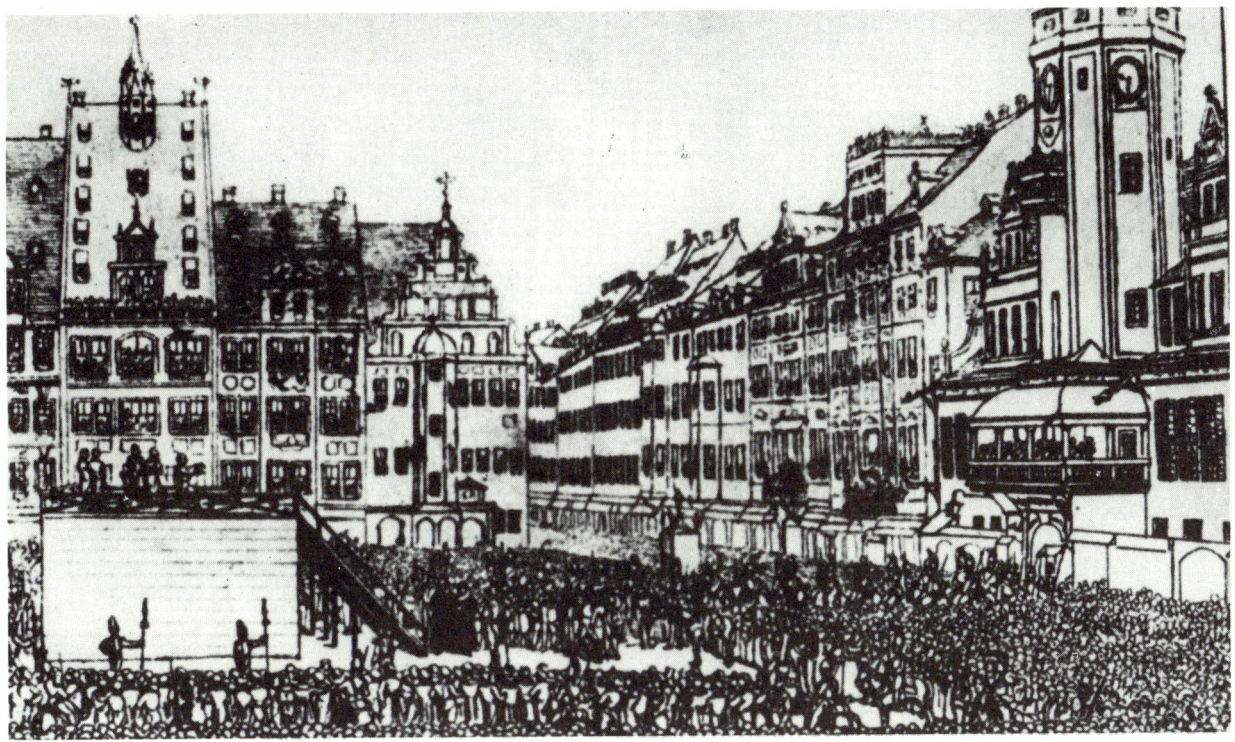

Hinrichtung Woyzecks auf dem Leipziger Marktplatz am 27. 8. 1821.

Paul Anselm Feuerbach, der Verfasser der »Aktenmäßigen Darstellung merkwürdiger Verbrechen« und Vorkämpfer für Reformen im Gerichtswesen, insbesondere für die Einsetzung von Geschworenengerichten.

Kaspar Hauser, der rätselhafte Findling.

schrittlichen Juristen an, um die Verantwortung aller Bürger bei der Aufklärung von Verbrechen zu betonen, vor allem auch die Verantwortung der Zeugen. Da die Untersuchung abgeschlossen und der Fall geklärt war, konnten die Autoren sich verstärkt der Frage nach der Tatmotivation, nach dem Charakter des Täters, nach dem sozialen Umfeld zuwenden. Die Pitavalgeschichte erfuhr damit eine psychologische Vertiefung. So in dem Fall der Gesche Margarethe Gottfried, die unbarmherzig alle vergiftete, die, wie sie meinte, ihr im Wege standen, zu einer Versorgung im Alter zu gelangen. Weil das Motiv kaum erkennbar war, weil die Mörderin sich stets hilfsbereit und freundlich erwies, kam lange Zeit kein Verdacht auf. Die Zahl der plötzlich in ihrem Beisein Verstorbenen mußte zwar auffallen, doch bildete sich lediglich ein abergläubiger Schauder vor der vom Unheil verfolgten Gottfried heraus.

Aberglauben und Verunsicherung hatten über die Ratio und nüchterne Beobachtung gesiegt. Auch die Begünstigung von Verbrechen durch niedrigen Bildungsstand mußte die Pitavalgeschichte erfassen, wenn sie das soziale Umfeld ausleuchten wollte. Diese Kriminalfälle, gelesen oder gehört, entfachten eine breite Diskussion. Anders als bei den fiktiven Kriminalerzählungen und -novellen, wo hauptsächlich literarische-ästhetische Probleme Streitfragen auslösten, denn Aufbau und Aufklärung waren vom Dichter bestimmt, konnten in den Pitavalgeschichten Probleme der Rechtssicherheit, der Bedeutung der Naturwissenschaften für die Bekämpfung von Verbrechen, die Frage nach sozialen Mißständen als Nährboden für die Kriminalität einen lebhaften Meinungsaustausch hervorrufen.

Nach dem Ausscheiden von Hitzig und Häring führte der Appellationsgerichtsrat Anton Vollert den »Neuen Pitaval« bis 1890 fort. Bis dahin lagen 60 Bände vor, und weitere Pitavalsammlungen, daß heißt Publikationen aufsehenerregender und zeittypischer Kriminalfälle, werden bis in die Gegenwart fortgeführt.

Neben den beiden Juristen aus dem Kreis E. T. A. Hoffmanns ist noch Jodocus D. H. Temme zu nennen, zuletzt Professor des Kriminalrechts in Zürich, der für einige Zeit in Berlin gewirkt hatte. Er gab eine Sammlung »Merkwürdige Criminalprozesse aller Nationen« heraus, in der auch die Mordtaten Karl Friedrich Maschs, der die Umgebung Berlins und die Mark unsicher gemacht hatte, aufgezeichnet waren. Da war, wie in den alten Räubersagen von Erdhöhlen im Walde die Rede, in denen sich der Raubmörder sozusagen unter den Augen der Öffentlichkeit und der königlich-preußischen Gendarmerie behaglich einrichten konnte.

Illustrationen zu J. D. H. Temmes Kriminalnovellen. Das Geheimnisvoll-Schauerliche der Szenerie wurde betont.

Unfreiwillig komische Züge und Vorkommnisse auch in der Kriminalsphäre zu finden, schien Temmes Eigentümlichkeit zu sein, so stellte er – ähnlich wie im 17. Jahrhundert Abele – Kriminalanekdoten zusammen. Dabei ging es freilich nicht um Verbrechen, sondern um Grotesken in der Gerichtspraxis. Dazu gehörte auch der Betrugsversuch der Brüder Tomaschek, in dem – just in Berlin – auf dem Friedhof vor dem Oranienburger Tor ein Plättbrett feierlich zu Grabe getragen wurde.

Interessanter für uns sind seine Kriminalnovellen, die sich langsam von der Pitavalgeschichte lösten. Im Hintergrund der »Hallbauerin« (1858) stand ein Prozeß, in dem es um Kindesmord ging. Beschuldigt und angeklagt wurde ein junges Mädchen, die Hallbauerin, eine Musikantentochter. Nachreden, Gerüchte, Vorurteile, Wichtigtuerei, wie sie gerade auch in kleinen Gemeinden schwelten, hatten sie vor Gericht gebracht. Gegen eine aufgehetzte Öffentlichkeit, gegen Paragraphen und die Folter vermochte die Inquisitin sich nicht zu verteidigen. Nur der junge Handwerker, der sie geehelicht hatte, fand Worte des Protestes: »... Muß nach den Gesetzen ich beweisen, daß ich nicht hier war? Gilt denn hier nicht das Gesetz der Vernunft, nach welchem man dem Verbrecher zu allererst beweisen müßte, daß er an dem Orte, wo er das Verbrechen verübt haben soll, auch anwesend gewesen sei!«

Doch das Alibi, der »Beweis des Anderswo«, zählte nicht, die Folter bestimmte noch den Prozeßverlauf, der erst gegen Ende zugunsten der Angeklagten umgelenkt wurde. Die Überführung der tatsächlichen Kindsmörderin blieb ausgespart; doch der Gograf, der den freiherrlichen Gerichtsherrn vertrat, und der Leser, der mit allen Umständen im Dorfe und im Amtshause vertraut war, wußten, wo man die Kindsmörderin zu suchen hatte: in der Familie des Gografen selbst. Nur ein mitdenkender Leser konnte eine so angelegte Erzählung ganz verstehen und auch genießen.

Die Frage nach dem Alibi wurde in einer geschlossenen Kriminalnovelle (1879) unter dem Titel »Wer war der Mörder« gestellt. Ein junger Förster war im Walde erschossen worden, verdächtigt wurde sein Mitbewerber um die Hand einer schönen Försterstochter. Doch dieser, ebenfalls im Forstwesen tätig, hielt sich zur Tatzeit weit entfernt vom Tatort auf. Erst Jahre später wurde die an sich einfache Dreiecksgeschichte geklärt. Ein Lokaltermin brachte neue Erkenntnisse. Das Alibi des eifersüchtigen Nebenbuhlers war erschüttert, denn ein geheimer Pfad durch Moor und Dickicht, den Forstleuten wohl bekannt, verkürzte den Weg zur Mordstelle ganz entscheidend.

Die Heldin in der Kriminalliteratur ist meist treu, liebreizend und gefühlsselig, dabei oft recht töricht, so auch »In einer Brautnacht«. Ein junges Fräulein hatte sich einem angeblichen Baron und seiner Ehefrau angeschlossen, um in deren Kutsche sicher und beschützt durch die Lande zu reisen. Dabei verhielt sich das verbrecherische Paar überaus auffällig und verdächtig. Der Baron rastete nur bei einsamen Poststationen und suchte nach tiefen Teichen in der Umgebung, um gegebenenfalls eine Leiche verschwinden zu lassen, so: »Das erste Mal im Fichtelgebirge. Die Station lag einsam von hohen Bergen umringt; in den Schluchten waren Weiher mit dunklem Wasser; der Baron konnte mit einer langen Stange den Grund nicht erreichen ...« Er erreichte aber nicht sein Ziel, den beabsichtigten Meuchelmord. Der ahnungslosen Braut mußten dabei freilich einige robuste, aber edle Gesellen wie ein »Deus ex machina« zu Hilfe kommen – ein Motiv, das sich vom Schauerroman des 18. Jahrhunderts über die Kriminalliteratur des 19. Jahrhunderts bis in den Krimi unserer Tage verfolgen läßt.

Temme wollte seinen Lesern jedoch nicht nur interessante Lektüre bieten, sondern der demokratisch und freiheitlich gesinnte Jurist – er gehörte der Deutschen Nationalversammlung an – arbeitete mit seinen Darstellungen auf eine Justizreform hin und setzte sich ein für Geschworenengerichte und für mehr Transparenz im Gerichtswesen.

Parallel zum »Neuen Pitaval« wurde in Österreich von dem Schriftsteller J. Pfundheller »Die schwarze Bibliothek« herausgebracht, in die auch ein Mordfall aufgenommen wurde, der dem damaligen Bühnenliebling der Wiener, Therese Krones, eine peinliche Statistenrolle zuwies.

Vielleicht hatte die Tatsache, daß der Herausgeber kein Jurist, sondern ein Literat war, zur Folge, daß die Erzählungen Unrichtigkeiten, romanhafte Zufügungen enthielten, die zum Teil erst – im 20. Jahrhundert – in der Sammlung »Aus dem Archiv des grauen Hauses« (Landesgericht für Strafsachen Wien I) zurechtgerückt wurden.

Wenn auch nicht mehr so aktuell wie im 19. Jahrhundert, in der historischen Umwelt des Verbrechens, blieben die herausragenden und zeittypischen Fälle noch im 20. Jahrhundert von Interesse für alle, die in ihnen Beiträge zu einem Sittengemälde des vergangenen Jahrhunderts sahen.

Der Newgate-Roman

... so wollen wir hier doch noch einmal den Gerichtskalender der Old Bailey aufblättern und dem Publikum einen kräftigen Schluck aus dem alten »Steingeschirr« zukommen lassen.

William M. Thackeray

Der Roman und sein Lesepublikum, die sich im 18. Jahrhundert entwickelt hatten, bestimmten, jedenfalls im Bereich der Epik, die literarische Landschaft des 19. Jahrhunderts. (Wenn es allerdings galt, zu neuen Themen vorzustoßen, dann wurde im Experimentierfeld wieder die Kurzgeschichte genutzt, wobei diese durch neue, interessante Sujets an Beliebtheit gewann.) Unter diesen Vorzeichen entwickelten sich auch die Geschichten der Newgate-Kalender zu Newgate-Romanen.

Eine Zwischenstellung nahmen dabei die zwei Bände »Celebrated Trials and Remarkable Cases of Criminal Jurisprudence to 1825« (1825) von George Borrow ein. Diesem englischen Pitaval kam jedoch nicht die Bedeutung der kontinentalen Pitavalsammlungen zu, da die Bürger, vor allem die Londoner, stets an den öffentlich geführten Gerichtsverhandlungen teilnehmen und den Schlagabtausch zwischen Anklage und Verteidigung verfolgen konnten. Mit der Darstellung der aktuellen und interessanten Prozesse vom Verlauf eines Jahres war der Verfasser auch in der Nachbarschaft der Newgate-Kalender geblieben.

Edward George Bulwer-Lytton, Politiker und Literat, schrieb vier Romane, die zur Gruppe der Newgate-Romane gehören. Am Beginn stand »Pelham« (1828) und am Ende »Eugene Aram« (1832), der wohl stärkste Roman dieses Genres. Der Titelheld ist der Verbrecher, ein Wissenschaftler, ein kluger Kopf, der nach seiner Verhaftung mit einer Verteidigungsrede brilliert, aber eben doch gehängt wird. Eingeschlossen in die spannend angelegte Handlung, beginnend mit der Suche nach einem früheren Straßenräuber, ist eine Familien- und Liebesgeschichte. Die Festnahme Arams erfolgt kurz vor seiner Trauung, die Braut stirbt vor Gram. Es ist sein Schwager, der letztlich die Recherchen in Gang gesetzt hat, so bleibt alles im trauten Familienkreise. Doch Arams Anteil an der Schuld wird nicht durch Familienmitglieder oder Amtspersonen enthüllt, sondern durch das Schicksal, das alle seine Gegenaktionen durchkreuzt.

Noch näher an die Newgate-Kalender, nämlich an ihre historischen »Helden«, hielten sich Charles Whitehead mit »Jack Ketch« (1834), dem Henker von London, und William H. Ainsworth mit »Rockwood« (1834) – handelnd von Dick Turpin, der es verstand, immer wieder auszubrechen und der auf »Black Bess« einen tollen Ritt unternahm, um seinen Verfolgern zu entgehen – und mit »Jack Sheppard« (1839). Die Attraktivität dieses Buches wurde dadurch gefördert, daß es, wie auch die Romane von Charles Dickens, mit Illustrationen von dem Londoner Kupferstecher George Cruikshank ausgestattet wurde.

Doch dann änderten die Newgate-Romane ihren Charakter: Die Helden wurden ausgetauscht, die Sympathien verlagert, die literarische Komposition wurde geändert. So entwickelte sich aus den Newgate-Romanen in der ersten Hälfte des 19. Jahrhunderts der viktorianische Kriminalroman, ein »richtiger Krimi«, allerdings in der tradierten Verbindung zum Familienroman.

Den Abgesang des Newgate-Romanes kündigte William M. Thackeray mit seiner parodistisch gemeinten »Catherine« (1839–1840), im »Fraser Magazine« erschienen, an. Seine »Heroine« wählte er aus einem der Newgate-Kalender, der »ausgezeichneten Kompilation, der wir und andere volkstümliche Schriftsteller unserer Tage nicht dankbar genug sein können« (to which excellent compilation we and the other popular novelists of the day can never be sufficiently grateful). Die Heldin dieses Anti-Newgate-Romanes, Catherine Hayes, war 1726 auf dem Scheiterhaufen verbrannt worden. Sie hatte einen Mieter und ihren unehelichen Sohn angestiftet, ihren Mann, einen Londoner Händler, zu ermorden. Der Grund für die Greueltat: Catherine, die vom Lande gekommene einstige Unschuld, wollte ihren Verführer, einen egoistischen und stupiden deutschen Gesand-

Aus dem Roman von Ainsworth über Jack Sheppard, abgedruckt in »Bentley's Miscellany« (1839): Jacks Flucht aus dem Gefängnis für die Verurteilten in Newgate.

Jacks Flucht aus dem Clerkenwell-Gefängnis.

Ebenfalls in Bentley's »Miscellany« erschien Ch. Dickens »Oliver Twist«. Hier: Der Einbruch. Die Illustrationen stammen von George Cruikshank, einem bekannten Londoner Kupferstecher und Karikaturisten.

ten mit dem klangvollen Namen Maximilian von Galgenstein (nicht ins Englische übersetzt! W.) ehelichen. Am heftigsten wurde Sir Edward Bulwer-Lytton von Thackeray attackiert. Weitere literarische Gefechte wurden im »Punch« ausgetragen. Hier erschien 1842 von einem unbekannten Künstler die Grafik »Der Literische Gentleman« (The Literary Gentleman). Behaglich sitzt er im Schlafrock an einem Tisch, meditierend, lockere Blätter vor sich, ebenso das Tintenfaß mit Gänsekiel. Daneben aber ein Minigalgen, Dolche und anderes Mordwerkzeug und auf dem Boden ein Korb mit Newgate-Kalendern. Um den Skribenten herum dräuende, nebulöse Gestalten mit so signifikanten Umschriften wie Mord, Raub, Diebstahl, Einbruch und Galgenheroismus.

Der literarische Gentleman. Vor dem im Schlafrock Brütenden stehen auf dem Tisch ein kleiner Galgen und ein Tintenfaß, daneben liegt ein Dolch. Auf der Erde sind Newgate Kalender gestapelt. Die Szenerie ist von düsteren Schemen, Mord, Raub, Einbruch, Galgenliteratur umgeben. Eine Karikatur im »Punch«, mit der eine Entwicklung des literarischen Geschmacks glossiert werden sollte.

Die alten Gebäude von Scotland Yard, des »schottischen Hofes«.

Diese satirischen Töne verstummten, als die Zeitungen von der Ermordung Lord William Russells berichteten. Der Täter – Lord Russells Kammerdiener – sollte den Gedanken an das Verbrechen aus der Lektüre des »Jack Sheppard« gewonnen haben. Das war freilich nur ein Aufsehen erregender Einzelfall, und die Motivation war nicht zweifelsfrei erwiesen, aber bei zunehmenden Furcht vor Verbrechen konnte der Verbrecher, vornehmlich der Räuber, nicht mehr als literarischer Held fungieren. Unbegründet war diese Furcht nicht: Bereits im 18. Jahrhundert war in England die Kriminalität vor allem in den großen Städten angewachsen. Die industrielle Revolution hatte die sozialen Spannungen verschärft, der Zuzug von Armen in die Städte hatte sich verstärkt. Nicht nur am Rande der Stadt und in Hafenvierteln, sondern auch im bzw. nahe dem Stadtkern, so z. B. in der Londoner City, entstanden Elendsviertel, in denen auch Verbrecher ihre Schlupfwinkel hatten. Henry Fielding, uns bereits als Politiker und Schriftsteller bekannt, wurde 1748 zum Richter gewählt. Fünf Jahre später stellte er in seinem Amtsbereich der Bow Street eine kleine Schar von Männern zusammen, die sowohl als Polizisten wie als Detektive eingesetzt wurden. Rotbefrackt hatten sie hinter Dieben herzurennen, deshalb hießen sie im Volksmund »Bow-Street-Runners«, sie hatten aber auch festgesetzte Sprechstunden vormittags und abends. Diese Gruppe der auffälligen Rotfräcke konnte allerdings die Kriminalität im London des 19. Jahrhunderts nicht eindämmen.

1829 wurde die »Metropolitan Police of London« gegründet; sie bezog das Haus Whitehall Place Nr. 4. Die jetzt blaubefrackten Polizisten benutzten jedoch meist den Hintereingang des Gebäudes, der zum Great Scotland Yard führte. Dort hatte einst der Palast gestanden, in dem die schottischen Könige abstiegen, wenn sie den englischen Hof in London besuchten. So hatte die Londoner Bevölkerung schnell wieder einen Namen für die neue Institution gefunden: Scotland Yard. Da aber auch die blauen Fräcke trotz der dazu getragenen Zylinder im Straßenbild recht auffällig wirkten, hatten einige der Polizisten Zivilkleider zu tragen, um so Verbrechen besser nachspüren zu können. Den Namen Scotland Yard behielt diese Detektivabteilung bei.

Überraschende Erfolge bei der Aufklärung von Verbrechen durch Bow-Street-Runners und durch die ersten Detektive verschafften diesen einen fast legendären Ruf, der sich auch in der Literatur niederschlug. Damit war die Zeit der Verherrlichung des »edlen Räubers« vorbei. Der vorwiegend bürgerliche Leser fürchtete Raubüberfälle auf den Straßen, Einbrüche, Diebereien und Mord. Unter diesen Umständen wollte er lieber von der Verhaftung und Verurteilung der Bösewichter hören und lesen, und in der Folge mußte derjenige interessant werden, der die Verbrecher überführte.

Der Familienkrimi

Wie behagt Ihnen die Atmosphäre des Geheimnisvollen und der Verdächtigungen?

Wilkie Collins

1827 erschien ein dreibändiges Werk »Szenen aus dem Leben eines Bow-Street-Runners«, aufgezeichnet von »Richmond« (Scenes of a Bow Street Runner, Drown Up from His Memoranda by »Richmond«). Der erste Teil des Romans brachte die abenteuerliche Jugend Richmonds als Wanderschauspieler, seine Freundschaft mit Zigeunern und Straßenräubern. Dann aber präsentierten sich Richmond und sein Freund als Bow-Street-Runner, und der Leser konnte sie auf ihren Ermittlungen begleiten. Wie später Sherlock Holmes, saß Richmond in seinem Zimmer, hörte sich seine Klienten an und zog aus ihrem Erscheinen die ersten Schlußfolgerungen. Dann aber verließ er das Haus, um – meist zu Fuß – die Verbrechen aufzudecken: Diebstahl, Betrug und immer wieder Leichenraub. Es war ein erster Wurf, der Verfasser hielt sich in der Anonymität.

1850 schrieb Charles Dickens vier Skizzen »Die Detektiv Polizei«. Hier führte er den Begriff des »detective« in die englische Literatur ein. Daneben bemühte er sich in seiner Zeitschrift »Household Words«, auch die Gestalt und das Wirken der neuen Detektive zu popularisieren, indem er sie in ihrer Alltagsarbeit vorstellte. Das war zwar nicht sehr spannend, doch immerhin überzeugend.

Die Detektive des Yard dankten Dickens für sein Eintreten, indem sie ihn zu einer Tasse Tee in der Redaktion der »Household Words« besuchten.

Bekannter ist uns aber Dickens als Romancier. In »Oliver Twist« (1837–1839) schlug der Dichter wiederholt das Newgate-Thema an, jedoch gelöst vom Lebenslauf des Helden, des armen Waisenjungen. Amtsmißbrauch, das Treiben von Verbrecherbanden, zuletzt die Einkerkerung Fagins im Newgate-Gefängnis und seine Hinrichtung. Aber die Aufdeckung der Verbrechen bildete nicht das Leitmotiv, es ging um das Schicksal des Waisenkindes vom Armenhaus bis zu einem gesicherten und angemessenen Platz in der Gesellschaft, fast reduziert auf den neu gewonnenen Familien- und Freundeskreis.

Anders in »Bleak House« (1852): Die verschiedenen miteinander verknüpften Handlungsstränge waren eng mit Themen wie Verbrechen, Verfolgung, Gerichtsprozessen verbunden.

In das dickleibige Werk war eine Kriminalepisode – ein Mord – eingelagert. Einzelne Kapiteltitel wiesen dabei auf Zusammenhänge hin und bargen Spannungsfaktoren, so: Die Schraube wird angezogen – Haltet ihn! – Das Verhängnis naht – Eine Entdeckung – Die Spur – Die Mine springt – Die Flucht – Verfolgung. Aber immer wieder schoben sich Partien aus dem alles umklammernden Familienroman dazwischen, und wenn der Mord an dem Advokaten aufgeklärt wurde, so folgten rund 160 Seiten, auf denen das weitere Geschick aller Beteiligten geschildert und romantisiert wurde. Andererseits deuteten das Auslegen falscher Spuren, die Überführung der Täterin vor einer interessierten Gruppe auf einen starken Anteil des Kriminalistischen hin. Auch gewann ein Inspektor Bucket, ein untersetzter, kräftig gebauter, solid aussehender, schwarz gekleideter Mann mit lebendigen Augen und von mittleren Jahren, die Aufmerksamkeit des Lesers. Er untersuchte, klärte auf, aber er drängte sich nicht in Familiengeheimnisse. Der Rahmen, in den alles eingepaßt wurde, war der des viktorianischen Familienromans. Doch bot er einen recht guten Ansatz zur Überleitung in den Kriminalroman.

Familienzwistigkeiten, Streit um Besitz und Erbfolge hatten seit jeher Verbrechen zur Folge und waren damit auch immer wieder ein Vorwurf für die Kriminalliteratur. Die Leser zeigten lebhaftes Interesse, so übertraf der Erfolg von »Bleak House« noch den des »David Copperfield«. Sicher besaß Dickens literarische Qualitäten, wie sie gerade Kriminalschriftsteller zu eigen sein müssen: die genaue Beschreibung der Umstände und Personen, das Beachten und Werten von Details, von Geringfügigkeiten. Doch diese Details waren oftmals mehr idylisiert als realistisch gezeichnet. Auch liebte Dickens es, eher kauzige als düster-geheimnisvolle Menschen darzustellen. Sein Briefwechsel zeigt, daß er den »Mordmysteries« wachsendes Interesse entgegenbrachte; zeitgenössische Kriminalfälle beobachtete er kritisch mit dem Blick auf das Beweismaterial. 1851 lernte Dickens den Schriftsteller Wilkie Collins kennen, den er zur Mitarbeit an seiner Zeitschrift »Household Words« gewann (1852-1856) und ihm gleichzeitig die Möglichkeit verschaffte, Kriminalkurzgeschichten zu veröffentlichen. Collins, den bald freundschaftliche Beziehungen zu Dickens verbanden, war stärker als der ältere Dickens, der noch die Traditionen der Newgate-Romane zu überwinden hatte, an der Herausbildung des Kriminalromans interessiert. Auch er nutzte als Experimentierfeld die Kurzgeschichte, jedoch in eigenständiger Entwicklung, ohne Abhängigkeit, ja ohne Kenntnis von Poes »stories of ratiocination«.

Dafür aber suchte er Anregungen und Stoffe aus den französischen Pitavalgeschichten zu gewinnen. In Paris trafen die Freunde Dickens und Collins 1855 zusammen. Collins berichtete darüber: »Ich war in Paris und spazierte mit Charles Dickens in den Straßen umher, und wir schauten zum Vergnügen in alle Geschäfte. Wir kamen zu einem alten Buchladen – halb Laden, halb Magazin – und fanden einige zerlesene Bände und Berichte von französischen Verbrechen und eine Art französischen Newgate-Kalender. Ich sagte zu Dickens: Das ist ein guter Fund! Und das traf dann auch zu. Hier fand ich einige meiner schönsten Geschichten.«

Auch Dickens griff die Kriminalgeschichte wieder auf und schrieb, gestützt auf einen englischen Fall, »Erjagt« (Haunted down, 1859). Ein Onkel versuchte, seine beiden Nichten umzubringen. In einem Falle gelang es ihm, die andere Nichte sollte langsam durch Gift umgebracht werden. Doch ein Versicherungsbeamter schöpfte Verdacht, und so kam es zur Aufklärung der Verbrechen, des geplanten wie des ausgeführten.

Der zugrunde liegende Fall war der des Mister D. Th. G. Wainewright. Er hatte seine Schwägerin für 1 800 Pfund versichern lassen und sie dann vergiftet. Das Verbrechen wurde entdeckt, der an dem Fall interessierte Dickens besuchte Wainewright im Newgate-Gefängnis, um sich einen persönlichen Eindruck zu verschaffen. Vielleicht war das Interesse des Dichters am Charakter des Verbrechers stärker als am »Fall«.

Der rege literarische Austausch mit Collins führte dazu, daß Dickens seinen letzten Roman mit dem bereits verheißungsvollen Titel »Das Geheimnis um Edwin Drood« (The Mystery of Edwin Drood, 1870) wahrscheinlich als Kriminalroman anlegte. Der Roman erschien teilweise in Fortsetzungen in »All The Year Round«. Die erste Folge hatte der Dichter der Königin Viktoria gewidmet und ihr angeboten, die Lösung sogleich zu erzählen; leider lehnte die Queen diese Aufklärung ab – wir können das nur beklagen. Charles Dickens verstarb, ohne den Roman zu beenden. Fragen blieben: War Edwin Drood tatsächlich ermordet worden? Wenn ja, wo war dann seine Leiche? Wer war der Mörder? Warum hatte er gemordet? Das literarische Rätsel, das der Roman aufgab, reizte viele Autoren, ihn weiterzuführen. Es entstanden so die verschiedensten scharfsinnigen Kombinationen, jede von ihnen verfolgte eine der sichtbar gewordenen Spuren. Es waren ihrer viele. Vielleicht zu viele. Das Geheimnis um Edwin Drood blieb ungelöst.

Collins gab nicht weniger Rätsel auf, aber er brachte auch die Lösung. Erst Rätsel und deren Lösung machen das Wesen des »Krimis« aus. Seine anfangs in Dickens' Zeitschrift veröffentlichten Kurzgeschichten wurden später in einem Bande zusammengefaßt. »Ein schauerliches fremdes Bett« (A Terribly

Charles Dickens.

Strange Bed) leitete die Sammlung ein. Hier stand Collins unter dem bereits vermerkten Einfluß französischer Kriminalgeschichten. (Eugène Vidocq berichtete Ähnliches, lokalisiert auf eine Landherberge.) Aber auch in der Folklore war das Thema vom Mordwirtshaus weit verbreitet. Bei Collins ist das Gastbett so schauerlich, weil eine Vorrichtung den Betthimmel leise und tödlich auf den Schlafenden herabdrückte. Intuition und Unruhe, hervorgerufen durch ein falsch dosiertes Betäubungsmittel, hielten den jungen Engländer wach und schließlich setzten sich ein Subpräfekt und eine Gruppe von Gendarmen in Bewegung, um die Mörder in der Herberge zu arretieren.

1860 knüpfte Collins mit »Die Frau in Weiß« (The Woman in White) noch an die Tradition des Schauerromans an, aber in den Gefilden der Schauerromantik siedelte er eine regelrechte Kriminalhandlung an – Verbrechen und Aufklärung.

Der Bezug auf Verbrechen und Verbrechensbekämpfung wurde bereits im zweiten Satz des Romans gegeben: »Wenn man sich darauf verlassen könnte, daß jeglicher verdächtige Fall letzten Endes doch in das Räderwerk der Justiz geräte, und bei dem sich anschließenden Untersuchungsverfahren das Gold wenigstens nur mit Maßen seine Rolle als Schmiermittel spielt, dann wäre den Ereignissen, die diese Blätter füllen, sowohl ein Gerichtshof als auch ein gerütteltes Anteil des öffentlichen Interesses sicher gewesen.«

Der Autor hatte sich für ein literarisches Gerichtsverfahren vor den Augen des Lesers entschieden: Der Roman setzte sich aus den Berichten derjenigen zusammen, die auch als Zeugen in einem Prozeß ausgesagt hätten. Dabei verwendete er Reminiszenzen an eine alte Pitavalgeschichte, den Fall der Marquise Douhault. Sie wurde vom Bruder um ihr Erbteil gebracht und unter falschem Namen als Verrückte in die Salpêtrière in Paris eingeliefert. Das einzige Beweisstück der Unglücklichen, die 1787 einen Prozeß gegen ihren Bruder anstrengte, war ein weißes Gewand. Sie verlor den Prozeß und starb 1817.

Wilkie Collins.

Einbandentwurf zum »Mondstein«.

Diese neue, an Gefühl und Verstand gerichtete Darstellung im Roman bewirkte eine literarische Sensation. Modeartikel wie Hüte und Mäntel erhielten das Prädikat »Woman in White«, der Politiker William Gladstone verzichtete auf einen Theaterbesuch, um das Buch in Ruhe lesen zu können, und Thackeray, der erklärte Feind der späten Newgate-Romane, opferte deshalb den nächtlichen Schlaf.

Die »Frau in Weiß« war nicht die »weiße Frau«, die gespenstische Ahnfrau – gewiß sollten solche Assoziationen hervorgerufen werden –, sondern das Opfer eines Verbrechens. Es ging um Erbschleicherei, und das Verbrechen spielte sich im Kreise der Familie und ihrer Umwelt ab. Freilich war es noch kein Fall für Scotland Yard. Walter Hartright, ein Zeichenlehrer, autobiographische Züge von Collins tragend, übernahm die Rolle eines Amateurdetektivs. Persönliche Gründe veranlaßten ihn dazu; er liebte Laura Fairlie, ein junges Mädchen, und wollte sie vor den Bedrohungen und mörderischen Absichten eines Schuftes retten, der ihr Erbe an sich zu bringen beabsichtigte, und er wollte auch dem Recht zum Sieg verhelfen, ihr »... ihren Platz in der Welt der Lebendigen wieder ... erkämpfen«.

So war in diesem frühen Krimi neben der alten Schauermotivik auch eine von späteren Theoretikern der Kriminalliteratur verpönte Liebesgeschichte enthalten. Sie brachte nicht nur den von Familienromanen her vertrauten harmonischen Schluß, sondern sie setzte erst einmal die Recherchen, die Aufdeckung der Verbrechen in Gang. Der Schuft war Sir Percival Glyde, der gar kein Gentleman war, sondern ein Bankert. Damit begann die Verstrickung von Familiengeheimnissen und Betrügereien. Wenn Sir Percival schließlich bei dem Brand einer alten Dorfkirche umkam, als er die ihn belastende Eintragung in das Kirchenregister zerstören wollte, wirkte dies wie das Eingreifen einer höheren Macht, fast wie ein Gottesurteil. Das paßte zu der düsteren Folie des Romans, zu dem latenten Gespensterglauben, zu der »Weißen Frau«.

Walter Hartright, unterstützt von Lauras Halbschwester Mariam, war ein Mann der Vernunft; mit Ausdauer und logischen Schlußfolgerungen konnte er die Lügen und Machinationen aufdecken.

Die Zeichnung der Landschaft, vielleicht blieb Collins hier seinem Vater verpflichtet, der ein bekannter Landschaftsmaler war, spiegelte die Empfindungen und Gefühle der handelnden Personen wider und stimmte bereits auf die kommenden Geschehnisse und Gefahren ein. So heißt der Herrensitz von Sir Percival Glyde, den er mit seiner jungen Frau bewohnte, Blackwater und war dicht umschlossen von dunklen Bäumen. Der öde, düstere See, der dem Besitz den Namen gegeben hatte, wurde im Scherz als »der ideale Platz für'n Mord« bezeichnet.

Der von weiten Reisen heimkehrende Hartwright berichtete: »Ich wandte mich seitwärts und dort, unterhalb von mir, in der engen Talschlucht, lag verlassen das graue Kirchlein, mit der geschützten Seitentür, wo ich auf das Erscheinen der Frau in Weiß gewartet hatte; lag der Hügelhorizont im Kreis um den stillen Friedhof, und in seinem steinernen Bettlein murmelte kalt der Bach.«

Aber neben der Hingabe an Gefühle und Ahnungen wurde auch ermittelt. Die unkonventionelle Mariam übernahm es zu später Stunde, ein Gespräch zu belauschen, und in einem dunklen Petticoat unter Verzicht auf weitere Roben kletterte sie mutig über ein Dach. Tagsüber bewies sie ähnliche Aktivitäten und untersuchte am alten Bootshaus Fußspuren, um Sir Percivals Geheimnis zu entdecken.

Es sind nicht nur die alten Herrenhäuser auf dem Lande, die das eigentümliche Kolorit des viktorianischen Kriminalromans mitbestimmen, sondern auch die Dimensionen der Zeit. Nichts, auch keine Verfolgung, geschah in rasantem Tempo, aber die Zeit wirkte: Das gerechte Schicksal traf die an der Schurkerei Mitbeteiligten, den Count Fosco und seine Frau. Auch die für die Verbrecher fatale Zeitspanne zwischen dem Tode der weißen Frau, ihrer Beisetzung unter Lauras Namen und deren Einlieferung in ein Irrenhaus differierte um einen vollen Tag, noch weit entfernt von den auf Minuten, Viertelstunden, höchstens einige Stunden eingeengten Alibis des heutigen Kriminalromans.

In Collins anderen Spannungsromanen herrschten Abenteuer vor, Abenteuer in der weiten Welt und nicht nur auf einem einsamen Herrensitz, wobei freilich auch Verbrecher auftauchten und Verbrechen begangen und gesühnt wurden. Doch wo hielten sich das Abenteuer und der Abenteurer innerhalb der Legalität auf?

Haben wir genügend Indizien zusammengetragen, um »Die Frau in Weiß« als Kriminalroman zu bezeichnen, so sind sich Theoretiker und Kritiker darüber einig, dem »Mondstein« (1868) einen besonderen Platz in der Geschichte der Kriminalliteratur zuzuweisen. Aufbau und Darstellung charakterisieren ihn als ersten Detektivroman. Die Spannung des Lesers hält bis zur überraschenden Aufklärung an. Dabei wurde dem Leser nichts verschwiegen, er erfuhr alle Tatsachen aus den Berichten der Beteiligten. Jeder erzählte aus seiner Sicht, ließ etwas aus, fügte etwas dazu, urteilte anders, der Leser war ständig aufgefordert, mitzukombinieren.

Mit Sergeant Cuff, dem berühmten Scotland Yard-Inspektor Whicher nachgezeichnet, stand diesmal ein richtiger Detektiv zur Aufklärung des Diebstahls bereit.

Erwartungsvoll sahen die Hausbewohner der Ankunft des Scotland Yard-Mannes entgegen:

»Dem Wagen entstieg ein ergrauter, schon älterer Herr, so erbärmlich dünn, daß man glauben konnte, er hätte keine Unze Fleisch auf den Rippen. Sein Gesicht war messerscharf geschnitten, die Haut gelb und trocken wie welkes Herbstlaub. Die langen, schlanken Finger krümmten sich wie Krallen. Wenn er einen mit seinen stahlharten hellgrauen Augen anblickte, hatte man den Eindruck, er erwarte mehr von einem zu hören, als einem selber bewußt wurde. Man hätte einen Pfarrer in ihm vermutet oder einen Leichenbestatter ... oder alles andere, nur nicht das, was er wirklich war.«

Um diesem dünnen, grauen Mann einen mehr persönlichen Zug zu verleihen, stattete Collins ihn mit einem Hobby aus: Cuff war leidenschaftlicher Rosenliebhaber. Aber der Sergeant wußte sich auch mit schuldigem Respekt in der Gesellschaft zu benehmen. So versicherte er beim Fortgang der Untersuchung in einem Briefe an den Esquire Franklin Blake mit vorzüglicher Hochachtung: »Noch ist es möglich, daß die drei Inder verhaftet werden und der Mondstein zu seiner rechtmäßigen Besitzerin zurückkehrt.«

Der in vielen Dingen unkonventionelle Collins ließ das Juwel wieder in den Tempel des Mondgottes zurückgelangen, und auch der geneigte Leser begriff, daß dort die Heimstätte des Steines war.

Abgesehen von dieser Beimischung abenteuerlicher Exotik, die auch so manchen späteren Krimi durchzieht, waren die Elemente des neuzeitlichen Kriminalromans im »Mondstein« bereits ausgebildet: Der Landsitz in Küstennähe, die geschlossene Gesellschaft anläßlich des Geburtstages von Miß Rachel Verinder, die falschen Spuren und der untersuchende und kombinierende Detektiv. »Wir hatten vielleicht zwei- oder dreihundert Yards in Richtung auf Cobb's Hole zurückgelegt, als der große Cuff niederkniete, als wäre er von dem plötzlichen Wunsche besessen, zu beten: ›Hier sind Fußspuren, Mister Betteredge‹, bemerkte er, ›und sie rühren von einem Frauenschuh her.‹«

Unterhaltungen, auch zwischen Freunden, verliefen fast wie Verhöre: »Weißt du noch wie spät es war?« »Verhältnismäßig zeitig. Gegen zwölf, glaube ich.« »Bist du eingeschlafen?« »Nein, in dieser Nacht habe ich kein Auge zugetan ...« »Hattest du Licht brennen?« »Nein, nicht, bis ich wieder aufstand.« »Wann war das?« ...

Auch ein Schuß Psychologie war beigemengt, wenn ein jeder die Vorkommnisse aus seiner Sicht schilderte. Eines allerdings ist eigentümlich im Aufbau des Romans. Fast das ganze Buch handelte vom Diebstahl des kostbaren Monddiamanten, der immer wieder in falsche Hände geriet und dafür Unglück mit sich zu bringen schien. Erst zum Schluß erfolgte dann ein Mord. Dieser aber wirkte wie eine gerechte Strafe, die den schurkischen Vetter entlarvte und den Stein vor seiner Zerstörung rettete.

Wie in der »Weißen Frau« wurden die Verbrechen zwar aufgedeckt, die Vergeltung übernahm jedoch ein verläßliches Schicksal. So ist der Abstand zum Schauerkrimi des Sheridan Le Fanu nicht allzu groß. »Onkel Silas« (Uncle Silas, A Tale of Bartram Haugh, 1864) war noch ruchloser als sein übler Ruf. Auf seinem düsteren Schloß Bartram Haugh ermordete er einen Mister Charke, der ihn finanziell in der Hand hatte, und versuchte zusammen mit seinem Sohn auch sein Mündel, die neunzehnjährige Maud, zu morden, um sie um ihr Erbe zu betrügen. Doch anstelle von Maud, die ebenso töricht wie liebreizend war, wurde die böse Gouvernante umgebracht, die sich den Mördern als willfähriges Werkzeug angeboten hatte. Wieder vollzog das Schicksal die verdiente Strafe. Es traf auch Onkel Silas, der sich mit Opium vergiftete und seinen genauso bösartigen Sohn, der gerade noch nach Australien fliehen konnte. Zum Schluß wurde auch der Mord an Mister Charke aufgeklärt. Diese Tat erschien so unheimlich und rätselvoll, weil sie in einem verschlossenen Raum stattfand, in den keiner eindringen konnte. Le Fanu verwendete damit ein bereits bei Poe auftauchendes und später sehr beliebtes Motiv. Vorerst ging es vor allem darum, den Leser noch stärker in die Stimmung des Unheimlichen einzufangen und nicht, alle Möglichkeiten einer Enträtselung durchzuspielen, den Leser vor Knobeleien zu stellen. Le Fanu bediente sich einer simplen Lösung, er informierte seinen Leser unzureichend: Das Zimmer besaß doch einen geheimen Zugang, der bei der ersten Untersuchung nicht entdeckt worden war. »Dr. Bryerly ging nach Bartram Haugh und untersuchte aufs genaueste die Fenster des Zimmers, in dem Mr. Charke geschlafen hatte. Eines davon hatte, wie er entdeckte, außerordentlich kräftige Stahlangeln, die mit großem Geschick in dem Holzwerk des Fensterrahmens verborgen waren und die von außen durch eine eiserne Festhaltevorrichtung gesichert waren, so daß sie sich automatisch öffneten, wenn diese entfernt wurden.«

Nach der Bestrafung der Bösewichte konnte der Autor alles andere einem befriedigenden Schluß zuführen: Er vermählte die im heiratsfähigen Alter Stehenden, und die Heroine bekam als Lohn für die ausgestandenen Schrecken einen Lord. Dieser Schluß zeigt deutlich die Tradition des viktorianischen Familienromans; diese frühen Krimis präsentieren sich zugleich auch als Familienromane. Wie hier literarischer Einfluß weiterreicht, erweist die Tatsache, daß Conan Doyles »The Firm of Girdlestone« (1889) ebenfalls durch »Onkel Silas« inspiriert wurde.

Kriminalsujets hat Le Fanu auch in seinen anderen Schauerromanen verwendet, so in »The House by the Churchyard« (1861/62). Gleichzeitig erschien »Lady Audleys Geheimnis« (Lady Audley's Secret, 1862) von Mary Elizabeth Braddon. Lady Audleys Geheimnis lag in ihrer Vergangenheit, die sie auszulöschen trachtete – ihr Name stand bereits auf einem Grabstein –, um als Gemahlin Sir Michaels auf Audley Court zu leben. So versuchte sie, den wichtigsten Zeugen ihres früheren Lebens, den ihr vor Jahren angetrauten George Talboy, zu töten, indem sie ihn in einen Ziehbrunnen stürzte. Doch der Totgeglaubte konnte entkommen und zusammen mit seinem Freund, einem Neffen Sir Michaels, die Verbrecherin zur Rechenschaft ziehen. Die Aufklärung des Geheimnisses, das ein Verbrechen bedeutete, fand wieder im Familien- und Freundeskreise statt.

Während die Vertreter der Schauerromantik literarisch auf alten Friedhöfen zwischen Grabsteinen, in Klosterruinen, verfallenen Burgen, unterirdischen Gewölben und Mondscheinlandschaften herumschweiften, konnte das Rätselvolle und Unheimliche auch im Menschen selbst, in seinem Charakter entdeckt werden. Das klassische Beispiel bot Robert Louis Stevenson mit »Der seltsame Fall des Dr. Jekyll und Mr. Hyde« (The Strange Case of Dr. Jekyll and Mr. Hyde, 1886). Der seltsame Fall ist die Scheidung der menschlichen Persönlichkeit in Gut und Böse. Die Psychologisierung des Sujets wurde nicht weiter vorangetrieben, das Rätselhafte und Geheimnisvolle sollte bleiben und wirken. Vom Thema her sind auch »Die Leichenräuber« (The Body Snatcher, 1895) in die Nähe der Kriminalnovelle zu rücken.

Aber diese Novelle stützt sich tatsächlich auf einen historischen Kriminalfall. Bald nach 1830 wurden ein Gastwirt und ein Schuster verhaftet. Sie standen unter dem dringenden Verdacht, mehr als zwanzig Menschen ermordet und ihre Körper gewinnbringend an die Anatomie verkauft zu haben. Die Schuld der Angeklagten wurde zweifelsfrei erwiesen, aber bereits der Prozeß löste in der Bevölkerung heftige Erregung aus. Letztlich war es die Gesetzgebung selbst – nach einem mittelalterlichen Sektionsverbot durften nur Verbrecher seziert werden –, die die Tätigkeit der »Auferstehungsmänner« wachrief.

Ausgeleuchtet in dieser düsteren Erzählung wurden die beiden Assistenten des Anatomieprofessors Knox, der klar die Anweisung erteilt hatte »Stellt keine Fragen.« Vom Leichenraub führte den einen der Weg zum Mord, den anderen, der weder anzeigen noch vergessen konnte, zur Selbstzerstörung. Es brauchte kein Tatbestand geklärt zu werden, der Leser wußte alles, begriff es und spürte Entsetzen.

In den Novellenkreisen »Der Selbstmörderklub«

Robert L. Stevenson.

(The Suicid Club) und »Die Diamanten des Radschah« (beide in der Sammlung »Neue Geschichten aus 1001 Nacht«, [New Arabian Nights, 1882]) versuchten Prinz Florizel von Böhmen und sein Begleiter, fast schon ein Detektivgespann, in die düsteren Geheimnisse eines mächtigen Verbrechers einzudringen. Aber Stevenson wollte nicht alles erhellen und erklären, ein Rest Dunkel sollte bleiben.

Kriminalmotive sind auch im »Strandräuber« (Wreeker, 1892) enthalten, den Stevenson zusammen mit Lord Osborne, seinem Stiefsohn, veröffentlichte. Hier stellten die beiden Autoren fest, daß der Kriminalroman »a lady of French origin« wäre. Sicherlich dachten sie dabei an Vidocq, Sue, Dumas und Gaboriau. Im »Wreeker« wandten sie sich jedoch mehr den Traditionen des englischen Abenteuerromans zu. Piraterie, Schmuggel, Mord spielten sich vor der Kulisse der pazifischen Inselwelt ab. In »The Wrong Box« (1888), ursprünglich betitelt »A Game of Bluff«, mengten sich komische Elemente bei. Zwei Neffen sorgten sich um ihren Onkel, der in absehbarer Zeit ein Vermögen erhalten sollte, das die beiden später zu erben gedachten. Nachdem der Onkel bei einem Eisenbahnunglück anscheinend ums Leben gekommen war, bargen die Neffen den Leichnam, versteckten ihn erst in einer Wasserhütte, dann in einem Piano und zuletzt in einem Zuge. Doch der Wagen mit der teuren Fracht wurde gestohlen und verschwand. In Wirklichkeit hatte der Onkel das Zugunglück überlebt, sich aber heimlich davongemacht, um den lästigen Neffen zu entgehen.

Bereits Poe hatte sich zuletzt an einer Parodie versucht; die Kriminalgeschichte stand aber – zumindest im 19. Jahrhundert – so sehr am Anfang, daß sich noch keine Anhänger und kein Lesevergnügen für eine parodistische Abrechnung fanden.

1775 kam François Eugène Vidocq in Arras zur Welt. Bereits 1797 wurde er in Ketten als Galeerensträfling abgeführt, 1811 jedoch zum Chef der Sicherheitspolizei in Paris, der Sûreté, ernannt. Anfangs residierte die Sicherheitspolizei in einem düstern Hause in der Petit Rue Sainte Anne, bis sie sich schließlich am repräsentativen Quai des Orfèvres etablierte. Den abenteuerlichen Lebensweg vom

Szenenbilder aus dem Fernsehfilm der DDR: »Der Leichenschnapper«.

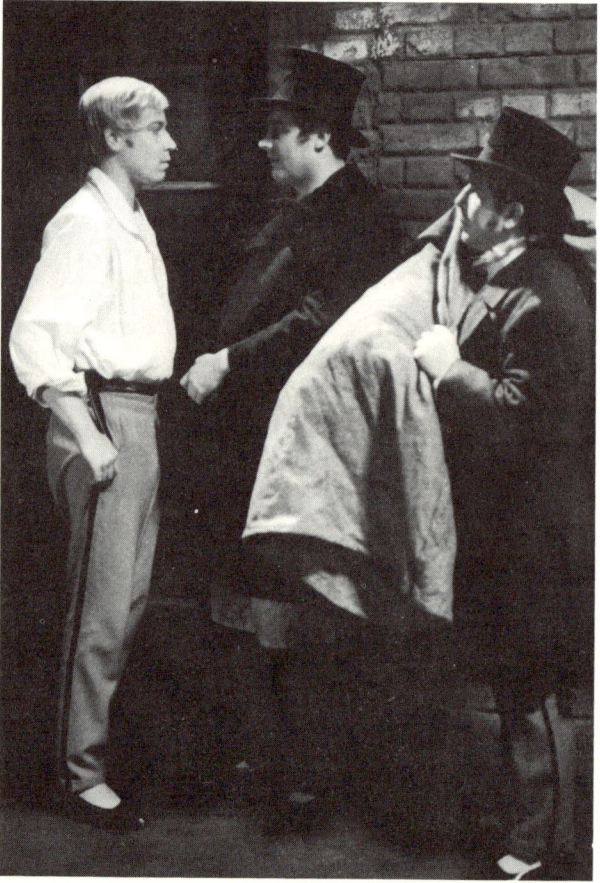

Szenenbilder aus dem Fernsehfilm der DDR: »Der Selbstmörderclub«.

Bagno zur Pariser Sûreté beschrieb Vidocq in seinen »Mémoires« (1828/29). Wie ein Chronist berichtete er erst von den eigenen Missetaten und Verfehlungen, von der Härte der Strafen und seinen Ausbruchsversuchen und schließlich von den Verbrechen und Verbrechern, die er selbst aufspüren konnte. Ziemlich am Beginn seiner Polizeilaufbahn stand die Festnahme des Banknotenfälschers Watrin. Es waren weniger geistvolle Kombinationen und Analysen als Kenntnisse über die Verbrecherwelt, selbst erworben oder durch Informationen von Spitzeln, körperliche Kondition, Mut und Entschlossenheit, und die immer wieder praktizierte Kunst des Sichverkleidens, die Vidocq berühmt machten.

So reihten sich die erzählten Episoden aneinander. Dadurch wurde der Stoff auch für die weniger Belesenen zugänglich. In einer zeitgenössischen Rezension hieß es: »... Ob man aufs Land geht, ob man in die Häuser der Handwerker kommt, überall wird man ein Buch finden, das sein Leben berichtet.« Für die Literatur hatten die »Mémoires« als Stoffquelle einen beträchtlichen Wert. Poe hatte bereits seinen allerdings ganz anders gearteten Detektiv, den Chevalier Dupin, nach Paris versetzt. Vor allem aber war es Honoré de Balzac, der in seine Werke Typen, wie sie Vidocq schilderte, aufnahm und ihn selbst in der Gestalt des ehemaligen Galeerensträflings Vautrin in »Vater Goriot« (Le père Goriot, 1835) abkonterfeite. In die »Comédie humaine«, wie Balzac die Gesamtheit seiner Werke treffend charakterisierte, mußte er als Realist auch menschliches Versagen und Verbrechen aufnehmen. Am stärksten sind die Kriminalmotive wohl in »Eine dunkle Affaire« (Une ténébreuse affaire), 1841 erschienen in »Le Commerce«, vertreten. Hier wird im Rückblick ein Emigrantenschicksal sichtbar. Ein Kriminalsujet war es letztlich nicht.

Bedingt durch die wirtschaftliche und politische Krise der Jahre 1848 und 1849 hatte sich die Sphäre literarischer Kommunikation in einem wichtigen Punkte verändert. Schöngeistige Almanache, oft mit Goldschnitt verziert, verschwanden vom Büchermarkt. An ihre Stelle traten Zeitschriften und Zeitungsromane, die Feuilletonromane, die auch von denen gelesen wurden, die sich kein Buch anschaffen konnten. Dabei konnte ein Feuilletonroman durchaus einen späteren Bucherfolg vorbereiten. Diese Ausbreitung des Lesestoffes, das zunehmende Lesebedürfnis, nun nicht mehr durch Ledereinbände und Prachtausgaben niedergehalten, entsprachen den demokratischen Tendenzen der Revolutionsjahre. Die Thematik der Stoffe, die kritische Art der Darstellung gingen ebenfalls in diese Richtung.

Eugène Vidocq, ehemaliger Bagnosträfling und späterer Begründer der Pariser Sûreté, der mit seinen Memoiren auf die Entwicklung der Kriminalliteratur einwirkte.

Eine »Gefangenen Parade« in französischen Gefängnissen. Diese Maßnahme wurde von Vidocq angeordnet, damit sich die Polizisten Gestalt, Gesicht und Gang der Verurteilten einprägen sollten. Es war ein früher Versuch, eine Identifizierungshilfe zu geben.

»Die Geheimnisse von Paris« (Les Mystères de Paris, 1842/43) hatte Eugène Sue von Anfang an als Spannungslektüre angelegt. Dieser Zeitungsroman mit über 2000 Seiten und mehreren Fortsetzungen benötigte zu allererst Spannung, sonst hätten die Abonnenten sehr schnell den Roman und wohl auch das »Journal des Débats« beiseite gelegt. Unentdeckte Verbrechen, verborgene Schlupfwinkel und verkappte Verbrecher waren attraktive Themen. Mit seinen »Geheimnissen« stieg Sue in die Unterwelt von Paris hinab und zeichnete die Banden und ihre Anführer wie den »Maître d'École« nach. Die Ganoven waren allen bekannt, anders dagegen die Verbrecher, die als Biedermänner in der Welt des Adels und der Bourgeoisie lebten. Sie mußten entlarvt werden. Als Amateurdetektiv, Rächer und Richter in einer Person fungierte dabei der Fürst Rodolphe von Gerolstein. »Die Geheimnisse von Paris« fanden mit ihren vielen Abenteuern und ihrer über alle Schurkereien triumphierenden Gerechtigkeit begeisterte Aufnahme bei den Lesern und auch bei anderen Autoren. Bald besaß jede Stadt von Rang und Namen ihre »Geheimnisse«. Darüber hinaus wirkte Sue weiter in die Trivialliteratur hinein.

Als Rächer des Unrechts trat auch der Graf von Monte-Christo in Alexandre Dumas' d. Ä. gleichnamigen Roman »Der Graf von Monte-Christo« (Le comte de Monte-Christo, 1845/46) auf. Da die Verbrechen, begangen an dem jungen Mann Dantès, dem Leser von Anfang an bekannt waren, war die Handlung, die der Befreiung aus dem Kastell d'If folgte, eine mit Geist und Geld betriebene Verfolgungsjagd über Raum und Zeit hinweg, stets jedoch vor der Kulisse der Gesellschaft und den Sitten in Frankreich von der Napoleonischen Ära bis zur Restauration. Das Kriminalistische gelangte am deutlichsten zum Ausdruck – fast in einer Geschichte für sich –, wenn von dem Mordversuch an Madame de Villefort berichtet wurde.

Die alte französische Tradition der Pitavalgeschichte kam im Werk von Dumas wieder zum Durchbruch. Allerdings ist diese Seite seines Schaffens nicht so bekannt. Von 1839 an gab Dumas die Serie »Les crimes célèbres« heraus.

1854 erschien dann »Les Mohicans de Paris«. Wie die Indianer Coopers deuteten Amateurdetektive Spuren, ein braver Hund und ein intelligenter, tüchtiger Polizist – Jackal – machten mit, und schließlich wurde zum ersten Mal die Devise geprägt: »Cherchez la femme!«

Für Emile Gaboriau, der längere Zeit als Sekretär

Das Signalement war ein Vorläufer des Steckbriefes und wurde, um »das Gaunergesindel« über die Grenzen der Territorialstaaten verfolgen zu können, aus den »Criminal-Akten« geschöpft und zusammengetragen in den »Aktenmäßigen Nachrichten von dem Gauner- und Vagabundengesindel ... von einem Kurhessischen Criminal-Beamten« (1822).

Alexandre Dumas d. Ä.

Eugène Sue.

Die Beliebtheit der »Geheimnisse von Paris« gerade bei den sich neu herausbildenden Leserschichten sollte hier karikiert werden. Diese Leser waren tatsächlich bereit, nicht nur zu lesen, sondern auch mitzuerleben.

Gerade kritische Künstler, wie z. B. Honoré Daumier, zog das Thema Mord an. In dieser Lithographie kommt die Brutalität zum Ausdruck, mit der der Mörder gegen sein Opfer vorging.

bei einem Romancier gearbeitet und Stoff zusammengetragen hatte, war es nicht ganz einfach, den Detektiv Lecoq als Helden in seine Kriminalromane einzuführen. Die ersten Mitarbeiter der »Brigade de Sûreté« hatten eine ähnliche Laufbahn wie ihr Chef, und so gab es gelegentlich einige Zwischenfälle. So »stolperte« Vidocq über einen seiner Männer, der ausgerechnet den Mantel der Frau des Polizeipräfekten hatte mitgehen lassen.

Als Feuilletonroman im »Pay« erschien »Die Witwe Lerouge« (L' Affaire Lerouge, 1866). Gaboriau ließ darin einen wohlangesehenen Bibliophilen, den Père Tabaret, seinen Helden – einen Detektiv der Sûreté, Monsieur Lecoq – in die Untersuchung des Mordes an der Witwe Lerouge einführen. Die beiden standen aber in keinem Holmes-Watson Verhältnis zueinander. Dieser Père Tabaret war es auch, der den Advokaten Sieur Nöel Gerdy als Täter entlarvte und zu dem Geständnis zwang: »Ich bin der Meuchelmörder!« Zuvor hatte Tabaret versucht, den Weg des Mörders vom Bahnhof bis zum Haus des Opfers mit Hilfe von Zeugenaussagen zu rekonstruieren. Tabaret kombinierte nicht nur, er untersuchte, forschte und fragte: »War dieser Brief denn von einer Frau?« »Ja.« »Was haben Sie mit diesem Brief gemacht?« »Ich habe ihn verbrannt.«

Zuvor hatte Tabaret entschieden, daß ein verdächtiger Viscomte unschuldig sein mußte, weil er eben kein Alibi besaß. Um die Motive für die Tat und damit auch den Täter zu finden, mußte Tabaret die Familiengeschichte der sogenannten Witwe Lerouge zurückverfolgen. Ganze Kapitel ähneln so denen eines Familienromans. Ja, das noch sichtbare Muster des Familienromans machte aus der zugrunde liegenden einfachen Kriminalgeschichte erst einen Kriminalroman. Aber der Feuilletonroman brauchte die Länge und die spannenden Fortsetzungen. Der Schützling Tabarets entwickelte sich bald zu einem höchst intelligenten und erfolgreichen Detektiv, der in weiteren Romanen wie »Monsieur Lecoq« (1869) auftrat und undurchsichtige Fälle löste, die aber immer im Gestrüpp von Familiengeheimnissen und -streitigkeiten verfangen waren. In »Le Crime d' Orcival« (1867) dagegen trat der »pure« Detektivroman mehr hervor. In »Monsieur Lecoq« begann die Handlung in einer Spelunke, in der zwei Ganoven niedergeschossen worden waren und endete schließlich in den Kreisen des Hochadels.

Bereits in der Spelunke begann Lecoq den Tatort zu untersuchen, er legte sich auf den Boden, verfolgte Fußspuren und faßte zusammen: »Jetzt weiß ich alles. Die schneebedeckte weiße Fläche ist ein ungeheures weißes Blatt, auf dem die Leute, die wir suchen, nicht nur all ihr Tun und Treiben, sondern auch ihre geheimen Gedanken, Hoffnungen und Ängste verzeichnet haben. Euch sagen die Spuren nichts. Für mich sind sie lebendig ... Daß er (der Täter) einen Regenschirm bei sich trug, erkenne ich aus diesem Stück Erde. Sie sehen darin den Abdruck der Schirmspitze bis zur Zwinge.« Zuletzt wurde Lecoq zum Inspektor ernannt. Deutlich ist auch spürbar, daß Gaboriau versuchte, Zeitkolorit einzubringen. Die Großstadt, die Hauptstadt Paris, prägte seine Romane, und hier unterschied er sich von den Vätern des viktorianischen Kriminalromans. Mit diesem Hang für Zeit- und Lokalkolorit konnte er nicht an dem schon klassischen Pariser Kriminalfall, der Giftmordaffäre der Marquise von Brinvilliers vorbeigehen. »Der Giftmischer« hieß sein Roman, der anders als die Pitavalgeschichte fiktive Namen und eine fiktive Handlung, weniger mit Arsen als mit Familiensinn und Liebe durchtränkt, an die historischen Namen und Daten fügte. Es ist auffällig, daß die Mehrzahl der in Gaboriaus Romanen vorgeführten und gefaßten Verbrecher aristokratischen Geblüts waren, allerdings meist illegitimer Abkunft, womit auch die bürgerliche Moral zufriedengestellt war. Verdientermaßen endeten sie alle unter der Guillotine – vielleicht ein Nachklang von 1789.

Das Interesse der Leser war so groß, daß die Romane Gaboriaus wie auch ähnliche von Eugène Sue sehr bald als Bücher erschienen. Die Leserschaft war vielschichtig. Leser, die nie oder nur selten zum mehr oder minder sentimentalen Familienroman gegriffen hätten, goutierten Gaboriaus Romane, denn in ihnen rangierten die Ratio, die Freude am Kombinieren doch vor Rührseligkeit und Liebe. So gehörte zum Beispiel Bismarck zu den »Gaboriau-Fans« des 19. Jahrhunderts.

Die Romane Gaboriaus wurden verschiedentlich übersetzt, auch ins Englische, gelegentlich unter verändertem Titel. Der Kriminalroman, als solcher noch nicht in der Literatur hervorgehoben, wurde für die Leser charakterisiert und empfohlen mit dem Hinweis oder besser mit dem Prädikat: »in the style of M. Gaboriau«.

In Frankreich setzte Fortuné de Boisgobey den von Gaboriau geprägten Kriminalroman fort. Allerdings häufte er nicht so sehr melodramatisches Geschehen. Er verließ den illustren Personenkreis seines Vorgängers und bevölkerte seine Romane statt dessen mit Kaufleuten, Nähmamsells, auch Künstlern und Stu-

Illustrationen zu Kriminal- und Gerichtsberichten aus deutschen Familienzeitschriften: Abholen gestohlener Gegenstände aus einem Hehlernest.

Am Ort der Tat.

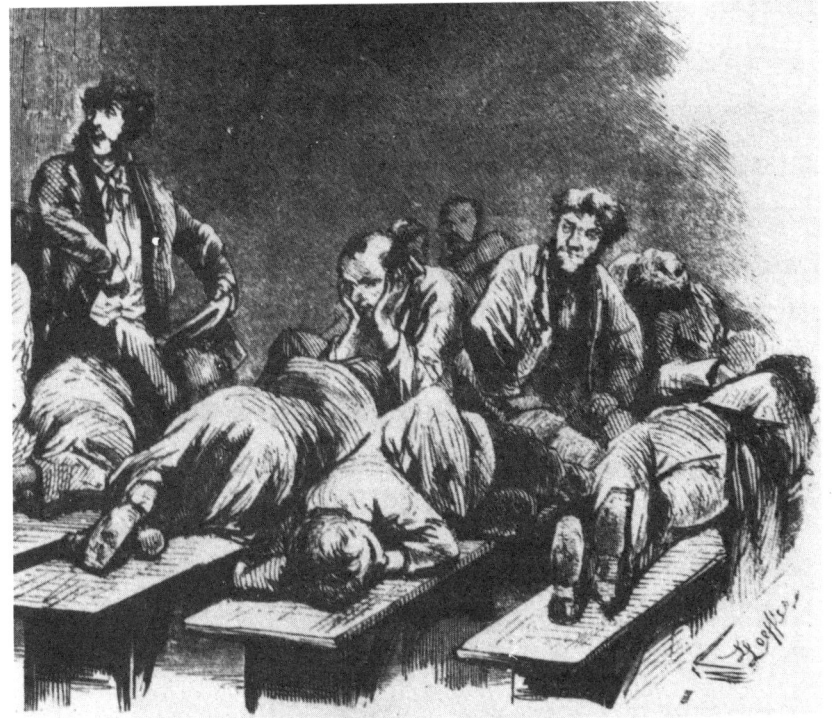
Eine Nacht auf der Berliner Stadtvogtei.

Einbrecher bei der Arbeit.

1000 Mark Belohnung. Szene aus einem Vorort Berlins.

Festnahme eines Taschendiebes.

denten. Dafür übernahm er jedoch Gaboriaus Helden in »Das Alter des Monsieur Lecoq« (La vieilesse de Monsieur Lecoq, 1878). In »Le Coup de Pouce« (1875) lancierte er einen alten Geistlichen in die Rolle des Detektivs, ein Vorfahr des Pater Brown. Der Curé war bekümmert um einen Mord in seiner Pfarre. Um die Unschuld seiner Pfarrkinder zu beweisen, untersuchte er selbst den Fall. Dabei konnte er ein sorgsam konstruiertes Alibi zerstören, das durch Manipulation ausgerechnet mit der Kirchturmuhr aufgebaut worden war. Zur Befriedigung des alten Curés zeigte sich der Täter als ein Neuzugezogener. Die Gemeinde war rehabilitiert. Ein anderes Experiment mit der Gestalt des Detektivs brachte »Cornaline, la Dompteuse« (1887), im Zirkusmilieu spielend. Der Detektiv war hier ein Reporter.

Die Verbindung von Familienroman und Kriminalroman ließ sich in der deutschen Literatur recht zaghaft an. Die Schriftstellerin und ehemalige fürstliche Vorleserin Eugenie Marlitt (eigentlich John) benötigte als Gegenpart ihrer tugendhaften, bürgerlich-schlichten und natürlich schönen Heldin bzw. ihres edlen Helden eine verbrecherische, ränkesüchtige, adelsstolze oder auch bigotte Natur. Aus ihrer bürgerlich-demokratischen Einstellung heraus, die Frau Marlitt mit ihrer berühmten »Goldelse« teilte, entdeckte sie gern die finsteren Gestalten in höfischen Kreisen, ausgenommen selbstverständlich den integren Landesvater und die gütige Landesmutter. Am stärksten sind Kriminalsujets in das »Geheimnis der alten Mamsell« (1867) eingearbeitet. Aber es gab keine Morde und keine Detektive. Nur die Verbrechen spielten eine Rolle, die gerade im Umfeld der Familie gediehen: Unterschlagung, Verleumdung und Erbschleicherei. Verbrechen waren auch nicht da, um aufgedeckt zu werden, sondern um Charaktere zu schwärzen. Anfangs erschienen Romane der Marlitt in der »Gartenlaube«, einer Familienzeitschrift, die ihr spätbiedermeierliches Lesepublikum unterhalten und über Interessantes informieren wollte. Die Familienzeitschriften, neben der »Gartenlaube« existierten noch weitere, so »Daheim«, »Das Buch für alle« usw., gingen dazu über, richtige, wenngleich nicht hartgesottene Kriminalgeschichten anzubieten. Die Diskussion über Reformen im Strafrecht, vor allem die Einführung der Schwurgerichte und öffentlicher Verhandlungen, verstärkten das Interesse weiter Bevölkerungsschichten an der Kriminalthematik, und da sie möglichst auch gleich unterhalten sein wollten, eben für den »Krimi«.

Die Spannung verheißenden Überschriften standen oft in komischem Gegensatz zu den hausväterlichen Zeitschriften. Das »Daheim« brachte: »Wer war der Mörder?« und »Eine dunkle Tat«. »Das Buch für alle« lockte mit »Die abgebrochene Grabsichel« und »Der flüchtige Kassierer«. »Die Leiche auf der Eisenbahn« fand sich in der »Illustrierten Welt« und ebenso »Der Mord im Hochzeitshause«. Die »Bibliothek der Unterhaltung und des Wissens« bot »Verwehte Spuren« an, so nimmt es nicht wunder, daß die »Gerichtszeitung« ihren Lesern »Erwürgt« vorsetzte.

Verstaubt muten uns die frühen Detektivromane des dänischen Schriftstellers Laurids Kruse an, der in der ersten Hälfte des 19. Jahrhunderts seine Bücher deutschsprachig herausbrachte, weil ihm ein dänisches Lesepublikum fehlte. Es fehlte auch die »Detektion«, der Leser erahnte die Zusammenhänge, aber der Täter wurde nicht überführt und bestraft – die Nemesis richtete den hochadligen Mörder.

Im geschichtlichen Rückblick interessant sind die folgenden frühen Versuche, mit vielversprechenden Titeln Leser zu gewinnen. Der Wiener Possen- und Liederdichter Adolf Bäuerle versuchte sich so mit »Zahlheim, ein Wiener Kriminalroman« (1856) und ließ 1857 »Das eingemauerte Mädchen« folgen. Nicht ganz so makaber präsentierte Heinrich Ritter von Levitschnigg seinen »Diebsfänger« (1860), der sich weniger durch Scharfsinn als durch Treffsicherheit auszeichnete. Levitschnigg hatte einige Semester Jura und auch Medizin studiert, vielleicht kam ihm dies zugute bei seinem letzten Kriminalroman »Die Leiche im Koffer oder ein zweiter Blondin von Namur« (1863). Mit der Nennung solcher Namen wie Levitschnigg wird deutlich, daß die literarischen Produkte von Anfang an oft keine hohe Qualität hatten – daß sich folgerichtig eine triviale Variante entwickeln mußte. Auch hierin liegt ein Grund für das breite Spektrum der Leserschaft des Krimi, das alle sozialen Schichten und Bildungsgrade umfaßt bzw. anspricht.

Diese beiden Wiener Autoren gehören zur Gilde der frühen Kriminalschriftsteller. Zu ihnen gesellte sich der lange Jahre am Berliner Königstädtischen Theater tätige Schriftsteller und Schauspieler Karl von Holtei, der 1861 sechs Bändchen Kriminalgeschichten herausbrachte, darunter auch »Der Mord in Riga«. Aber nur vom Titel, nicht von der Erzählstruktur her steht das Verbrechen im Mittelpunkt der »Erzählung«. Nach fast behaglich anmutenden Schilderungen aus dem Bürger- und Handelsleben zu Riga wurde erst im 11. Kapitel der Mord an dem Teehändler Muschkin verübt. Verdächtigt, verfolgt, ergriffen und gefoltert wurde der Pferdeknecht Iwan, dessen Geschicke die ausgehenden Kapitel füllen. Im letzten Moment wurde jedoch dank der Aufmerksamkeit eines Polizeibeamten der wahre Täter, der Bedienstete eines angesehenen Rigaer Bürgers entlarvt. Indizien spielten eine Rolle, aber auch Gefühle.

Spannender las sich dagegen »Der Irre von St. James«, ein Kriminalroman, den bereits 1854 just ein preußischer Militärarzt klüglicherweise unter dem Pseudonym Philipp Galen veröffentlichte. Er hatte sehr geschickt den Schauplatz der Handlung nach England verlegt und so Atmosphäre der frühen englischen Kriminalgeschichte eingefangen. Jedoch hatte Galen bereits vor Collins das Grundmotiv angeschla-

Beim Photographieren für das
Verbrecheralbum.

gen: Der Erbe wurde mit Gewalt und Intrigen hinter die Mauern eines Irrenhauses gebracht.

Lebendiger erscheinen dagegen Novellen des uns bereits bekannten schriftstellernden Juristen Temme. Auch er versuchte sich darin, einen Raub in einem geschlossenen Raum, in einem Eisenbahnabteil, geschehen zu lassen. Der Zug war zwischen zwei Bahnhöfen ohne Halt durchgefahren, keiner war abgesprungen ... Zum Schluß gelang noch eine ziemlich überraschende Wendung: Nicht der verkleidete Verdächtige hatte das Geld geraubt, sondern ein junger bescheidener Handlungsgehilfe hatte es unterschlagen. Der den Fall klärende Polizeibeamte reiste nicht nur der ermittelten Spur nach, sondern »... saß auch conjecturierend, combinierend und träumend auf einer Bank vor dem Wirtshause ...«

Mit offensichtlicher Freude bezogen die Autoren neue technische Errungenschaften in die Handlung ein: Verbrechen, sogar Morde wurden im Zug verübt, der Telegraph rasselte, Verfolgungsjagden spielten sich jetzt auch mit der Eisenbahn ab. Noch eines ist bemerkenswert: Statt des großen Detektivs, auch des Amateurdetektivs, auf dessen Überlegungen der Leser sein Augenmerk richtete, gab es ein Gewimmel von arbeitsamen Untersuchungsrichtern, Gerichtsassessoren, Inspektoren und Polizisten. Diese Beamtenschaft hat auch »ihre« Sprache: »... habe zunächst die Hülfe des Kreisphysikus in Anspruch genommen, welcher den Tod der Person konstatierte (!), und habe dann die geziemende Anzeige an die löbliche Kreisgerichts-Direktion mit der Bitte um Absendung einer Kommission zur Legal-Inspektion abgefertigt, das Coupé aber einstweilen verschlossen, um Alles im status Quo zu erhalten.«

In den Kurzgeschichten begann sich das Familienthema zu verlieren, denn dafür war neben der reinen, aber oft noch umständlich erzählten Kriminalhandlung kein Platz mehr. Ein anderes Thema gewann in Verbindung mit dem Kriminalsujet an Bedeutung, Verbreitung und Beliebtheit: das Abenteuer.

Der Abenteuerkrimi

... ich erschlug auch acht Tage später den Müller, der mit vollem Geldgurt nach Hause zurückkehrte – und sind Deine Collegen, Du Aktenratte, je auf die richtige Spur gekommen?

Friedrich Gerstäcker

Wir sagten es bereits: Abenteuer und Abenteurer vermögen sich nicht in den Grenzen der Legalität zu halten. Poes »Goldkäfer« war sowohl mit Abenteuern wie mit dem Enträtseln von Geheimnissen verbunden. Es war ein Sonderfall, aber vielleicht auch typisch für die Entwicklung, wenn ein Autor von Reise- und Abenteuerromanen wie Friedrich Gerstäcker nicht nur eine Kriminalerzählung, sondern auch einen Kriminalroman »Im Eckfenster« schrieb.

Freilich löste sich Gerstäcker nicht völlig vom bewährten Modell des Familienromans. Familienbeziehungen und -traditionen, Heirat und Familienehre spielten schon eine Rolle, aber im Mittelpunkt der Handlung stand ein Kriminalfall, genauer der rätselhafte Todesfall, scheinbar Selbstmord, eines Offiziers. Im Laufe der Untersuchungen – erst einmal durch Amateure geführt – enthüllte sich dieser Freitod als ein raffinierter Mord. Der Täter, ein verschuldeter Adliger, der bereits mehrere Verbrechen unerkannt und unbestraft verübt hatte, zwang den jungen Offizier, der ihn zu verdächtigen begann, zu einem »Duell«. Der Verlierer eines Würfelspiels war verurteilt, sich selbst den Tod zu geben. Da der Täter einen präparierten Würfel benutzte, der nur die Sechs warf, mußte der Offizier der Verlierer sein. Der Mord stellte sich damit für die Untersuchenden als Selbstmord dar und derjenige, der ein Motiv besaß, hatte sich ein einwandfreies Alibi verschafft. Die Fäden aller Intrigen, alle Handlungsstränge begegneten sich am Marktplatz; man spähte aus dem Fenster, beobachtete sich, belauerte sich. Der Notar Püster hatte dabei von seinem Eckfenster aus den besten Überblick. So ergab es sich aus der Lage der Kanzlei und aus der Person des Anwalts, der nach Klarheit und Gerechtigkeit strebte, daß er einen Teil der Detektivarbeit zu übernehmen hatte.

Die Endabrechnung mit dem Täter, zu der die

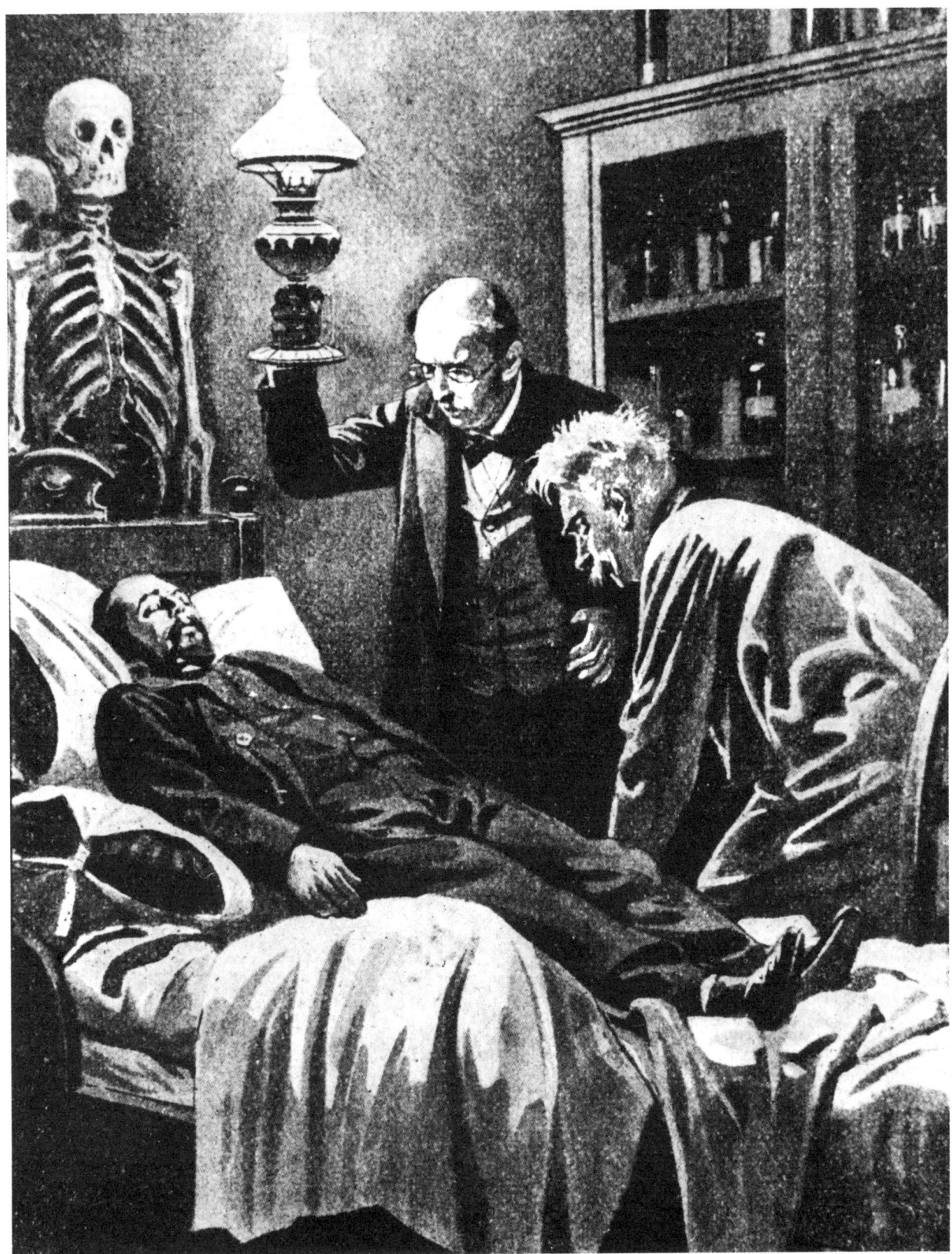

»Der Doktor nahm die Lampe und beleuchtete den anscheinend Toten.« Illustration zu B. Möllhausens »Der Fährmann am Kanadian«.

Hauptbeteiligten versammelt waren, fand gleichfalls bei dem Notar statt. Durch die überraschende Konfrontation des Täters mit den Zeugen, die auch aus Übersee herbeigeeilt waren, konnten weitere Verbrechen, darunter ein lange zurückliegender Raubmord, für den ein junger Handwerker eine Zuchthausstrafe hatte abbüßen müssen, aufgeklärt und dem Adligen nachgewiesen werden. Den Stock, mit dem der Mord verübt worden war, hielt der unschuldig Verurteilte dem durch die Anklagen in die Enge Getriebenen entgegen: »Kennst du diesen Stock, Mörder?« Wenn in dem Schluß des Romans mehrere glückliche Ehen geschlossen wurden, war die Verbindung zum Familienroman wieder hergestellt.

Der Schriftsteller Balduin Möllhausen verband Elemente des Abenteuerromans mit denen des Familien- und Kriminalromans. Das, was sich unter harten Männern im wilden Westen abspielte, Schüsse, die in rauher Wildnis fielen, das galt noch als Abenteuer. Gewalttaten, die in europäischen Städten oder in Dörfern oder auf Landsitzen verübt wurden, waren dagegen eindeutig Akte der Kriminalität. Der Leser brauchte nicht zu rätseln, wer denn der Verbrecher war, er bekam ihn beim Verüben von Freveltaten vorgeführt. Die Ganoven gingen sich außerdem in des Wortes wahrer Bedeutung selbst an die Gurgel, so an einem abgelegenen Weiher im »Fährmann am Kanadian« (1890). Nichts war zu »entdecken«.

Am interessantesten und resonanzkräftigsten war die Mengung von Abenteuer-, Reise- und Familienroman bei Karl May. Im dritten seiner Kolportageromane hatten die Krimi-Elemente ein deutliches Übergewicht, außerdem wollte »Der verlorene Sohn oder der Fürst des Elends« (1883–1885, mit dem Untertitel »Roman aus der Criminal-Geschichte«) auch als eine Art Sittengemälde gelten – im Stil Eugène Sues und Alexandre Dumas'. »Die Geheimnisse von Paris« und »Der Graf von Monte-Christo« hatten den belesenen Autor gewiß inspiriert. Aber trotz der Klischees waren die Schilderungen aus dem Erzgebirge, z.B. der Nöte der Heimarbeiter, mit dem

»Der Hund stand funkelnden Blickes über ihm.« Illustration zu »Der Fürst des Elends«.

Aus demselben Roman: »Da krachte es am Fenster.«

persönlichen Engagement und aus der Erfahrung des Webersohnes heraus geschrieben. Auf 2411 Seiten bot sich ein Geflecht von Verbrechen: Mord, Betrug, Erbschleicherei, Heiratsschwindel, Schmuggel, Kindesunterschiebung, Raub, Einbruch, Diebstahl, Verleumdung, Mädchenraub und -handel, Einlieferung von geistig Gesunden in ein Irrenhaus, Wucher, Hehlerei. Alles war geschickt untereinander verknüpft, doch gelang es dem Helden, dem hauptstädtischen Detektiv, der selbst Opfer getarnter, noch unerkannter Verbrechen war, die Fäden zu entwirren, die Verbrecher zu strafen, wobei das Schicksal wieder auf seiten des Guten und Edlen stand und bei Strafaktionen und Verfolgungen helfend eingriff. Selbst Amtsleute staunten über den Scharfsinn und die »Allwissenheit« des Detektivs:

»›Meine Herren, Sie haben sich überzeugt, daß dieses Grab keine Leiche enthält?‹ ›Ja, vollständig, jawohl‹, lautete die mehrstimmige Antwort rundum. ›Sie sind bereit, das zu beschwören?‹ Wieder ertönt ein lautes Ja. ›… Ich habe meine Gründe hier zu bleiben bis er (der Totengräber) mit der Arbeit fertig ist!‹ ›Warum?‹ ›Weil ich überzeugt bin, daß man heute Nacht kommen wird, um uns einen Streich zu spielen, indem man eine Kindesleiche in das Grab eskamotiert.‹«

Dieser Maysche Held stand der kriminalistischen Praxis etwas fern, dafür Old Shatterhand um so näher. Doch auch die Reiseerzählungen und die anderen Kolportageromane Mays verdankten einen Großteil ihrer Spannung den Kriminalelementen. »Durch die Wüste« (1883) brachte den Auftakt zu einer abenteuerlichen Verbrecherjagd. Über Afrika, den Vorderen Orient, den Balkan ging die Suche nicht nur nach einem, sondern nach mehreren Verbrechern, die im Laufe der Handlung ergriffen und gestraft wurden: nach einem Mörder, einem Entführer, einem Banditen, einem verlogenen »Heiligen«, einem schurkischen Köhler und zuletzt nach dem Bandenoberhaupt, dem Schut.

Mit Blick auf die dickleibigen Romane können wir wohl sagen: In Übersee spielten sich Abenteuer und Verbrechen in weiten Öden, felsigen Gebirgen und schwer zugänglichen Wäldern ab, in der Heimat dagegen, in der Umgebung von Städten, Dörfern, Schlössern, verlagerte sich der »Tatort« in unterirdische Gewölbe, Höhlen und verlassene Stollen. Doch es konnte auch – sozusagen ausnahmsweise – der verschlagene Doktor Hilaro seine Opfer in die Keller eines fernen mexikanischen Klosters locken.

Mit dieser gekonnten Mischung von Schauerromantik und Exotik, Abenteuer, Verbrechen und Moral in seinen Romanen entsprach May den Wünschen des Publikums. In diesen Abenteuer-Krimis wurde die Jagd selbst zum wichtigsten Spannungsmoment. Aber die Spannung konnte, ähnlich wie in den Kriminalnovellen der Romantik, auch aus anderen Bereichen geholt werden. Dabei ging es nicht um die Fragen »Wer hat es getan?«, »Wie wurde das Verbrechen verübt?«, auch nicht so sehr um die Frage der Motivation wie zum Beispiel noch in Hoffmanns »Fräulein von Scuderi«, sondern darum, wie ein geschehenes Verbrechen auf den Täter zurückwirkte, wie es das gesamte Umfeld beeinflußte und veränderte. Eine solche auf die Psyche des Verbrechers und auf die soziale Umwelt gerichtete Fragestellung war selbstverständlich mit Problemen beladen. Wie weit dieses Befrachten den Leser bei seiner Lektüre, die der – legitimen – Unterhaltung dienen sollte, störte oder auf der anderen Seite gerade durch Problematik anregte, läßt sich nicht allgemein sagen. Die Entscheidung, welche Art von Unterhaltung er wünschte, welche Literatur er zur Hand nahm, traf der Leser selbst. So ließ und läßt sich die Grenze zwischen Unterhaltungs- und Problemliteratur nicht genau bestimmen.

Die realistische Kriminalerzählung

Wohin? Es heißt, er liege in der Oder. Und dahin muß er …
Heute noch. Aber ich wollte, dies Stück Arbeit wäre getan.
Theodor Fontane

Kritische, sozial engagierte Schriftsteller wählten das Verbrechen als Vorwurf, um Anklage zu erheben gegen moralische Verkommenheit und Verbrechen, die aus Verelendung und Unwissenheit erwuchsen. Auch die physische Vernichtung von Menschen, galt es mit der Feder zu bekämpfen. Bei dieser Akzentsetzung wurde das Erregende, das Rätselvolle nicht so sehr in der Handlung wie im Wesen des Menschen gesehen. In Schillers »Verbrecher aus verlorener Ehre« ging es darum, die Motivation für die Tat, die charakterliche Entwicklung des Täters aufzuzeigen. Wie bereits gesagt, fügte sich jetzt ein weiteres Moment hinzu: Die Auswirkung des Verbrechens auf den Täter selbst und auf seine Umwelt. Nichts war so wie vordem, überall wurde die Wirkung des Bösen sichtbar. Auch der Täter war ein anderer geworden.

Annette von Droste-Hülshoff brachte diesen Wandel in ihre Kriminalnovelle »Judenbuche« (1842) ein. Friedrich Mergel, zu Recht verdächtigt, der Mörder des Juden Aaron zu sein, wurde bei seiner Rückkehr in das Dorf nach jahrelanger Abwesenheit nicht wiedererkannt, sondern für einen Verwandten, für den Johannes Niemand, gehalten. Friedrich war so bescheiden, kränklich und unauffällig wie dieser geworden. Ihm mangelte es jetzt völlig an der Selbstgerechtigkeit, der Selbstherrlichkeit und Stärke, die er ehemals besaß. Erst sein Tod, er hatte sich im Geäst einer Buche erhängt, offenbarte seine Identität als der Mörder, den sein Gewissen – oder waren es Furcht, Fluch, einfach das Schicksal – an den Ort des alten Verbrechens zurückgeführt hatten. In hebräischer Sprache waren die Worte in den Stamm geschnitten: »Wenn du dich diesem Orte nahest, so wird es dir ergehen, wie du mir getan hast.« So wurde der Mörder entdeckt, als er sich selbst gerichtet hatte. Zwar konnte er die Inschrift nicht lesen, auch den Bewohnern des Dorfes war der Text unbekannt, aber alle empfanden eine tiefe, abergläubische Furcht vor dem einsamen Baum, der die Mordstätte überschattete.

Das Auffinden der Leiche des Mörders an dem Platz seines Verbrechens setzte der Novelle ein Ende wie ein Gottesurteil. Diese Verbundenheit mit dem Volksglauben war stets ein reizvolles Thema für die Dichterin, die ihre Novelle auch ein »Sittengemälde aus dem gebirgischen Westfalen« nannte. Dennoch wußte sie, daß ein Teil der Leserschaft darauf aus war, den Kriminalelementen nachzuspüren und die westfälischen Sitten hintenan zu setzen. So ist die Passage zu verstehen, in der sie von dem Förster berichtete, der durch Holzdiebe erschlagen wurde. Für den Aufbau der Novelle war diese Tat wichtig, weil Friedrich hier zum ersten Mal in die Nähe des Mordes geriet, weiteres wollte die Dichterin nicht verfolgen, wandte sich aber an die Leser: »Denjenigen, die vielleicht auf den Ausgang dieser Begebenheit gespannt sind, muß ich sagen, daß diese Geschichte nie aufgeklärt wurde, obwohl noch viel dafür geschah und diesem Verhör mehrere folgten.

Den Blaukitteln schien durch das Aufsehen, das der Vorgang gemacht, und die darauffolgenden geschärften Maßnahmen der Mut genommen; sie waren von nun an wie verschwunden, und obgleich späterhin noch mancher Holzfrevler erwischt wurde, fand man doch nie Anlaß, ihn der berüchtigten Bande zuzuschreiben. Die Axt lag zwanzig Jahre nachher als unnützes Corpus delicti im Gerichtsarchiv, wo sie wohl noch jetzt ruhen mag mit ihren Rostflecken.«

Trotz des düsteren Tones der Novelle wurden Patrimonialgerichtsbarkeit (gutsherrliche Gerichtsbarkeit), Polizei und das Rechtsempfinden der Dörfler mit einigen humorvollen Strichen versehen. Die Bauern schlugen verwegen Holz in den fürstlichen Waldungen. »Dreißig, vierzig Wagen zogen zugleich aus in den schönen Mondnächten mit ungefähr doppelt soviel Mannschaft jedes Alters, vom halbwüchsigen Knaben bis zum siebzigjährigen Ortsvorsteher, der als erfahrener Leitbock den Zug mit stolzem Bewußtsein anführte, als er seinen Sitz in der Gerichtsstube einnahm.« Und bei seinen Recherchen mußte der Gutsherr bemerken: »Schöne Polizei. Jede alte Schachtel im Dorf weiß Bescheid, wenn es recht geheim zugehen soll.« Es blieb tatsächlich in dieser Novelle nichts geheim, es wurde auch nichts aufgedeckt, das Verbrechen offenbarte sich selbst, der Täter richtete sich selbst.

Theodor Fontanes Vater hatte 1838 in dem Oderbruchdorf Letschin die Apotheke erworben; Sohn Theodor arbeitete 1843 einige Monate in der väterlichen Apotheke. Ein Jahr vorher war in dem kleinen Dorf ein Verbrechen entdeckt worden: Im Garten des Gasthofes wurde beim Graben nach Bausand ein menschliches Skelett entdeckt. Der Mordverdacht richtete sich gegen den Gastwirt Titting und dessen Ehefrau. Jahre zuvor war nach einem Getreidereisenden recherchiert worden, der in dem Gasthof übernachtet hatte und dann verschwunden war. Gerüchte liefen um, daß der Wagen des Ermordeten in die Oder gefahren wäre und daß die Wirtsleute Blutspuren weggescheuert hätten. Ermittelt wurde freilich nichts; der Gastwirt, mit dem es finanziell bergab ging, verkaufte den Hof und verdingte sich in Lebus als Personenfuhrmann.

Der Fund, die Gerüchte, die ergebnislos verlaufende Untersuchung bildeten später den Vorwurf zu der Kriminalnovelle »Unterm Birnbaum«, die 1885 in der »Gartenlaube« und auch als Buchausgabe er-

Titelbild von A. Kubin zu der Kriminalnovelle »Die Judenbuche« von Annette von Droste-Hülshoff.

schien. Fontane schloß sich in seiner Darstellung dem Verdacht der Dörfler an, bei ihm war der Gastwirt und Kaufmann Abel Hradscheck schuldig, der aus Angst vor der Armut, »... Armut ist das schlimmste«, zum Mörder wurde und seine Frau zur Mitschuldigen machte. Hradscheck hatte den Reisenden aus Krakau ermordet, ausgeraubt und den Einspänner über die Straßenböschung in die Oder gestürzt, die Mütze des »Polschen« fand sich im Ufergebüsch hängend, er selbst blieb verschwunden. Aufkommender Verdacht, umlaufende Gerüchte veranlaßten das Küstriner Gericht, Nachforschungen anzustellen.

Auslösend dabei waren die Beobachtungen der alten Jeschken, die ihren Nachbarn, den Gastwirt, über den Gartenzaun belauerte. »Aber ihr Hang zu spionieren ließ ihr keine Ruhe, und trotzdem der Wind immer stärker geworden war, suchte sie doch die Küche wieder auf und öffnete den Laden noch einmal, in der Hoffnung, was zu sehen. Eine Weile stand sie so, ohne daß etwas geschehen wäre, bis sie, als sie sich schon zurückziehen wollte, drüben plötzlich die Hradschecksche Gartentür auffliegen und Hradscheck selbst in der Türöffnung erscheinen sah. Etwas Dunkles, das er schon vorher herangeschafft haben mußte, lag neben ihm. Er war in sichtlicher Erregung und sah gespannt nach ihrem Hause hinüber ... Was war es? Eine Truhe? Nein, dazu war es nicht lang genug. Oder ein Korb, eine Kiste? Nein, auch das nicht ... ›Hm, brummte die Jeschke, Dat's joa binoah, as ob he een' abmurkst hett‹.«

Es war das Genrebild, das Fontane hier entwarf: Dem Justizrat, der die Untersuchung leitete, war das Porterfrühstück wichtiger als seine Amtsgeschäfte. Sein Freund, der Pfarrer, stellte dem Mörderpaar das beste Leumundszeugnis aus, denn die beiden Hradschecks waren vor Jahr und Tag zum Protestantismus übergetreten, und die Frau Hradscheck stickte dem Herrn Pfarrer ein Käppchen.

Wie wichtig das Umfeld der Wirtsleute für Fontane war, zeigt die Tatortskizze, die er sich bei der Niederschrift der Novelle anfertigte: das Wirtshaus mit Gaststube, Laden, Küche, Geschäftsräumen, Treppen, Schlafräumen, mit Garten, dem Zaun zum Nachbargrundstück, dem Birnbaum ...

Als dann Hradscheck in Untersuchungshaft genommen wurde, als unter dem Birnbaum im Wirtsgarten an der von der Nachbarin bezeichneten Stelle nachgegraben und die Leiche aufgefunden wurde, von der der Totengräber nur sagen konnte: »Ja, der hier liegt, liegt schon lang. Ich denke zwanzig Jahre.«, als der Justizrat sich in Begleitung der Gerichtsmänner erleichtert zu einem Frühstück zurückzog, wendete sich das Blatt zugunsten des Beschuldigten. Für die Justiz waren alle Fragen geklärt, der Verdacht war ausgeräumt, nur die hexenhafte Nachbarin, die Mutter Jeschke, blieb weiterhin argwöhnisch und dort, wo sie bei den Dorfbewohnern, beim

»J'Accuse« – damit begann der öffentliche Brief Emile Zolas in der Zeitschrift »L'Aurore«, in dem er gegen das Fehlurteil im Dreyfuß-Prozeß protestierte.

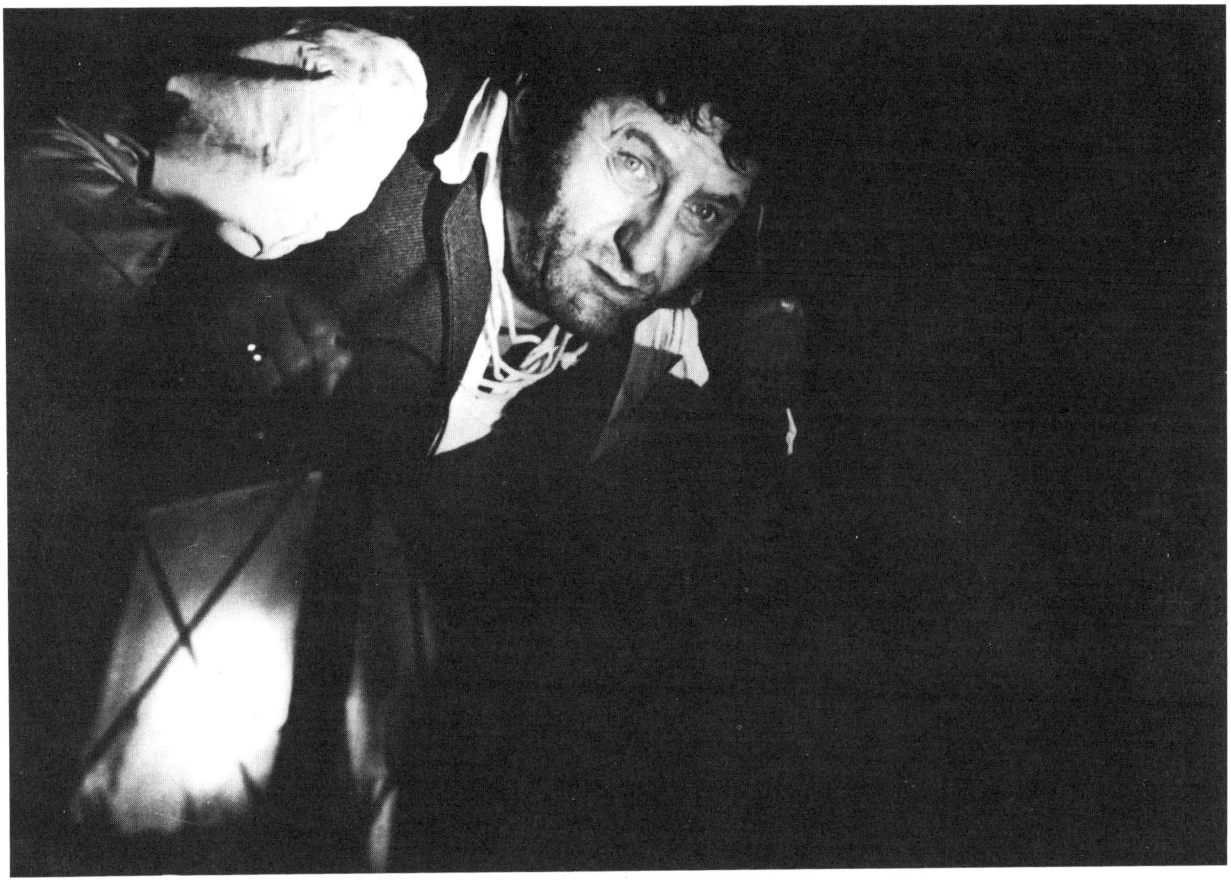

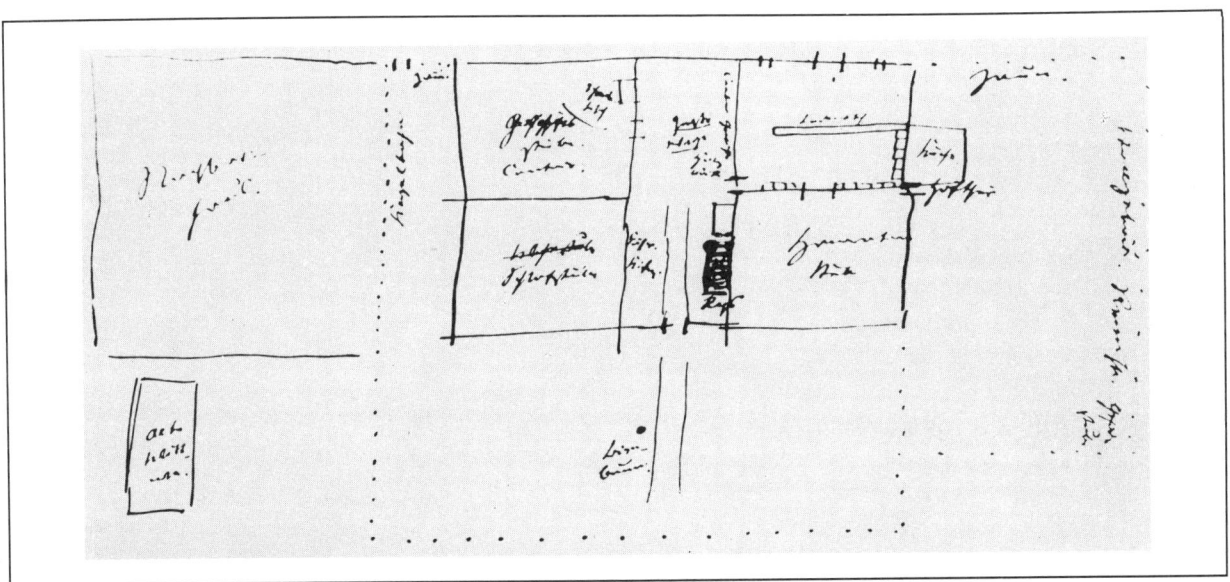

Szenenbild aus der Verfilmung »Unterm Birnbaum« mit Erik S. Klein als Gastwirt Hradscheck.

Arbeitsskizze Theodor Fontanes zu »Unterm Birnbaum«. Die Details der Handlung waren für Fontane so wichtig, daß er den »Tatort« beim Schreiben – noch nicht für den Leser bestimmt – vor Augen haben wollte.

Gesinde an das Irrationale rührte, da traf und verunsicherte sie den Mörder. Bei dem Versuch, den Ermordeten aus dem Keller fortzuschaffen, fand Hradscheck selbst den Tod »... und grub sich mit dem Grabscheit in der Hand, in demselben Augenblick sein Grab, in dem er hoffen durfte, sein Verbrechen für immer aus der Welt geschafft zu sehen.«

Mit diesem Schluß bog Fontane wieder in die Vorstellung vom Gottesgericht ein, die überdies einen poetischen Reiz besitzt. Aber das macht diese Kriminalnovelle auch wieder zum Zeitbild: Durch ein Gottesurteil, nicht durch die preußisch-märkische Justiz wurde der Gastwirt als Mörder überführt.

In einem Festartikel zu Fontanes 70. Geburtstag stellte der Rezensent Paul Schlenther, bezogen auf diese Novelle, deshalb zu recht fest: »... auch hier umspielt und begründet den verbrecherischen Fall ein soziales Zeitbild, und der gemeine Raubmord wird dadurch zu einem tiefsinnigen Symptom allgemeiner Zustände«.

»Stopfkuchen« von Wilhelm Raabe erschien 1890 mit dem zugkräftigen Untertitel »Eine See- und Mordgeschichte« in der »Deutschen Roman-Zeitung«, aber eigentlich war es ein etwas behäbiger Roman und mehr eine Kleinstadt- als Mordgeschichte. Der ruhig durch das Leben schreitende rundliche Heinrich Schaumann, genannt Stopfkuchen, heiratete in die Familie des unter Mordverdacht stehenden Bauern Quakatz ein, räumte den Verdacht aus und ermittelte in dem Landbriefträger den Mörder eines Viehhändlers. Raabe bewies, daß auch auf dem Lande aufregende Dinge geschehen konnten.

Die französische Kriminalnovelle stand in einem literarischen Traditionsfeld: Es reichte von den Kerkergeschichten des 18. Jahrhunderts bis zu den festen Mauern des Kastell d'If bei Dumas, zu Victor Hugo mit »Claude Gueux« (1834), Emile Zola und Guy de Maupassant mit »Elternmord« (1885). Aber was es hier zu »entdecken« galt, war nicht ein »Fall«, ein Täter, ein Geheimnis, sondern es ging um das Freilegen von Rechtswillkür, Unmenschlichkeit und doppelbödiger Moral. Am leidenschaftlichsten kam dies 1898 in Emile Zolas »J'accuse!« (Ich klage an!) zum Ausdruck. Mit »J'accuse« gab er der Empörung breiter Bevölkerungsschichten gegen das Urteil im Prozeß des Hauptmanns Dreyfuß Ausdruck und versuchte, das Gewissen aufzurütteln. Die »Affäre Dreyfuß«, gestützt auf falsche Zeugenaussagen und unzureichende Gutachten, brachte Ende des 19. Jahrhunderts den schwersten und spektakulärsten Justizskandal in Frankreich.

Stendhal (Henri Beyle) wiederum befand sich mit seiner Novelle »Die Cenci« (1837) in der Nähe der Pitavalgeschichte. Nach alten Quellen, weiterhin angeregt durch die Tragödie »The Cencie« von Percy B. Shelley, berichtete Stendhal von einem makabren Prozeß aus der Zeit der Renaissance. Die Familie des Francesco Cenci – die Mutter, die Tochter, die beiden Söhne – hatte Selbstjustiz geübt und den römischen Edelherrn, der in zügelloser Leidenschaft seine eigne Tochter bedrängte, durch Meuchelmörder erdolchen lassen.

Während die Familie der Cenci sich in Sicherheit wähnte, verdichteten sich die Gerüchte um den Tod des alten Francesco. »Die Gerechtigkeit Gottes, die nicht wollte, daß ein so grausamer Verwandtenmord ungestraft bliebe, bewirkte es, daß sobald in dieser Stadt (Rom) bekannt wurde, was sich in der Festung La Petrella zugetragen hatte, der oberste Richter Zweifel hegte und einen Kommissar aussandte, um den Leichnam zu besichtigen und die Verdächtigen zu verhaften.«

Der Prozeß wurde eröffnet, auf der Folter gestanden die Frauen alles ein. 1599 wurden die beiden Frauen und der älteste Sohn öffentlich hingerichtet. So sehr Stendhal die Darstellung der Charaktere und Leidenschaften reizte, so ließ doch die bis in die Antike zurückblendende Einleitung erkennen, daß es ihm ebenso um die Frage nach Recht und Gerechtigkeit ging. So lenkte er die Anteilnahme des Lesers auf die sowohl von ihrem Vater wie von der römischen Justiz und Kurie verfolgte Beatrice.

Dem sozialpsychologischen Hintergrund von Verbrechen wurde in den Kriminalnovellen der russischen Literatur, die sich mit Ausweitung der Problematik zum Roman hin entwickelten, großes Gewicht gegeben.

Vom Titel her schloß sich die »Lady Macbeth von Mzensk« (1865) von Nikolai S. Leskow an ein literarisches Vorbild an. Aber es waren keine übergroßen Renaissancegestalten, die da handelten, sondern »kleine Leute«, Bauern, Handwerker, Mahlknechte, Kaufleute. Katerina Iwowna wurde zur Mörderin ihres Schwiegervaters, ihres Mannes, ihres Neffen aus Leidenschaft zu dem Knecht Sergej, die sie aus der Öde ihres Daseins heraushob. Sie wurde aber gleichzeitig Opfer ihres Verführers. Ihre Liebe und auch ihre Eifersucht waren so stark, daß Katerina nach ihrer Verurteilung auf dem Marsch in die Verbannung sich mit der neuen Geliebten des Mitschuldigen und nicht mit ihm in das Wasser stürzte.

Für den Leser lagen die Verbrechen klar: Der

Schwiegervater wurde mit einem Pilzgericht vergiftet, der Ehemann erwürgt und im Keller vergraben, der Neffe im Bett erstickt. Es war der Argwohn der Dörfler, der schließlich die Verbrechen an den Tag brachte. Erst dann traten Polizei und Gerichtsmediziner auf, um durch Konfrontation mit den Opfern von den Verdächtigen ein Geständnis zu erringen.

Mit »Die Tragödie auf der Jagd«, 1884/85 in einer Moskauer Zeitung erschienen, knüpfte Anton P. Tschechow an den Feuilleton-Roman an. Neben den Romanen Gaboriaus hatte Tschechow auch die Bücher Alexander Andrejewitsch Schkliarjewskis gelesen. Sie waren vornehmlich in den siebziger Jahren entstanden, so »Das alte Gericht« und »Mord ohne Spur«. Ein relativ großes Lesepublikum nahm sie willig auf, und die Justizbehörden zogen den Autor zu Untersuchungen heran.

Ich-Erzähler war der Untersuchungsrichter Kamyschow, von seinem Freunde als »lieber Lecoq« bezeichnet. Eine Frau, die dumm-egoistische Olga, verließ noch am Hochzeitstag ihren Mann, um anderen, reicheren Herren ihre Gunst zuzuwenden. Bald darauf wurde sie im Walde während eines Jagdausflugs tödlich getroffen aufgefunden. Der Verdacht richtete sich auf ihren Mann, den Gutsverwalter, und auf einen Knecht. Beide hatten Blut an Händen und Kleidern. Dann wurde auch der Knecht im Gefängnis ermordet, daraufhin der Verwalter verurteilt und für fünfzehn Jahre nach Sibirien verbannt. Der wahre Täter aber war, der Leser konnte es erahnen, der Untersuchungsrichter selbst, also der Ich-Erzähler, ein Überraschungsmoment, das Jahrzehnte später erst wieder F. W. Crofts und Agatha Christie anwandten.

Die Ausssagekraft von Indizien, die sowohl in der Kriminalistik wie in der Kriminalliteratur eine immer bedeutendere Rolle spielten, wurde in der Erzählung »Das schwedische Zündholz« von Tschechow parodistisch behandelt. Er ging davon aus, daß jedes Indiz sowohl eine fatale wie auch eine völlig harmlose Deutung erfahren konnte. Die Indizien von einem Verwalter und Amateurdetektiv zusammengetragen: ein schwedisches Zündholz, ein zerknülltes Bett, leere Flaschen im Schlafzimmer, Spuren im Rosenstrauch, Blut unter dem Flieder – alles sprach dafür, daß der Gardekornett a. D. ermordet worden war. Wachtposten zogen auf, um den Tatort zu sichern, der Polizeivorsteher entsandte den Arzt und den Untersuchungsrichter, um den Leichnam aufzuspüren: sie fanden ihn gesund und munter in einem alten Badehaus in der Gesellschaft von Schnaps, Schinken und der Frau des Polizeivorstehers.

Vor allem aber sagt diese Groteske etwas aus über die Verbreitung und Beliebtheit der Kriminalliteratur, denn parodieren läßt sich nur Bekanntes.

Eine Parodie bot auch »Lord Arthur Saviles Verbrechen« (1891) von Oscar Wilde: Ein Chiromant hatte dem Lord Arthur vorhergesagt, daß er einen Mord begehen würde. Unter dem Druck der Prophezeiung setzte der edle Lord zu diversen Mordversuchen an, aber alle mißlangen. Erst als er den Chiromanten nachts über das Brückengeländer in die Themse geworfen hatte und zusah, wie nur noch sein großer Hut auf den Wellen tanzte, fand er seine Ruhe und sein Glück wieder.

Damit war der Spott hauptsächlich gegen das Salonlöwentum und nicht gegen den Krimi gerichtet und die vielen Anhänger, die diesem inzwischen ein anderer britischer Schriftsteller erworben hatte, mußten sich nicht verlacht fühlen.

Die Detektivgeschichte A. C. Doyles

Mein Name ist Sherlock Holmes. Es ist mein Beruf, das zu wissen, was die anderen Menschen nicht wissen.

Arthur Conan Doyle

Seit 1886 »wohnte« in der Baker Street 221B der Meisterdetektiv Sherlock Holmes mit seinem Freunde Doktor Watson, denn 1886 erschien »A Study in Scarlet« (Eine Studie in Scharlachrot), die Geschichte eines Rachemordes, in der zum ersten Male der berühmte Detektiv vorgestellt wurde: In einem Labor zwischen Retorten, Bunsenbrennern und Reagenzgläsern – er untersuchte Blutspuren. Noch in diesem Roman zog er mit seinem neuen Freunde Doktor Watson zusammen. Hinter dem De-

Arthur Conan Doyle.

tektiv mit der scharfen Kombinationsgabe, mit der Schirmmütze, der Hakennase, dem hageren Gesicht, den langen Beinen, mit dem Vergrößerungsglas und der Shagpfeife trat sein Schöpfer, der Autor Conan Doyle, zurück. Wer sollte sich auch für einen Arzt mit einer unbedeutenden Praxis in einem Landstädtchen bei Portsmouth interessieren. Weil die Patienten ausblieben, wandte sich der schottische Doktor der Literatur, dem Schreiben zu. Er hatte Poes Erzählungen und die Romane von Collins und Gaboriau gelesen und schuf nun seinen Detektiv: Sherlock Holmes, der über den Chevalier Dupin und Monsieur Lecoq nur spottete. Ihnen gegenüber sah er sich selbst so: »... es gibt eine Menge Detektive hier in London, staatlich angestellte und private. Wenn nun einer dieser Herren in eine Sackgasse geraten ist, dann wendet er sich an mich. Und ich kann ihm meist auf die rechte Fährte helfen ... Es hat bisher noch niemanden gegeben, der mein angeborenes Talent, diesen Spürsinn für alles Verdächtige besessen und mit ähnlichen gewissenhaften Studien auf dem Gebiet der Kriminalistik vereinigt hätte.«

Für Holmes gab es ein wirkliches Vorbild. Es war Doyles Lehrer an der Universität Edinburgh, der Professor der Chirurgie Dr. Joseph Bell, der seine Studenten durch überraschende Diagnosen und scharfsinnige Kombinationen stark beeindruckte.

Waren es zu Anfang des Jahrhunderts vor allem Juristen, die sich der Kriminalerzählung zuwandten, so war es – nicht zufällig – ein Arzt, der wirksamer als Poe die Detektivgeschichte mit dem neuen Helden einer breiten Leserschaft anbot. Als Mediziner erfaßte Doyle den imponierenden Aufschwung der Naturwissenschaften im 19. Jahrhundert besser als andere, und so neigte er nicht nur dem Positivismus zu, sondern vermittelte und popularisierte diese Haltung, den Glauben an die Errechenbarkeit allen Geschehens, an die Wichtigkeit von Beobachtungen und Experimenten und an die Möglichkeiten menschlichen Denkens und Handelns in seinen Schriften und gerade in der Gestalt seines Detektivhelden. Ein solcher Optimismus sagte den breiten Massen in einer Zeit besonders zu, da sich in der Literatur eine müde fin-de-siècle-Stimmung breit machte. Wie erfreulich war es dagegen, aus dem Munde des Meisters zu hören: »Wenn alle anderen Möglichkeiten ausfallen, ist das, was übrig bleibt, und sei es noch so unwahrscheinlich, die richtige Erklärung.«

Mit dieser Einstellung konnte, ja mußte der Autor seinen Detektiv hart an den Rand des Irrationalen führen, um die Ratio, hier Sherlock Holmes mit seinen Deduktionen, triumphieren zu lassen. »... Und menschliche Spuren gibt es hier auch nicht. ›Holmes‹, rief ich, ›Aber das ist doch unmöglich!‹ ›Sehr zutreffend‹, sagte er. ›Eine höchst aufhellende Bemerkung. Ja: Es ist unmöglich, und das habe ich ja eben dargestellt. Du hast selbst alles gesehen‹...«

An die Adresse des stets erstaunten Doktor Watson gerichtet wurde der Vorwurf: »Du hast eben nicht gewußt, worauf man achten muß, und so ist dir alles entgangen, was wichtig war. Du bringst es nie fertig, die Wichtigkeit von Ärmeln zu begreifen oder alles das, was sich um die Fingernägel dreht oder die schwerwiegenden Folgen, die sich an einen Schnürsenkel knüpfen können.«

Der Leser dagegen wurde auf seine Intelligenz in höchst schmeichelhafter Weise angesprochen: »Wollen Sie bitte in dem Ding da nicht einen leicht eingebeulten Börsenhelm sehen, sondern eine geistige Aufgabe.«

So stand der Leser zwischen Holmes und Watson, er hatte seinen festen Platz bei der Detektion gefunden, er konnte von dieser Position aus leichter als bisher mitdenken und miterleben. Der Leser war selbstverständlich nicht so klug und mit dem Fachwissen beschlagen wie Sherlock Holmes, er mußte sich von der Auflösung überraschen lassen, sonst wäre die Spannung getilgt worden, aber er hatte die Befriedigung, daß er doch ein gut Teil klüger war als der promovierte Doktor Watson.

Da Holmes seine Gedankengänge vor Watson und damit auch vor dem Leser ausbreitete – freilich nicht bis in die Einzelheiten hinein – wurde trockene Analyse in lebendigen Dialog umgesetzt.

Obwohl Doyle aus Holmes fast eine mythische Gestalt gemacht hatte, so hütete er sich doch, ihr den notwendigen Bezug zur historischen Realität zu nehmen. Im Gegenteil: Holmes hatte eine Adresse – Baker Street 221B in London, ein Hansom Cab hielt vor der Tür, um den Meister einsteigen zu lassen, auf den Straßen lag meistens dichter Londoner Nebel und fahl schimmerte das Licht der Gaslaternen. In der Etagenwohnung der beiden Junggesellen sorgte eine Haushälterin für das leibliche Wohl, ließ Besucher ein, ärgerte sich über eine gewisse Unordnung und den verrauchten Kamin.

Im Gegensatz zu seinen literarischen Vorgängern, vor allem zu Poes Chevalier Dupin, beschränkte sich Holmes detektivische Arbeit nicht nur auf ein Nachdenken im Sessel, auf eine rationale, aber aktionslose Darlegung von Fakten und Schlußfolgerungen, sondern Holmes durchstreifte London, kehrte in Kneipen ein, verkleidet wie Vidocq, verbrachte ganze Nächte, um Spuren zu suchen, verlor sich in einsame Gegenden und war meist noch vor der Polizei am Tatort zu finden.

Doch mit seinem ersten Detektivroman erzielte Doyle noch keinen durchschlagenden Erfolg, auch nicht mit seinem zweiten: »Das Zeichen der Vier« (The Sign of Four, 1890), in »Lippincott's Magazine« erschienen. Immerhin war dieser Roman so gestrafft, daß er nur eine Nummer füllte. Danach vollzog Doyle den entscheidenden Schritt zur Kurzgeschichte. Die Kurzgeschichte war schon immer gewählt worden, wenn es galt, einen neuen Stoff oder eine neue Sichtweise in die Literatur einzuführen. Edgar Allan Poe hatte mit seinen Geschichten einen Höhepunkt in der amerikanischen Literatur erreicht, erst gegen Ende des 19. Jahrhunderts setzte Ambrose Bierce diese Tradition fort, allerdings ohne die von Poe geschaffenen »stories of ratiocination«.

Wir berühren hier ein anderes Gebiet: das soziologische. Die Leserschichten hatten sich gerade in den letzten Jahrzehnten des 19. Jahrhunderts erweitert und auch verändert. Während ein vorwiegend bürgerliches Lesepublikum sich dickleibige Romane oder eine verwickelte Handlung in Fortsetzungen in Muße und mit Genuß einverleiben konnte, hatten die Arbeiter, insbesondere die Industriearbeiter, die als neue Leser hinzukamen, bereits eigene Anforderungen an den Stoff und seine Gestaltung. Dabei gingen sie von einer wesentlich knapper bemessenen Freizeit, genauer hier: Lesezeitvolumen, und knappsten finanziellen Möglichkeiten aus. Gefragt war deshalb die kurze Erzählung, die an einem oder zwei Abenden bewältigt werden konnte und die auch mit genügend Spannung erfüllt war, um das Interesse müder, strapazierter Leser wach zu halten. Langatmige Landschafts-, Gefühls- und Charakterschilderungen fielen fort oder durften nur dort – und in entsprechender Verknappung – eingeführt werden, wo sie als Spannungsregulativ benötigt wurden. Die gewünschte Spannung, die den Leser aus der Öde des Alltags heraus in fremde Gegenden, Rätsel und Abenteuer führte, ihn aber gleichzeitig doch an Vertrautes wieder band und ihn nicht verunsicherte, boten sowohl Abenteuer- wie Kriminalgeschichten. Weit hinter diese traten die Anfänge der science fiction – wir denken hier an Jules Verne – zurück, da sie sich erst im Roman ausbildeten. Trotz allem läßt

Dr. Joseph Bell, Professor für Chirurgie an der Universität Edinburgh, Lehrer Conan Doyles und Vorbild seines Sherlock Holmes.

sich eine soziologische Zuordnung der Kriminal- insbesondere der Detektivgeschichte nicht ausmachen. Denn auch Vertreter des Bürgertums, vom Wissenschaftler bis hin zum Bischof, erfreuten sich an solcher Lektüre, bei der sie auf intellektuelle Probleme nicht zu verzichten brauchten, wenn diese freilich in Spiel und unterhaltende Literatur umgesetzt wurden. Kurz: Sherlock Holmes und Doktor Watson gewannen in den verschiedensten Lagern Freunde und Anhänger.

Blicken wir zurück auf die zitierten literarischen Traditionen, so fällt auf, daß gegenüber Holmes und Watson die Detektive von Scotland Yard und die Polizisten zwar als biedere, unbestechliche Männer erschienen, daß sie aber bei ihren Ermittlungen oft meilenweit von der Wahrheit und den Arbeitsergebnissen von Sherlock Holmes entfernt waren. Diese »Polizeifeindlichkeit«, ganz entgegengesetzt den Darstellungen von Dickens und Collins, ließ sich wohl aus dem Versagen Scotland Yards gegenüber solchen Herausforderungen wie »Jack the Ripper« erklären. (1888 schlug der Ripper, später der Hurenmörder von East End genannt, zum ersten Male zu. Obwohl die Morde im dunklen Gassengewirr der Elendsviertel von London stattfanden, fühlte sich die gesamte Bevölkerung der Millionenstadt bedroht, die polizeilichen Ermittlungen führten zu keinem Erfolg. Bis heute wurden diese Verbrechen nicht aufgeklärt.) Dennoch wirkte sich die Popularität des Sherlock Holmes, der über Jahrzehnte seine Leser und Anhänger an seiner Aufklärungsarbeit teilnehmen ließ, günstig auf das Ansehen der Detektive des Yard aus.

Sherlock Holmes und Doktor Watson in der Buchillustration: Die erste Begegnung von Holmes und Watson im Laboratorium.

Sherlock Holmes und Doktor Watson bei Recherchen.

In dem neugegründeten, seine Leserschaft erst suchenden Magazin »The Strand« erschien seit 1890 in schneller Folge das erste halbe Dutzend von Detektivgeschichten, gefolgt von einer Buchausgabe, bezeichnenderweise noch unter dem an ältere literarische Traditionen knüpfenden Titel »Die Abenteuer des Sherlock Holmes« (The Adventures of Sherlock Holmes). Damit hatte der Autor einen Erfolg errungen, den er nicht erhofft, ja vielleicht nicht einmal gewünscht hatte. Doyle besaß zwar literarische Ambitionen, doch strebte er zeitlebens danach, ein Romancier zu werden; er versuchte sich auch immer wieder auf dem Gebiet des historischen Romans. Seine Mutter freilich ermunterte ihn, Sherlock-Holmes-Geschichten zu schreiben, und letzten Endes war auch der finanzielle Ertrag nicht zu verachten. Doyle hatte aus wirtschaftlicher Not mit dem Schreiben begonnen, für die ersten Geschichten erhielt er 35 Pfund Sterling, schließlich konnte er für ein Dutzend weiterer Abenteuer 1000 Pfund Sterling fordern.

Der Leser ließ sich gern dazu verleiten, bei Nacht und Nebel mit dem Meisterdetektiv auf Abenteuer auszuziehen, gefährliche Geheimnisse aufzuspüren und zu lösen – freilich nur in Gedanken und Träumen mit dem Buche in der Hand. Der Ausgangspunkt war allerdings stets die längst vertraute Wohnung in der Baker Street. Gerade wenn der berühmte Mann in trüber und gelangweilter Stimmung vor dem Kamin saß, erschien ein neuer Besucher, verstört, fast desolat, die Kleidung unordentlich. Es folgte dann der Bericht über geheimnisvolle und beängstigende Vorgänge, und Holmes übernahm den Fall, manchmal mit einer vom Autor zu Ehren seines Helden naiv-raffiniert vorgetragenen Beiläufigkeit: »... mein letzter Klient war der König von Skandinavien«, oder: »... und weil ich auf jeden Fall dem Papst einen Dienst erweisen wollte«. Der Leser konnte gewiß sein, daß rechtzeitig eine Droschke vorfuhr, die mit dem Detektiv und seinem getreuen Watson durch die Straßen Londons rasseln würde, zum Beispiel zu einem leeren Haus oder zur Waterloo-Station. Das richtige Abenteuer begann außerhalb der gemütlichen, von Tabaksqualm durchzogenen Wohnung.

Der Krimi-Leser von heute, der sich einem Angebot von »knallharten« Geschichten gegenübersieht, mag erstaunt sein, wenn er die Motive der sechzig Geschichten um Sherlock Holmes durchmustert: Er findet, daß es sich in der Mehrzahl der Fälle um Betrug, Diebstahl, Erpressung, Rachegelüste, versteckte Seuchen, Manipulationen mit Pferden, Wettschwindel usw. handelt, der Mord aber tritt zurück.

Sicher pflichteten die Leser ihrem Helden bei, wenn er erklärte: »Ich bin kein Gesetzeshüter, aber ich verkörpere, soweit es in meinen schwachen Kräften steht, die Gerechtigkeit.« Doch einen beschlichen Mordgelüste: den Autor. Doyle empfand immer stärker, daß das Verfassen von Detektivgeschichten ihn davon abhielt, historische Romane zu schreiben. Und so plante er den Tod von Sherlock Holmes. Zuvor hatte sich Doyle bereits des Doktor Watson entledigen wollen, allerdings auf unblutige Art, indem er ihn verheiratete. Aber die Geschichten brauchten das Gespann, und so ließ Frau Watson ihren Eheherrn immer wieder mit seinem Freunde auf Abenteuer ausziehen, freilich wohlversehen mit einem Wollschal.

1893 war es dann so weit: In »Das Endproblem« (The Final Problem) stürzte Sherlock Holmes mit seinem gefährlichsten Gegner, Professor Moriarty, in die Schlucht der Reichenbachfälle in der Schweiz. Zurück blieben ein Alpenstecken und ein Nachruf des schmerzerfüllten Doktor Watson. Aber damit hatte Doyle einen Fehler begangen. Er hatte gegen den Aufbau der Detektivgeschichte gesündigt und sich an ihrem Helden vergriffen, der als »Drachentöter« des 19. Jahrhunderts stets stärker als das Unrecht und das Böse zu sein hatte. Die Leserschaft grollte und trauerte dem Entschwundenen nach. Dabei hatte sich bereits ein ziemlich breites und gefächertes Angebot an Kriminalliteratur entwickelt. Ebenso wie Doyle suchte Fergus W. Hume in »The Mystery of a Hansom Cab« (1886) die Welt der Stadt und der Pferdedroschken auf, aber wem nützte das Hansom Cab, wenn nicht Holmes darin saß.

Es fehlte der Literatur der populäre Detektiv. In der Realität gab es diesen bereits, und zwar in den USA: Allan Pinkerton, Sohn eines eingewanderten irischen Polizisten. Er wurde zum Begründer von »Pinkerton's National Detective Agency«. Die Devise hieß: »Wir schlafen nie.« Ein weit geöffnetes Auge war das »Firmenzeichen«. Fraglos konnte Pinkerton gut beobachten, kombinieren und organisieren. Gleich am Anfang seiner Laufbahn hatte er Erfolg, indem er ein verlassenes Lagerfeuer und bald darauf die Gaunerbande, die sich daran erwärmt hatte, entdeckte. Aber wichtiger für die Entwicklung seiner Agentur waren die desolaten Zustände innerhalb des Polizeiapparates, viele Polizisten waren unfähig, andere korrupt. Dabei war die Zahl der Postkutschen- und Eisenbahnüberfälle beängstigend angestiegen, die Schüsse krachten nicht mehr allein im »Wilden Westen«, sondern in den Straßen der Städte, und Gangster-Banden übten in Stadtteilen oder Industrierevieren ihre Herrschaft aus. Auch das von England übernommene Coronersystem war in der Mehrzahl der Fälle fast grotesk kommerzialisiert worden. Aus Geschäftsgründen wurde meist der Leichenbestatter zum Coroner und damit zum Vorsitzenden eines Inquest über plötzliche und verdächtige Todesfälle bestimmt. Vorkenntnisse für dieses Amt besaß er sowieso nicht. Wollte er sich nicht selbst das Geschäft verderben und sich nicht überdies den Zorn der Angehörigen zuziehen, tat er gut daran, auf weitere Untersuchungen zu verzichten. Es war also unter diesen Umständen kein Wunder, daß die Bürger sich nach anderen Schutzmaßnahmen umsahen und daß Allan Pinkerton, der in der zweiten Jahrhunderthälfte seine Agentur in ein Familienunternehmen umgewandelt und ausgebaut hatte, populär, fast eine Art von Nationalheld, wurde. Präsident Lincoln wurde durch ihn vor einem Attentat bewahrt.

In seinen »Memoiren«, achtzehnbändig, ging Pinkerton auf die bedeutendsten und interessantesten seiner Fälle ein. Die Titel der einzelnen Bände wiesen ihn dabei als tüchtigen Geschäftsmann aus, der Detektiv wurde als Hauptfigur bereits im Titel ausgewiesen, wie »The Expressman and the Detective« (1874) oder »Bank Robbers and the Detectives« (1883). Pinkerton hatte als Chef der Firma diese Bücher verfaßt oder auch verfassen lassen, literarische Ambitionen verfolgte er dabei nicht. Die hatten auch nicht die Reporter, die über sensationelle Prozesse berichteten. Und auch nicht die Verfasser der »dime novels«. Diese »dime novels« (dime = 10-Cent-Münze) erschienen als Heftchen. In dieser Form wurde 1886 von John Russell Caryell der Detektiv Nick Carter mit »The Old Detective's Pupil« (Des alten Detektivs Schüler) eingeführt. Besaß diese Erzählung noch ein gewisses literarisches Profil, so ging es in den folgenden Heften, von den verschiedensten Autoren geschrieben, völlig verloren. Der Superdetektiv wurde von Abenteuer zu Abenteuer durch endlose Heftreihen gepeitscht. In jeder Erzählung geriet er aufs Neue in eine Falle, in einen Hinterhalt und wurde stets fast umgebracht, jagte dann seinerseits die Verbrecher, dabei voll ausgerüstet mit falschen Bärten, Perücken und Einbrecherwerkzeug..., und wurde zu einem regelrechten »Killer«.

Da wir aber beschlossen haben, in den Gefilden der Literatur zu bleiben, möchten wir diesen Erscheinungen nicht weiter nachspüren. Genannt mußten sie jedoch werden, weil sie seitdem wirksam sind, übersetzt und vor allem nachgeahmt wurden.

Doch griff auch ein Schriftsteller von Weltruf das Kriminalsujet wiederholt auf: Mark Twain. Es klang bereits an in »Tom Sawyers Abenteuer« (The Adventure of Tom Sawyer, 1876), in »Huckleberry Finns Abenteuer« und in »Tom der kleine Detektiv«, 1896, womit Twain wohl die ersten Kriminalromane für Kinder verfaßt hatte. Tom, der im letztgenannten Band als Verteidiger des Pastors Silas auftrat, gelang es dabei, in der Gerichtsverhandlung die Unschuld des verleumdeten Pastors zu erweisen, den tatsächlichen Mörder zu entlarven, falsche Zeugen zu überführen und die gestohlenen Diamanten ausfindig zu machen. Das war eine richtige Zur-Schau-Stellung und Tom erntete »Lob und Ruhm nach Herzenslust«, an denen freilich auch sein Adlatus Huck beteiligt war. Vor dem staunenden Gerichtspräsidenten und dem genau so staunenden Publikum erklärte Tom dann: ›Ich habe mir die Tatsachen zusammengestellt, und dies und jenes daraus gefolgert. Es war ein kleines Stück gewöhnliche Detektivarbeit.‹ Anhaltspunkt seiner Schlußfolgerungen war für Tom die verräterische Gestik des Mörders, der versucht hatte, seine Identität zu verbergen.

Später bewegte Twain das Thema Fingerabdrücke, und zwar ehe die Identifizierung der Verbrecher durch Fingerabdrücke staatlicherseits anerkannt und eingeführt wurde. Erst 1901 richtete Scotland Yard eine Spezialabteilung für Daktyloskopie ein, die bis dahin übliche Bertillonage wurde weltweit aufgegeben, aber Twain behandelte das Thema zuvor bereits zweimal: in seinem Buch »Leben auf dem Mississippi« (Live on Mississippi, 1883) und in dem Roman »Querkopf Wilson« (The Tragedy of Puddl'nhead Wilson, 1882). Hatte Twain die Bedeutung der Fingerabdrücke für die Verbrechensbekämpfung erahnt, gespürt oder einige Diskussionsbeiträge in Zeitschriften gelesen?

Der Rechtsanwalt David Wilson, der sich um 1830 in einer behäbigen Kleinstadt am Mississippi niedergelassen hatte, beschäftigte sich damit, sozusagen als Hobby, Fingerabdrücke zu sammeln. So konnte er später als Verteidiger in einem Mordprozeß den wahren Schuldigen überführen, gleichzeitig die Vertauschung zweier Kinder aufdecken und dem rechtmäßigen Erben zu seinem Recht verhelfen. »Ein jeder Mensch besitzt von der Wiege bis zum Grabe gewisse körperliche Merkmale, die sich niemals verändern, an denen man ihn jederzeit zu erkennen vermag... Die Merkmale, welche die Natur auf der inneren

Hand des Menschen und den Sohlen seiner Füsse zeichnet.«

Da der Roman noch in der Zeit vor den Sezessionskriegen angesiedelt war, sorgten die Gläubiger für einen, auch finanziell, befriedigenden Ausgang. »Alle waren der Meinung, daß, wenn ›Tom‹ ein freier Weißer gewesen wäre, es ohne Zweifel gerecht sein würde, die Strafe über ihn zu verhängen – kein Mensch hätte einen Verlust dadurch gehabt. Aber einen wertvollen Sklaven auf Lebenszeit einzusperren – das war etwas anderes.

Als der Gouverneur die Sachlage begriffen hatte, begnadigte er ›Tom‹ auf der Stelle, und die Gläubiger verkauften ihn nach dem Süden flußabwärts.«

Hier sind die kritisch-ironischen Töne deutlich zu hören. Aber Mark Twain war nun eben ein Humorist, und so zerrann bei ihm der Kriminalstoff zu einer Fast-Groteske.

Anders Anna Katherine Green, die Tochter eines berühmten Strafverteidigers. Sie hatte die Romane Gaboriaus gelesen und sich entschlossen, einen Roman in seinem Stil zu schreiben. Aber bereits der Titel ihres Buches »Der Fall Leavenworth« (The Leavenworth Case – älterer deutscher Titel »Schein und Schuld«) mit dem bezeichnenden Untertitel »Die Geschichte eines Anwalts« (A Lawyer's Story) wies darauf hin, daß da im Jahre 1878 etwas Neuartiges entstanden war. Frau Green war es gelungen, den »Fall« aus dem weitläufigen Familienkrimi herauszupräparieren. Damit wurde sie zur Verfasserin eines »reinen« Detektivromans.

Ein reicher Junggeselle wurde in seiner Bibliothek – ein in der Folgezeit höchst beliebter Tatort – ermordet aufgefunden, und sogleich setzte die Untersuchung ein. In langen Verhören kamen Fakten und Verdächtigungen zutage, Aussagen standen gegen Aussagen; eine Tatortskizze war in den Text gefügt. Neben den Untersuchungsrichter traten ein Anwalt und der City-Detektiv Ebenezer Gryce. Der Verdacht richtete sich zunächst auf die Nichten des To-

New Scotland Yard – vollendet 1892.

Der Mord auf dem Friedhof. Eine Illustration zu Mark Twains »Tom Sawyers Abenteuer«.

ten, zum Schluß konnte aber der Sekretär als der Mörder ermittelt werden. Damit führte er eine stetig wachsende Riege von »Mörder«-Sekretären an.

Zwar wurden Familienangehörige und die Dienerschaft des reichen Opfers verhört, zwar wurde das ganze Haus zum Umfeld des Verbrechens, aber der alte Kriminalroman mit weitverästelten Familienbeziehungen, traditionsbeladenen Geheimnissen war doch verlassen worden. Anna Katharine Green mußte auch darauf verzichten, den Hochadel in ihrem vor amerikanischen Kulissen spielenden Roman mitagieren zu lassen, bei Gaboriau hatte er immer noch eine Rolle zugewiesen erhalten.

Nachdem sich Frau Green mit ihrem ersten Detektivroman bei den Lesern eingeführt hatte, ließ sie noch vierzig Romane folgen, und um auch hier wieder etwas Neues zu offerieren, erfand sie einen weiblichen Detektiv: Violet Strange, kein allzu glückliches literarisches Geschöpf. Vielleicht könnte uns eine andere Gestalt sympathischer sein: Miß Amelia Butterworth, eine Jungfer aus guter Familie, unbestimmten Alters, forschungslustig und in den alltäglichen Dingen beachtlich versiert. Sie kannte sich in Hüten, Hutnadeln aus, beobachtete Besucher und machte sich ihre Gedanken. Aber das grenzte fast schon wieder an Komik, und eine verehrungswürdige Heldengestalt war sie nicht.

Auf alle Fälle – und damit kehren wir zum Ausgangspunkt unserer Überlegungen zurück –, die in den zeitgenössischen Romanen agierenden Detektive boten keinen Ersatz für den zu Tode gestürzten Sherlock Holmes: Die Leser forderten seine Rückkehr, und Conan Doyle bereitete sie vor.

1902 erschien Holmes wieder bei der Aufklärung eines sensationellen Falles, den Doktor Watson sozusagen als Nachlaßverwalter berichtete, in »Der Hund von Baskerville« (The Hound of the Baskervilles). Doyle hatte die Sage von einem Höllenhund durch einen alten Freund erfahren und münzte sie in einen Detektivroman um, der nicht nur in Verhören, in Fragen und Antworten auf die Klärung des Tatbestandes hinarbeitete, sondern der zusätzliche Spannung aus dem Abenteuer brachte. Neben der Popularität der Gestalt des Sherlock Holmes war es auch bedeutsam, daß Doyle wußte, daß in einer Detektivgeschichte die Geschichte »das Wichtigste ist«.

Die alte schauerliche Familientradition vom Geisterhund forderte den nur eine rationale Weltbewältigung anerkennenden Detektiv heraus und trieb ihn zu eigenen Aktivitäten an. So mußte Sherlock Holmes den Fall zwangsläufig übernehmen, als er von den Spuren eines riesengroßen Hundes neben dem Leichnam des Baronets hörte.

Da »Der Hund von Baskerville« als Roman angelegt war, konnte Doyle anders und besser als in den Kurzgeschichten falsche Spuren auslegen. Doktor Watson fuhr also mit dem jungen Erben, Sir Henry, nach Devonshire, um von Baskerville Hall aus seine Erkundigungen aufzunehmen, während Sherlock Holmes in der Baker Street bleiben und die Berichte seines Freundes entgegennehmen wollte. Düster wirkte Baskerville Hall: »Die ganze Vorderwand war mit Efeu überkleidet, in welchem hier und da ein Ausschnitt eine Stelle bezeichnete, wo sich ein Fenster oder ein Wappenschild befand. Über diesem Mittelbau erhoben sich die beiden alten zinnengekrönten, von Schießscharten durchbrochenen Türme ... Ein trübes Licht fiel aus einigen der altertüm-

Alphonse Bertillon, der Erfinder der »Bertillonage«, eines Identifikationssystems, das sich auf die Körpermaße stützte, an der »Sûreté« entwickelt wurde und in vielen Ländern vor der Einführung der Identifikation durch Fingerabdrücke verbreitet war.

lichen Fenster nach außen, und aus einem der hohen Kamine, die sich über dem steilen Giebeldach erhoben, stieg eine dunkle Rauchwolke in die Höhe.« Einen ähnlich bedrückenden Eindruck machte das Moor: »Das ist das große Grimpener Moor. Ein kleiner Fehltritt bringt Menschen wie Tieren den Tod.« Vor dieser Kulisse ertönte grausiges Hundegeheul, zogen ein entsprungener Sträfling und ein im Moor hausender Fremdling den Verdacht auf sich. Doch der Fremdling erwies sich als der ebenfalls an Ort und Stelle im Verborgenen rekognoszierende Meisterdetektiv. Dem erstaunten Watson und dem gleichfalls überraschten Leser konnte er in einer höchst malerischen Szene den Mörder des alten Baronets präsentieren. Sherlock Holmes brachte die Kerze an das düstere Porträt des fluchbeladenen Ahnherrn, verdeckte Schlapphut und Locken und ließ so das Bild des Mörders erscheinen: Einen heimtückischen Nachkommen der alle töten wollte, die zwischen ihm und dem Erbe standen.

Diese Entdeckung erfolgte aber weit vor dem Schlußkapitel, und so konnte der Leser noch an der Jagd nach dem Verbrecher und nach der Bestie von Hund, derer sich der Verbrecher bediente, teilnehmen. Der Hund wurde beim Angriff erschossen – in letzter Minute, der Mörder fand auf der Flucht den Tod im Moor.

Dieser Roman, immer wieder neu aufgelegt und auch verfilmt, ist zweifellos der beste der vier Detektivromane, die Doyle schrieb. Im »Hund von Baskerville« vereinigten sich rationale und emotionale Elemente. Der Leser war von vornherein zum Mitdenken aufgefordert, so bei der brillant gelösten Frage, welcher Persönlichkeit der in der Baker Street vergessene Spazierstock gehörte; er sollte auch ein angenehmes Gruseln bei der Sage vom Höllenhund und bei der Schilderung des Moores empfinden. Freilich beging Doyle einen Verstoß gegen die Regeln der Fairness: Er unterschlug seinem Leser, was Sherlock Holmes bemerkt hatte, daß nämlich der warnende

Das Arbeitszimmer von Sherlock Holmes in der Baker Street 221 B.

Einbandentwurf zum »Hund von Baskerville«.

Szenenbilder aus einer Verfilmung des »Hundes von Baskerville«.

Am Rande des Moores.

Holmes entdeckt den Mörder – das Familienbild als Zeugnis.

Brief nach einem bestimmten Parfüm duftete. Aber dieser Verstoß war in der Zeit Doyles noch verzeihlich, denn die Zeit seines Meisterdetektivs war das spätviktorianische England.

Daran ändert auch nichts die Tatsache, daß Doyle noch 1914 seinen vierten Sherlock-Holmes-Roman schrieb »Das Tal der Furcht« (The Valley of Fear). Der Roman, zuerst wieder im »Strand« erschienen, war jedoch nur eine Aneinanderreihung zweier Erzählungen, die eine von einem Mord auf einem englischen Landsitz, die zweite von Bandenverbrechen in einem amerikanischen Industrierevier handelnd.

Die Anregung zu diesem zweiten Teil hatte Doyle wohl auf einer Amerikareise dem Bericht eines amerikanischen Detektivs zu verdanken oder dem 1877 veröffentlichten Buch von Allan Pinkerton »The Mollie Maguires and the Detectives« entnommen. Da die Pinkerton-Detektive häufig als Streikbrecher eingesetzt wurden, waren die Schilderungen aus den Industrierevieren entsprechend eingefärbt; in den Gewerkschaften wurden Kriminelle gesucht und verfolgt.

1927 erschien noch »The Case-Book of Sherlock Holmes«. Der Meisterdetektiv untersuchte darin wie eh und je mit der Lupe in der Hand, arbeitete selbst als Physiker, Chemiker oder auch Ballistiker, wie der Fall es erforderte. Er tat dies zu einer Zeit, da Scotland-Yard bereits wissenschaftliche Kapazitäten aller Fachgebiete zur Ermittlungsarbeit heranzog. Aber der Leser hätte sich ja nie mit einer Ansammlung von Gutachtern identifizieren können. Welche Abenteuer hätten ihn in einem Laboratorium erwartet, und aus den oft widersprüchlichen, vorsichtig abwägenden, verklausulierten Gutachten und Aussagen der Experten vor Gericht vermochte er sich auch kein rechtes Bild zu machen. Klar und präzise waren dagegen die Feststellungen, die Holmes traf, und klüglich stellte ihn sein Autor nie vor des Gerichtes

Schranken, sondern sein Wort richtete sich an seine Klienten, Freunde, eventuell an etwas begriffsstutzige Polizeibeamte und – an den Leser.

Die Wirkung der Holmes-Geschichten spiegelte sich nicht nur in den Übersetzungen wider, es entstanden nicht nur zahlreiche Nachahmungen, sondern auch plumpe Fälschungen, die abseits einer literarischen Grenzlinie lagen.

Anläßlich der Krönung Eduards VII. wurde Arthur Conan Doyle zum Ritter geschlagen; er verdankte dies seinem Buch über den Burenkrieg. Aber es gab Pressestimmen, die Sherlock Holmes für den Ritterschlag verantwortlich machten. Es traf sich gut, daß »Der Hund von Baskerville« gerade erschienen war und die Leser faszinierte – bis heute. (Unter all den Gratulationen traf eine für Sir Holmes ein.)

Im englischen Literatur- und Sprachbereich war das Lesen und Verfassen von Kriminalgeschichten eine durchaus honorige Angelegenheit. In der deutschsprachigen Literatur hatte sich die Kritik gar nicht oder nur wenig um die Kriminalliteratur gekümmert, abgesehen einmal von wütigen Attacken gegen die Geister-, Ritter- und Räuberromane und abgesehen von dem Vorwurf, der gegen Kriminalschriftsteller erhoben wurde, sie wären bei der Schilderung von Verbrechen und Tatumständen einem »Naturalismus« verfallen; solche Vorwürfe waren zu dieser Zeit berechtigt, da die Qualität der deutschsprachigen Kriminalliteratur tatsächlich abgesunken war. Die Reaktion des Lesepublikums war aber stets wohlwollend gewesen, so differenziert dieses Publikum auch war.

Unbestreitbar hatten die Kriminalerzählungen im 19. Jahrhundert einen Platz in der Literatur gefunden; im Wachstum hatten sie sich in alle Literaturbezirke verzweigt. Begünstigt wurde diese Entwicklung einmal durch die rapide Zunahme der Leserschichten, mit ihren unterschiedlichen Anforderungen an die Literatur. Zum anderen machte sich ein Geschmackswandel bemerkbar. Ein seit Jahrhunderten wirkender Säkularisationsprozeß nahm seinen Fortgang: Hausväterliteratur, Traktätchen und moralische Wochenschriften waren endgültig nicht mehr gefragt. Das Lesen war zu einer wichtigen Form der Unterhaltung geworden, was nicht ausschloß, daß dabei interessante und aktuelle Informationen ins Buch oder in die Zeitschrift aufgenommen wurden.

Hatten sich Pitavalgeschichte und Kriminalerzählung bereits im 18. Jahrhundert herausgebildet, so kamen im 19. Jahrhundert unter der Herrschaft des Romans und der Novelle Kriminalroman und Kriminalnovelle hinzu, eng verbunden mit den literarischen Richtungen Romantik und Realismus. Die Aufwertung der Ratio, der Aufschwung der Naturwissenschaften und letztlich auch der Positivismus hatten dann auf die Entwicklung der Detektivgeschichte und des Detektivromans Einfluß genommen. So bot die Kriminalliteratur am Ausgang des 19. Jahrhunderts ein wesentlich breiteres Spektrum dar, wobei auch die Zahl der Publikationen und die Auflagenhöhe sich vervielfacht hatten. Im Bereich der Detektivgeschichte war jene Entwicklung eingeleitet worden, die sich im 20. Jahrhundert voll entfalten sollte.

Allgemein wirkten in der Kriminalliteratur die Traditionen des Familien-, des Schauer- und Abenteuerromans weiter und bewahrten das letztlich nicht zu entbehrende Element des Emotionalen. Epigonen blieben noch zu Beginn des 20. Jahrhunderts den »Geheimnissen von Paris« verpflichtet, es zeichnete sich jedoch ab, daß es erfolgversprechender war, den Spuren des Sherlock Holmes zu folgen.

Da wahre Helden aber nicht sterben durften, schien auch Sherlock Holmes vom Tode verschont zu bleiben. Am 8. Januar 1954 strahlte die British Broadcasting Corporation eine Sondersendung zum 100. Geburtstag des Meisters aus. Alle Gratulanten wünschten dem in ländlicher Beschaulichkeit auf einem Landsitz in Sussex lebenden Holmes Gesundheit und Wohlergehen.

20. Jahrhundert

... der intellektuelle Genuß kommt zustande bei der Denkaufgabe, die der Kriminalroman dem Detektiv und dem Leser stellt.

Bertolt Brecht

Am Beginn des 20. Jahrhunderts übte der Kriminalroman bereits eine solche Faszination aus, daß Bertolt Brecht (weil er eine solche »intellektuelle Vergnügung« bereitet) einen Essay über ihn verfaßte. Dieser Krimi kam tatsächlich »den Bedürfnissen der Menschen eines wissenschaftlichen Zeitalters« entgegen, da er sie geradezu herausforderte zu beobachten, Schlüsse zu ziehen, zu Entschlüssen und Entscheidungen zu gelangen. Überdies war dieser befriedigende Denkprozeß verbunden mit Spannung und Abenteuern, die über das tägliche Einerlei hinausführten. So finden wir – für Unterhaltungsliteratur nicht verwunderlich – in der Masse der Krimis keine kritische Sicht auf die spätbürgerliche Gesellschaft. Nur in den herausragenden Werken der jüngeren realistischen Kriminalschriftsteller spielt sich die spannende Handlung vor dem Hintergrund des harten kapitalistischen Alltags ab. Bis zum ersten Weltkrieg folgte die Entwicklung der Unterhaltungsliteratur noch den literarischen Traditionen des 19. Jahrhunderts; der erste Weltkrieg jedoch brachte einen tiefen Einbruch, viele Heftserien mit »Kriegsabenteuern« wurden offeriert. Aber natürlich zeigen sich in dem Bereich der Kriminalliteratur des 20. Jahrhunderts verschiedene Ausprägungen zu den unterschiedlichen gesellschaftlichen Systemen; auch hier liegen die Unterschiede begründet in der Funktion, die man der Literatur zuweist. Ebenso natürlich ist aber auch, daß die Autoren sozialistischer Länder und bürgerlich progressive Autoren humanistische Traditionen aufgreifen und weiterentwickeln. Die wohl herausragendste Traditionslinie ist der Polizeiroman.

Einen Wandel des Krimis bewirkten die neuen Medien Funk und Film. Sie verdrängten ihn keineswegs. Im Gegenteil: Sie konnten ihm eine breitere Popularität verschaffen, denn gerade der Film baute häufig auf spannende Kriminalromane. Aber die Aussicht auf eine spätere Verfilmung verlockte auch die Autoren, schon bei der Anlage des Romans darauf hinzuarbeiten. Das mußte sich auf die Themenwahl wie auf die Darstellung auswirken.

Da wir den »Mord im Kino« aber hier nicht behandeln können, möchten wir an dieser Stelle nur generell auf die immer enger werdende Verbindung von Krimi, Funk, Film und später auch Fernsehen hinweisen. Wenn nicht besondere Gründe vorliegen, werden wir nicht mehr darauf eingehen.

Der Kriminalroman nach der Jahrhundertwende

... mein Verdacht war erst ein mathematischer Begriff.

Gaston Leroux

Im französischen Literaturbereich folgte Gaston Leroux seinen Vorgängern – angefangen bei Gaboriau. Gleichzeitig knüpfte er aber auch mit seinem ersten und interessantesten Buch bewußt an Poe. »Das Geheimnis des Gelben Zimmers« (Le Mystère de la Chambre Jaune, 1907) baute auf das Motiv vom verschlossenen Raum (closed room). Der junge Detektiv Rouletabille (Rollkugel), ein Reporter, trug Züge des Autors, der selbst Journalist und Korrespondent des »Matin« war.

Leroux verzichtete im Gegensatz zu Gaboriau auf Mitwirkende aus dem Hochadel, aber er behielt die in den frühen Kriminal- und Schauerromanen bewährte Kulisse eines alten abgelegenen Schlosses bei. Zur Nachtzeit erschallten dann auch geisterhafte Stimmen, Geheul des »Gottestieres« – am Tage strich eine profane alte Katze herum. Nicht »geisterhaft« waren jedoch die Verzweiflungsschreie und Hilferufe der Miß Stangerson, einer jungen amerikanischen Wissenschaftlerin, die mit schweren Kopfverletzungen aus dem gelben Zimmer herausgestürzt kam. Dieses Zimmer, von Miß Stangerson als Schlafzimmer genutzt, lag in einem alten Pavillon. Der Täter hatte seine Spuren in dem Raum hinterlassen, aber es gab keine Erklärung dafür, wie und auf welchem Wege er das gelbe Zimmer verlassen hatte. Die Tür war dauernd beobachtet worden, die Fensterläden waren verriegelt, einen geheimen Ausgang gab es nicht. Zur Aufklärung des Verbrechens erhielt die örtliche Polizei Unterstützung aus Paris. So konnte Leroux seinen kleinen Reporter nicht nur einem rätselhaften Kriminalfall, sondern auch dem berühmten Detektiv der Sûreté gegenüberstellen. Nichts Gespenstiges, kein Gerede vom Teufel und übernatürlichen Dingen ließ Rouletabille gelten, er deduzierte und ereiferte sich dabei: »Warum sagen Sie möglich? Es ist so, weil es nicht anders sein kann.« Vor Gericht, nicht vor dem kleinen Kreis der Verdächtigen, gab dann der Reporter die Lösung des geheimnisvollen Verbrechens: Der Mordanschlag auf Miß Stangerson war vor dem Verriegeln des Zimmers erfolgt, und als der Täter wurde der berühmte Pariser Detektiv, ein lange gesuchter Verbrecher, entlarvt. Außerdem konnte noch ein alte Liebes- und Entführungsgeschichte enthüllt werden. Das war bereits eine Zugabe von Hintertreppenromantik, aber die Leser genossen diese Mischung, und der Autor konnte sie am Schluß des Bandes geschickt auf den nächsten Fall »Das Parfüm der Dame in Schwarz« (Le Parfum de la Dame en Noir, 1907) hinweisen. Noch im Jahre 1916 erschienen weitere Kriminalromane um Rouletabille.

In eine andere Richtung zielte Leroux jedoch mit »Das Phantom in der Oper« (Le fantôme de l'Opera, 1910). Ein Gespenst sollte Unglücksfälle und tragische Todesfälle in der Pariser Oper verursacht haben. Grauen lastete über dem Zuschauerraum und der Bühne. Das Irrationale herrschte fast uneingeschränkt, Szenen auf dunklen Friedhöfen mit Knochenhaufen wurden noch zusätzlich eingeblendet. Dennoch fanden sich beherzte Männer, die das Phantom wie einen Verbrecher bis in die tiefen Geschosse und Gewölbe der Oper verfolgten, wo sie es auch stellten und einen Ausgestoßenen entlarvten, der sich an dem »Menschengezücht« rächen wollte, der den Mechanismus der Bühne, der die Unterwelt des Baues mit Türschlössern und Versenkungen kannte. Er war nicht der Täter des tradierten Krimis, der nur auf ein Opfer abzielte. Der Unglückliche wurde auch nicht der Justiz übergeben. Irgendwann, irgendwo starb er in den unterirdischen Gängen, nach Jahren wurde sein Leichnam bei Ausschachtungsarbeiten entdeckt. Mit diesem grausigen Fund setzte der Roman ein, der dem Leser als Tatsachenbericht dargeboten wurde. Das Neue – oder das Alte? – an diesem Roman, in dem der muntere, auf die Logik versessene Rouletabille keinen Platz mehr fand, war die gut dosierte Mischung von Krimi- und Horrorelementen.

Das Schattenhafte, fast Irrationale eines Verbrechers, der nie gefaßt wurde, nie sein wahres Gesicht zeigte, der jeder sein konnte, selbst der Henker, wurde in den Romanen um »Fantômas« immer wieder aufs Neue durchgespielt. Marcel Allain, anfangs zusammen mit Pierre Souvesire, erfand 1909 die Gestalt des »Fantômas«, der in 32 Romanen agieren und so zusammen mit dem klugen Inspekteur Juve

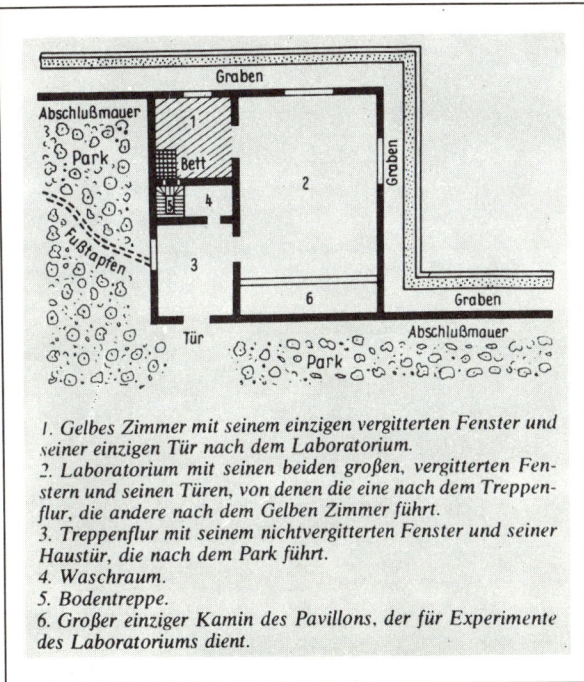

1. Gelbes Zimmer mit seinem einzigen vergitterten Fenster und seiner einzigen Tür nach dem Laboratorium.
2. Laboratorium mit seinen beiden großen, vergitterten Fenstern und seinen Türen, von denen die eine nach dem Treppenflur, die andere nach dem Gelben Zimmer führt.
3. Treppenflur mit seinem nichtvergitterten Fenster und seiner Haustür, die nach dem Park führt.
4. Waschraum.
5. Bodentreppe.
6. Großer einziger Kamin des Pavillons, der für Experimente des Laboratoriums dient.

Eine Tatortskizze im Roman von G. Leroux: Der Grundriß des Pavillons mit dem geheimnisvollen gelben Zimmer – jetzt bereits für den Leser in den Text gerückt.

Kinder vor Gericht: »So wat trau ick mir ja nich laut zu saren«.

Tragikomische Momente im Bereich des Verbrechens konnte nur ein Künstler entdecken und darstellen, der mit einer kritischen Grundhaltung auch den Humor vereinte. Bei dem Berliner Künstler Heinrich Zille war das der Fall.

»Sie Zeitungsonkel, is noch keen neier Mord?«

Die Berliner Stadtvogtei am Molkenmarkt wirkt mit dem den Gebäuden gegenüberliegenden Spreekahn und den Bäumen fast idyllisch.

Die Kriminalpolizisten sind mit ihrer »Melone« deutlich erkennbar.

Aus dem Polizeibericht: »Die Prostituierte hing schon mehrere Tage. Ursache unbekannt.« Diesen Text kommentierte die armselig triste Umgebung.

Künstler, die sich mit dem Thema Crimen beschäftigten, sahen, wie hier im Holzschnitt von Felix Valloton und in der Federzeichnung René Beehs, nicht so sehr das Unheimliche wie das Unmenschliche und Brutale.

zum Serienhelden werden konnte. Verfolgen, Verkleiden, Entkommen – das brachte turbulentes Handlungsgeschehen. Das reizte zur Verfilmung, aber trotz immer neuer Spannungselemente, trotz eines wohligen Schauders, mußte der Leser letztlich auf die Lösung des Rätsels verzichten.

Freilich gab es gerade auch in der englischen Literatur eine feste Traditionslinie für Schauerkrimis. In den Romanen und Geschichten Conan Doyles schlug sie immer wieder durch. Ein Zeitgenosse, Richard Marsh, hatte sich vor allem darin versucht, Dämonie und Crimen zu verbinden. In »Der Isiskäfer« (The Beetle, 1897) mußte die Mordkommission aufgeben, ein schwer zu erklärender Todesfall wurde als »Tod durch Erschöpfung« deklariert, und der Roman klang mit dem bekannten Shakespeare-Zitat aus, daß »es mehr Dinge zwischen Himmel und Erde gibt, als unsere Schulweisheit sich träumen läßt«.

Beigemengt war eine Spur von Horror auch dem Roman »Jack the Ripper oder der Untermieter« (The Lodger, 1913) von Marie Belloc Lowndes, der ursprünglich als Kurzgeschichte angelegt war. Das Sujet bildeten die grausamen Morde des unbekannt gebliebenen »Rippers«. Marie Lowndes blendete in das spätviktorianische London zurück und offerierte eine Lösung der rätselhaften Vorgänge. Ein freundlicher älterer Mann mietete sich bei dem mittellosen Ehepaar Bunting ein; er war großzügig mit Geld, er saß stundenlang im Wohnzimmer über der Bibel – aber dennoch flößte er Mrs. Bunting Furcht ein. Zu mitternächtlicher Stunde unternahm er Spaziergänge und das gerade in den Nächten, da der »Ripper« wieder zuschlug.

Bei einem Besuch des Wachsfigurenkabinetts der Madame Tussaud, den Mrs. Bunting in Begleitung ihres Untermieters machte, erfuhren sie zufällig, daß die Polizei dem Frauenmörder auf der Spur war und daß es sich um einen entsprungenen Irren handele. Der Untermieter entfloh und wurde nie gefunden. Mrs. Bunting und der Leser wußten, daß er Jack the Ripper gewesen war. Dieses Wissen stützte sich nur auf Ahnungen und Vermutungen, aber Marie Lowndes verstand es, die Atmosphäre einzufangen. Das bestätigte ihr auch Ernest Hemmingway: »... großartige Bücher, die Charaktere glaubhaft und die Handlung und der Terror nie unecht«.

Eine ebenfalls eigenwillige Lösung, die aus dem Detektiv – und das noch zu Lebzeiten von Sherlock Holmes – wieder einen gewöhnlichen Sterblichen machte, der sich nicht nur einmal, sondern gleich zweimal irrte, fand Edmund C. Bentley in »Trents letzter Fall« (Trent's Last Case, 1913). Philipp Trent, ein Maler, war bereit, im Auftrage einer Londoner Zeitung den Mord an einem amerikanischen Finanzmann zu untersuchen. Der Mord fand an dem bewährten Tatort »altes englisches Schloß« statt, und der Kreis der Verdächtigen war klein. Trent glaubte, genug Indizien gegen einen der Sekretäre zusammengetragen zu haben. Doch dann wurde ihm eine andere Lösung zugespielt: Der Finanzmann hatte Selbstmord begangen und den Mord vorgetäuscht, um seinen Sekretär, auf den er eifersüchtig war, zu belasten. Als all dies akzeptiert war, erfuhr er, daß ein Verwandter in Notwehr den hartgesottenen Finanzier getötet und die Tat verschleiert hatte. Aus der Reaktion des zweimal geschlagenen Amateurdetektivs ergab sich auch der Titel, da Trent in Zukunft keine weiteren Fälle übernehmen wollte. Das hielt den Autor freilich nicht ab, ihn in neuen Romanen wieder auf die Spurensuche zu schicken.

In den USA hatte Anna K. Green den Detektivroman begründet, inspiriert freilich nicht durch Poes Dupin-Geschichten, sondern durch Gaboriaus Romane. Ihr schloß sich Mary Roberts Rinehart an. Um einen Schuldenberg abzutragen, entschloß sie sich, Detektivromane zu schreiben. Erwartungen und Bedürfnisse eines breiteren Leserkreises waren vorhanden. Gleich ihr erster Kriminalroman »Die Wendeltreppe« (The Circular Staircase, 1908) sollte ihr größter Erfolg werden. Ähnlich wie ihre Vorgängerin führte Mary R. Rinehart auch weibliche Detektive ein: Miß Letitia Carberry und die Krankenschwester Miß Hilda Adams, genannt Miß Pinkerton. Als Amateurdetektive konnten sie selbstverständlich nie offiziell mit der Aufklärung von Verbrechen betraut, nie offiziell zum Tatort beordert werden. Sie hatten eben bereits anwesend zu sein, wenn die verruchte Tat geschah. Sie hatten unausweichlich in Konflikte und Verwicklungen zu geraten. Wenn sie sich nun schon eingefunden hatten, um ein mögliches Opfer zu beschützen oder irgendwelches Unheil abzuwenden, so mußten sie im entscheidenden Augenblick doch versagen, denn sonst hätte der geplante Mord nicht stattfinden können, und der Kriminalroman wäre ungeschrieben geblieben. Ausgesprochen töricht benahmen sich die jungen Mädchen, fern jeden literarischen Heldentums ließen sie sich von dem Verbrecher betören, liefen in jede Falle, aber blieben trotz Bedrohnis, Angst und Not am Leben, um sich am Schluß des Romans von ihrem Geliebten retten und heiraten zu lassen. Sie zeigten damit eine gewisse Seelenverwandtschaft mit den Heldinnen des alten Schauerromans. Für die in den USA lebende Autorin bedeutete der erste Weltkrieg keinen Einschnitt, sie veröffentlichte, längst frei von allen Schulden, weitere Bestseller-Krimis.

Der Gentleman-Verbrecher

»Und außerdem«, rief Arsene Lupin, »hatte ich einen unglaublichen Trumpf in den Händen, eine von mir von Anfang an bearbeitete Karte: alle erwarteten meine Flucht!«

Maurice Leblanc

Entgegen dem Ratschlag seines Schwagers Conan Doyle »You must not make a criminal a hero«, kreierte Ernest William Hornung die Gestalt des A. J. Raffles. Eigentlich wies bereits sein Name Raffles als Gauner aus. Er wurde von 1899 an der Held zahlreicher Geschichten und des Romanes »Raffles als Richter« (Mr. Justice Raffles, 1909). Als solcher übte er, wie in den vorhergehenden Erzählungen, Gerechtigkeit auf seine Weise, vom Standpunkt »des kleinen Mannes« aus. Er schröpfte Wucherer und Betrüger, die die Polizei nicht fassen konnte. Damit wäre er ein später Nachkomme des edlen Räubers, aber anders als dieser gehabte sich der elegant gekleidete, vornehmen Clubs angehörende Raffles oft als Snob und drückte eine »Fin de siècle«-Stimmung aus: »In unserer langweiligen Zeit ist das die einzig romantische und aufregende Laufbahn, die einem noch offensteht…« Es wurde gestohlen um des – er-

Einbandentwurf zu E. W. Hornungs »Raffles als Richter«.

regenden – Stehlens willen, das mutet wie eine Übertragung des in Kunst und Literatur manifesten l'art pour l'art-Prinzips an.

Außerdem wurde in diesen Geschichten die bürgerliche Sekurität, für manche schon mit Langerweile und Spießigkeit einhergehend, auf amüsante Weise und letztlich nur zum Spiel in Frage gestellt.

In der französischen Kriminalliteratur zeichnete Maurice Leblanc die Raffles-Gestalt nach, gab ihr noch etwas Pariser Charme und schuf 1908 den Schwindler und Spitzbuben als Kavalier: Arsène Lupin. Er stahl nicht nur, um den Reichen zu nehmen, sondern auch, um die Polizei zu foppen und zu blamieren. Durch geschickte Verkleidungen gelang es ihm sogar, für mehrere Jahre Chef der Sûreté zu werden und sich als solcher um die Aufklärung der Missetaten des Arsène Lupin sorgsam zu kümmern. Hier wurden offensichtlich Reminiszenzen an die historische Gestalt des ersten Sûreté-Chefs, Vidocq, verarbeitet, fast parodiert. Wenn Leblanc seinen Helden aus fest gesicherten Gebäuden Diebsbeute entwenden, ihn immer wieder seinen Verfolgern entkommen ließ, brachte er auch ein wenig Psychologie ins Spiel. Freilich wirken die Verkleidungs- und Trickszenen, die Flucht über Falltüren auf uns heute etwas naiv und altväterlich. Aber es geschah immer etwas: Einmal brach jemand ein, dann wieder brach jemand aus, und beim Verhör wurde dem Untersuchungsrichter die Uhr entwendet.

»The Lone Wolf« (1914) des Amerikaners Louis J. Vance zielte auch in diese Richtung. Aber dieser »einsame Wolf« war kein Gentleman, er war ein Ganove, der sich schließlich auf die Seite von »law and order« schlug und zum Helden einer Romanserie wurde. Waren einzelne Episoden, vor allem die Verfolgungsjagden, auch aufregend, überzeugend waren sie nicht. »The Lone Wolf« trabte etwas müde hinter Raffles und Lupin her.

Bei dem brüchiger werdenden Gefühl der Sicherheit drängte am Vorabend des ersten Weltkrieges der Spionageroman nach vorn. Zweifellos bestehen zwischen dem Kriminal- und dem Spionageroman gewisse Übereinstimmungen. In beiden werden Verbrechen verübt, aufgedeckt oder verhindert; aber das Aktionsfeld des Spionageromans ist trotz der oft wechselnden Schauplätze eingegrenzter. Die Motivation der Verbrechen ist vorgegeben, sie braucht nicht aufgedeckt zu werden: Der Verbrecher handelt im Auftrag einer bestimmten, fremden Macht, damit ist er kein Individualtäter mehr, sondern trägt bestimmte Charakteristika. Es ist auch nicht mehr allein die Erbtante bedroht, sondern das Leben von Nationen steht auf dem Spiel.

Da außerdem der Spionageroman die historische Wirklichkeit mehr abkonterfeien will als der Kriminalroman, obwohl er oft nur ein Zerrbild entwirft, werden lokale Details, bekannte Straßenzüge, Plätze, Hotels möglichst genau nachgezeichnet.

Wohl der erste Roman dieser neuen Gattung war Erskine Childers »The Riddle of the Sands«, bereits 1903 auf einen Konflikt zwischen England und dem wilhelminischen Deutschland hinweisend.

Selbstverständlich gab und gibt es literarische Zwitter, zwischen Spionage- und Kriminalroman stehend. Dazu gehören Romane wie die von William Le Queux, einem Londoner Zeitungskorrespondenten.

In Nachbarschaft zum Kriminalroman entwickelte sich auch die Western-Story, kurz: Der Western. Owen Wisters »The Virginian« (1902) war bereits zur Zeit seines Erscheinens ein historischer Roman, ein Rückblick auf die Eroberung und Erschließung der späteren Weststaaten. Mit Überfällen in Bergschluchten, Niederbrennen von Farmen, Schurkereien, Verfolgungsjagden über die Prärien stand diese Literatur dem Abenteuerroman nahe. Auf der Spur der Übeltäter befand sich der Sheriff, er vertrat das Gesetz – mit umgeschnalltem Colt und dem Sheriffstern auf der Brust, gestiefelt und gespornt – sein Intellekt war weniger gefragt.

G. K. Chesterton – Praxis und Theorie

Eine eingefleischte, volkstümliche Literatur aus den romantischen Möglichkeiten der modernen Stadt mußte aufkommen. Sie ist mit den populären Kriminalromanen entstanden...

Gilbert Keith Chesterton

Die wachsende Beliebheit der Kriminalliteratur rief auch Gegner auf den Plan. Die heftigste Attacke ritt Dr. Ernst Schultze, als er in »Die Schundliteratur« (1909) die deutschen Groschenhefte mit Titeln wie »Die Kinderschlächter von Berlin« oder »Das Skelett im Piano« für krankhafte Überreizungen, für die Anstiftung zu Verbrechen, für den Sittenverfall verantwortlich machte. Sein besonderer Groll richtete sich dabei auf die deutsche Meisterdetektivin »Wanda von Brannburg«, ein hochbusiges, scharfäugiges Geschöpf. Letztlich war der Eifer des Doktor Schultze berechtigt, denn hier keimte bereits das, was Jahrzehnte später als »Sex and Crime« aufging.

Genau besehen galt die Fehde also nicht der Kriminalliteratur, denn Poe und Doyle wurden lobend herausgestellt, sondern dem Schund und den Auswüchsen der Kommerzialisierung. Andere Stimmen dagegen kündigten das baldige Absterben der Kriminal- und besonders der Detektivliteratur an. Auf diese Prophezeiungen folgte jedoch das Goldene Zeitalter (Golden Ages) des Detektivromans.

Gegen die Abwertung und Verkennung der Kriminalliteratur wandten sich sozusagen in eigner Sache streitbare Kriminalschriftsteller. Da war vor allem Gilbert Keith Chesterton, der sich mit dem Glaubenseifer seines Pater Brown für die Detektivgeschichte einsetzte. In seinem Essay »Die Verteidigung der Detektivgeschichte« (The Defence of the Detective Story) von 1901 stellte er sie als »früheste und einzige Form der volkstümlichen Literatur« heraus. Im Gegensatz zu den noch längst nicht vergessenen Vertretern des Schauerromans sah er in der Großstadt einen Schauplatz für Abenteuer. Verstrickt in diese Abenteuer und Rätsel wandelte bei ihm der Detektiv durch London, wenn »die Augen der Großstadt wie die einer Katze im Dunkeln zu leuchten beginnen«. Eine Literatur, die es verstand, diese Atmosphäre einzufangen, galt ihm viel. Dabei vermied er den Blick auf die sich zuspitzenden sozialen Unterschiede und die sich daraus ergebende Brutalität. Neben der Poesie war für Chesterton aber auch das Ethische von Bedeutung – und beides fand er in der Detektivgeschichte. So waren die Detektive »Agenten sozialer Gerechtigkeit«, und die Arbeit der Polizei glich einem »erfolgreichen fahrenden Rittertum«. Das Verbrechen dagegen war etwas, das die Weltordnung störte, chaotischen Charakter trug; die Verbrecher waren die Kinder des Chaos. Diese Störungen zu beseitigen, schuf Chesterton seine eigne und eigenwillige Detektivgestalt: Keinen fahrenden Ritter, sondern einen bescheidenen, menschenfreundlichen Pater, Pater Brown. Das Urbild des Pater Brown war Father John O'Connor, der in einem armen Londoner Stadtviertel gewirkt und auch manchem Unglücklichen und Verbrecher die Beichte abgenommen hatte.

1911 erschien der erste Band der Geschichten um Pater Brown »Die Unschuld des Pater Brown« (The Innocence of Father Brown), weitere vier Bände folgten, insgesamt schrieb Chesterton 50 Pater-Brown-Geschichten. Wie Doyle bevorzugte auch er die Kurzgeschichte, die Geschichte um den »Fall« und seine Lösung. Wenn der Pater vorgestellt wurde, den dunklen Hut wie einen Heiligenschein über dem runden Gesicht, möchte der Leser wohl an seine Menschenliebe und Herzenseinfalt, aber nicht an seine Verstandeskräfte glauben. Doch Pater Brown konnte genau so scharfsinnig schlußfolgern wie sein »Amtsbruder« Sherlock Holmes, zu dem er vormals ein literarisches Gegenstück werden sollte.

Als Pater Brown beim Abschluß eines Falles gefragt wurde, wie er denn den Mörder unter seiner raffinierten Verkleidung entdecken konnte, »... Was ich nicht verstehe, ist, wie Sie überhaupt argwöhnisch geworden sind. Warum um alles in der Welt kamen Sie auf diesen so untadelig schwarzberockten Gentleman?«, legte er schlüssig dar: »Was mir nun als erstes auffiel, war, daß dieser verehrungswürdige Kirchenmann die ganze Sache unglaublich durcheinander warf. Kein anglikanischer Pfarrer könnte je so schiefliegen mit seiner Behandlung anglikanischer Probleme. Erst mußte man annehmen, man hätte es mit einem konservativen Mann der Hochkirche zu tun; und dann brüstete er sich damit, Puritaner zu sein. Ein Mann dieses Schlages mochte ja persönlich recht puritanisch fühlen; aber puritanisch nennen würde er das dennoch niemals. ... Er sprach wie ein Puritaner über den Sabbath; und dann hatte er ein Kruzifix in seinem Zimmer. Ganz offensichtlich hatte er also keine Ahnung, wie ein sehr frommer Pfarrer sein mußte, außer daß er sehr weihevoll und verehrungswert auftritt und das Haupt wendet vor den Vergnügungen der Welt.

Die ganze Zeit hockte mir ein Gedanke im Unterbewußtsein; irgend etwas, das ich nicht in meiner Erinnerung festzusetzen vermochte; und dann, plötzlich kam es mir dann doch in den Sinn. Das hier ist ein Bühnenpfarrer.«

Bei der Aufdeckung dieses Verbrechens hatte der Pater Brown zugestanden professionelle Vorteile. Aber auch in ganz anders gearteten Fällen zeigte er – nach dem Willen seines Autors – die Fähigkeit, genau zu beobachten und zu schlußfolgern. Auch der Leser könnte dem folgenden Gespräch interessante Indizien entnehmen:

»›Wir haben leider eine traurige Nachricht zu überbringen. Der Admiral ist gestern, bevor er sein Haus erreichte, ertrunken...‹ ›Wann ist es geschehen?‹ fragte der Priester. ›Wo hat man ihn gefunden?‹ fragte der Anwalt.«

Der Admiral war, wie es sich herausstellte, nahe einem Tümpel ermordet und dann in den grünen Schlamm geworfen worden. Vor den betroffenen Zuhörern, auch vor dem überraschten Inspektor, konnte dann der Pater den Verbrecher entlarven. Auf den Einwurf des Inspektors: »Ich verstehe noch gar nichts. Wie kommen Sie überhaupt auf den Anwalt? Was hat Sie auf diese Spur gebracht?«, konnte der Geistliche erwidern: »›Der Mörder beging gleich am Anfang einen Fehler, und ich verstehe nicht, wieso ihn niemand bemerkt hat. An jenem Vormittag wußte in der Anwaltskanzlei angeblich noch niemand von dem Tode des Admirals, sondern alle Anwesenden mußten der Meinung sein, daß er in Kürze nach Hause zurückkehren würde. Da brachten Sie die Nachricht, daß er ertrunken sei. Ich fragte, wann dies geschehen sei, und Mr. Dyke erkundigte sich, wo man die Leiche gefunden hätte.‹

Pater Brown klopfte versonnen seine Pfeife aus und fuhr fort: ›Nun, wenn man Ihnen erzählt, daß ein Seemann, der von einer Seereise zurückerwartet wird, ertrunken sei, werden Sie natürlicherweise annehmen, daß er irgendwo im Meer ertrunken ist. Schlimmstenfalls, daß man ihn im Meer ertränkt hat. Er kann über Bord gegangen oder mit seinem Schiff untergegangen sein, oder man kann seine Leiche in die Tiefe des Meeres versenkt haben. In keinem dieser Fälle kann man annehmen, daß die Leiche gefunden worden sei. Im Augenblick, da Dyke diese Frage stellte, war ich sicher, daß er wisse, wo die Leiche gefunden worden war. Und zwar, weil er sie selbst dorthin gebracht hatte. Nur der Mörder konnte auf den unwahrscheinlichen Gedanken verfallen, daß ein Seemann in einem Tümpel, der ein paar hundert

Gilbert Keith Chesterton.

Einbandentwurf zu Chestertons »Das unlösbare Problem«.

Meter vom Meer entfernt ist, ertrunken sein könnte.‹«

Die Ratio war also keineswegs ausgeschaltet, aber Chesterton mühte sich, aus seinen Gestalten keine Schachfiguren zu machen. So hatte Pater Brown zu beteuern: »Mein lieber Freund, es gibt keine ›guten‹ oder ›schlechten‹ sozialen Typen oder Berufe.« In eindeutigem Eifer wandte sich der Pater jedoch gegen den Aberglauben – sowohl als ein Mann der Kirche als auch einer, der stets an die Vernunft des Menschen appellierte. Da dieser Aberglauben – nach Meinung des Autors – jedoch vor allem noch auf dem Lande anzutreffen war, mußte der Pater häufig entlegene Dörfer und verfallene Landsitze aufsuchen, um dort Familienflüche und den Glauben an dämonische Mächte mit Hilfe der Ratio zu bekämpfen. Freilich tat Chesterton dabei des öfteren einen Griff in die Requisitenkiste der Schauerromane, wenn er zum Beispiel den Mörder beim dumpfen Schlagen einer Uhr über Geheimtreppen schleichen ließ.

Dort, wo Chesterton die Detektivgeschichte nur als Vehikel zum Predigen nutzte, verstieß er gegen die Spielregeln des Genres; er bot – gerade in den späten Geschichten – Unwahrscheinlichkeiten an und geriet in Widersprüche zur logischen Überlegung. Aber, die Regeln der Detektivgeschichte waren noch nicht aufgestellt, und die Leser waren noch nicht aufmerksam genug.

Was die Kriminal- und speziell auch die Detektivgeschichten am Anfang des 20. Jahrhunderts von den hergebrachten unterschied, war der Umstand, daß die Autoren wissenschaftliche Werke, vor allem die der forensischen Medizin verarbeiteten. In erster Linie wurde Hans Groß' »Handbuch für Untersuchungsrichter« (1893) genutzt, denn Groß ergänzte

Der sogenannte Badewannenmörder J. G. Smith wurde durch die Mithilfe von Wissenschaftlern überführt. Das Photo zeigt ihn mit einem seiner Opfer.

seine Ausführungen mit gut erzählten Beispielen aus der Kriminalgeschichte. So konnten die Autoren ihre Verbrecher mit raffinierten technischen Tricks und seltenen Giften operieren lassen und gleichzeitig ihren Detektiv mit den neuesten wissenschaftlichen Methoden ausrüsten, um die versierten Gegner dennoch überführen zu können. So erschien der Wissenschaftler als Detektiv. Richard Austin Freeman führte in »Der rote Daumenabdruck« (The red Thumb Mark, 1907) Doktor Thorndyke ein, einen Gerichtsmediziner, also durchaus kompetent für die Untersuchung von Verbrechen, vor allem von Morden. Freeman war selbst auch Mediziner von Hause aus, es gelang ihm daher, die Arbeit seines Detektivs mit Sachkenntnis zu beschreiben. Den Leser dagegen konnte nicht alles, was da im Laboratorium geschah und festgestellt wurde, übermäßig aufregen. Da aber Freeman, ebenso im »Singing Bone«, 1912, der auf ein altes Folkloresujet anspielte, mit wissenschaftlicher Gründlichkeit alle Indizien vor dem Leser ausbreitete, konnte dieser mit dem Detektiv um die Wette schlußfolgern und den Triumph seiner Klugheit genießen. Zudem war Freeman der »Erfinder« der »inverted story«, das heißt, er stellte gleich anfangs das Verbrechen und den Verbrecher vor; die Spannung ergab sich für den Leser daraus, zu sehen, wie der Detektiv mit seinen Ermittlungen vorankam und schließlich den Täter fassen konnte.

Es machten aber auch sensationelle Fälle, die im Old Bailey verhandelt wurden, den Wissenschaftler als »Detektiv« populär. Das mußte sich wieder auf die Literatur auswirken. 1910 begann der Prozeß gegen den Londoner Arzt Dr. Hawley H. Crippen, der seine Frau vergiftet, im Keller des Hauses von Hilldrop Crescent 39 vergraben hatte und mit seiner jungen Geliebten außer Landes geflüchtet war. Auf dem Überseedampfer »Montrose« glaubte er sich bereits in Sicherheit, doch mit Hilfe der drahtlosen Telegraphie, die gerade erst eingeführt worden war, konnte er ermittelt und bei der Ankunft des Schiffes vor Quebec festgenommen werden. Die Identifizierung der Leiche, der Nachweis der Ermordung jedoch waren die Aufgabe des Pathologen Bernard Spilsbury. In den Gerichtsreportagen, bei der Umsetzung des Falles in eine Pitavalgeschichte, weniger bei der Verfilmung, rückte der Wissenschaftler neben den Yard-Detektiv auf einen gleichrangigen Platz.

In den Jahren von 1911 bis 1914 ertränkte G.J. Smith, in der Presse als »Badewannenmörder« bezeichnet, vier Frauen. Alle vier waren ihm angetraut worden, aber nach kurzer Zeit entledigte er sich ihrer, um sie zu beerben und die abgeschlossene Lebensversicherung zu kassieren. In der Zusammenarbeit von Polizeibeamten und Wissenschaftlern – wieder war Bernard Spilsbury an der Überführung des Täters beteiligt – wurde Smith gefaßt und verurteilt. Die Aufhellung der Verbrechen begann mit einer Analyse der »verdächtigen Todesfälle« durch die Polizei und endete mit dem Aufdecken der raffinierten Mordmethode in wissenschaftlichen Versuchen.

Die Bevölkerung hatte diese Prozesse mit lebhaftem Interesse, ja mit Spannung verfolgt. Aktuelles Geschehen forderte aktuelle Information. Wenigen nur glückte es, einen Platz bei den Verhandlungen im Old Bailey zu bekommen, die breite Öffentlichkeit ließ sich in den Zeitungen von Gerichtsreportern informieren. Das »Hier und Heute« machte diese Berichte erregender und spannender als einen Roman, der eben nur Erdachtes und nicht Packend-Reales war. Die »wahre Geschichte« konnte dieses Interesse schon immer für sich verbuchen.

Das Goldene Zeitalter

*Sagt doch ehrlich, saßet ihr nicht gleich mir vor Gemütlichkeit
zusammenschauernd in der Bakerstreet beim Holmes,
wo alsbald durch das Unwetter das Rollen einer Droschke hörbar wurde...*
                                                        Kurt Tucholsky

»The Golden Age« – das waren für die Detektivliteratur die zwanziger und dreißiger Jahre – vor allem im englisch-amerikanischen Literaturbereich. Es ist verbunden mit Namen wie A. Berkeley Cox, Dorothy L. Sayers, Agatha Christie, Ronald Knox, Alfred E. W. Mason, Joseph S. Fletcher, Freeman Will Crofts; auch Chesterton und Freeman, die ihre literarischen Detektive weiter agieren ließen, gehörten dazu.

Der Leser wird hier vielleicht einen Namen vermissen: den von Edgar Wallace. Wenngleich der Werbeslogan lautete »Es ist unmöglich, von Edgar Wallace nicht gefesselt zu sein«, so gab es doch einige Stimmen (u. a. E. Bloch), die das Gegenteil behaupteten. Es waren vor allem die Anhänger der »reinen Detektivgeschichte«, die wenig Gefallen an Wallace-Romanen fanden oder sie völlig negierten. Eine Abgrenzung, die nicht mit einer Verurteilung gleichzusetzen ist, ist freilich erforderlich.

Edgar Wallace

*Im Dunkel kroch sie zur Felsspalte, hörte hinter sich ein
Prasseln und Krachen, ein Fallen und Brechen. Die halbe Decke
hatte nachgegeben, Kies und Goldbarren rauschten herab...*
                                                        Edgar Wallace

»Detection«, das Grundelement aller Detektivgeschichten, ist in den Romanen von Wallace zwar nicht sonderlich ausgeprägt, aber immerhin ist das Detektivische nicht ganz ausgeschaltet: Es bestimmt die Geschichten um Mister John G. Reeder, der im Büro der Staatsanwaltschaft tätig war – auf der Nasenspitze einen unmodernen Stahlkneifer balancierend, auf dem Kopfe einen hohen und steifen Hut und am Arm einen zusammengerollten Regenschirm tragend. Diese seriöse, kauzige Gestalt löste die mysteriösesten Fälle mit scharfsinnigen Schlußfolgerungen und mit Intuition. So begann die Folge dieser Detektivgeschichten auch mit »Der sechste Sinn des Mister Reeder« (The Mind of Mr. J. G. Reeder, 1925).

Die Romane jedoch, durch die Wallace bekannt wurde, liegen einer größeren und durchaus differenzierten Leserschicht durch ihre Mischung von Abenteuer- und Liebesroman mit einer Rückbesinnung auf den viktorianischen Familien- und Schauerroman und einer leichten Beigabe von detektivischen Elementen. In einer Zeit, da die Vertreter der reinen, nunmehr klassischen Detektivliteratur eine Liebesgeschichte eliminieren wollten, damit nicht durch die Erweckung irgendwelcher Gefühle der auf ein Spiel der Verstandeskräfte eingestellte Leser abgelenkt würde, bot sich in den Romanen von Wallace um heiratsfähige und bedrängte Heldinnen ein Ausgleich. Das Detektivische wurde fast immer von beamteten Detektiven, möglichst Detektiven des Yard, repräsentiert. (Für den Leser wurden sie zu guten alten Bekannten, zu John, Jim oder Dick.) Damit hatte Wallace praktisch Scotland Yard in den Mittelpunkt der Romane gestellt und wie kaum ein anderer diese britische Institution populär gemacht. Das läßt uns verstehen, daß man die Flaggen in Southhampton auf Halbmast setzte, als die »Berengaria« mit Wallaces Sarg an Bord in den Hafen einlief.

Ein Szenenbild aus »Der Zinker« (mit Hans-Joachim Fuchsberger).

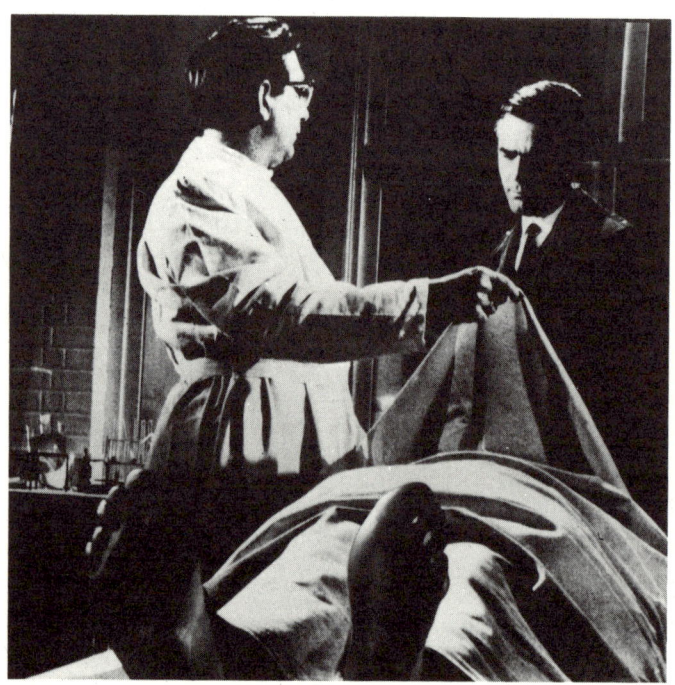

Szenenbild aus »Die toten Augen von London«.

Szenenbild aus »Die Gruft mit dem Rätselschloß«.

Edgar Wallace.

Seine wahre Identität enthüllte der Mann vom Yard jedoch erst am Schluß der Handlung. Er konnte dann auch die in letzter Minute gerettete Unschuld gewinnen, nachdem sie – den Spielregeln des alten Familienromans folgend – zur Erbin eines beachtlichen Vermögens erklärt worden war. Wenn diese Heldin sich recht töricht benahm, so handelte sie nicht als ureigenes Geschöpf des Autors Wallace, sondern zeigte sich als echte Enkelin der Heroinen alter Schauerromane. Aber wo wären Handlung, Spannung und Mitgefühl geblieben, wenn die Heldin brav und vernünftig in ihrer behaglich, gesicherten Wohnung geblieben wäre, das Telephon zur Hand, statt zu mitternächtlicher Stunde auf einen einsamen Friedhof zu eilen! Dies schuf erst die richtige Szene, vor der die Beinahe-Katastrophe abrollen konnte.

Solche melodramatischen Inszenierungen verstand Wallace; er wählte als Mittel dazu alte Schlösser mit geheimen Gängen, Lagerhäuser an der Themse, verdächtige Clubs, verrufene Gasthäuser. »John öffnete die Geheimtür – der Hebel funktionierte wieder – und betrachtete mit einem leisen Schauer die Stätte, die sein Gefängnis gewesen war. Daß der Keller schon früher überflutet sein mußte, hatten ihm die grünlichen Wände erzählt, außerdem erfuhr er durch einen seiner Beamten, daß während einer starken Flut vor vier Jahren der Keller bis hin zur Decke vollgelaufen war. Eine genaue Untersuchung der Wände ließ sie auch den Schacht entdecken, durch den er Zugluft gefühlt hatte. Der Luftschacht lag oberhalb des Bettes, in dem seiner Meinung nach Anna geschlafen hatte, bevor man sie in Eile weckte und an einen sicheren Ort brachte.«

Um die Agierenden so in gefahrvolle Situationen und verrufene Lokale zu bringen, konstruierte der Autor recht verwirrende und wenig glaubwürdige Handlungsabläufe. An vielen Stellen zeigten sich auch Unstimmigkeiten oder Widersprüche. Wallace schrieb seine Romane schnell hintereinander herunter, unbekümmert auch um den sprachlichen Ausdruck. Er hatte keinerlei literarische Ambitionen, er wollte nur möglichst viel Geld verdienen, um sich einen extravaganten Lebensstil leisten zu können.

Klaus Kinsky in dem Wallace-Film »Der Zinker«.

Wir wollen Wallace nicht als »Phänomen« bezeichnen – er war derjenige, der den »Krimi« am geschicktesten zu vermarkten verstand. Er bot den »Krimi von der Stange« an und verzichtete dabei auf persönliche Elemente im Stil, wie sie zum Beispiel die Romane der Sayers und Christie auszeichnen. Kritiker merkten vor allem an, daß Wallace viele Motive einfach wieder fallen ließ, daß Fragen unbeantwortet blieben, daß Gestalten in die Handlung eingeführt, dann aber offensichtlich vom Autor vergessen wurden – der Leser hörte nichts mehr von ihnen. Aber den weniger kritischen Leser störte das nicht. Er spürte keine Lücke, denn immerzu geschah etwas. Nicht die logische und spannende Komposition – Action zeichnete die Wallace-Romane aus. Das war genau das, was der in den zwanziger Jahren aufkommende Film brauchte. Die Detektivgeschichte war auf Deduktionen aufgebaut, auf Überlegungen, auf Verhören, auf Analysen von Zeugenvernehmungen, auf Berichten und Befunden und ließ sich wesentlich schlechter auf die Leinwand übertragen. Vor allem in der Zeit des Stummfilms gewannen die Handlungsfolgen aneinanderreihenden Filme die Oberhand: also Filme nach Wallace-Romanen. Das schließt nicht aus, daß es auch in späteren Jahren aufs Neue Wallace-Verfilmungen gab. »Action« blieb gefragt – beim Film wie dann auch beim Fernsehen.

Der Kriminalroman »Die vier Gerechten« (The Four Just Men, 1905) brachte Wallace noch keinen Durchbruch, sondern wegen verfehlter, überzogener Werbung ein finanzielles Fiasko. Das mag nicht zuletzt daran gelegen haben, daß es zu dieser Zeit noch keine Filmindustrie gab, die dieses Sujet aufgegriffen und zu Geld gemacht hätte. Wallace, »King Edgar«, wurde groß mit dem Film, der ihn auch immer wieder zu neuen Romanen inspirierte, deren Titel bereits Geheimnisse versprachen: Der Hexer; Der schwarze Abt; Im Banne des Unheimlichen; Der Engel des Schreckens. So ist es charakteristisch, daß Wallace in Hollywood starb – bei der Verfilmung eines seiner Romane.

Die beiden Ladies Christie und Sayers

Ich habe es nicht nötig mich zu bücken, um Fußabdrücke zu messen oder Zigarettenstummel aufzulesen oder niedergetretenes Gras zu studieren. Ich brauche mich nur in meinen Sessel zurückzulehnen und nachzudenken.

Agatha Christie

Freeman und Chesterton schrieben noch in den zwanziger Jahren. Nach 1920 aber bildete sich eine neue Gruppe von Schriftstellern heraus, die im Detektivroman vor allem ein Rätselspiel zwischen dem Autor, seinem Detektiv und dem Leser sah. Es bestanden zwar durchaus Unterschiede in der Anlage und im Stil – zum Beispiel schrieb Crofts nüchtern-trocken, Mrs. Christie mit verstecktem Humor, Mrs. Sayers mit ausgesprochen literarischen Ambitionen –, aber die Übereinstimmungen waren doch so groß, daß diese Autoren sich 1932 im Londoner »Detection Club« zusammenfanden. Die Clubmitglieder gaben sich auch Regeln, beschworen sie bei »Erik«, dem Totenschädel, aber grabesernst nahmen sie sie nicht, sondern sündigten so manches Mal. Es gab Romane, die diese Sünden offenbar machten; so »Das Geheimnis des roten Hauses« (The Red House Mystery, 1922) von Alan A. Milne. Eigentlich Mitarbeiter des »Punch« und Verfasser von Kinderbüchern, wollte Milne sich einmal im Detektivroman versuchen. Bewußt knüpfte er bei Doyle an, gab seinem Detektiv einen Watson bei und verwandte auch Sherlockismen »›Was ist der sicherste Platz, um etwas zu verstecken?‹ ›Dort, wo es niemand sieht.‹ ›Es gibt noch einen besseren Platz.‹ ›Welchen?‹ ›Dort, wo man schon gesucht hat.‹« Der Autor ließ am Schluß Gesetz und Vernunft triumphieren. In der Handlung selbst jedoch steckte allerlei Unwahrscheinliches. Es war letztlich nicht glaubhaft, daß der Coroner sich mit einer ungenügenden Identifizierung eines Ermordeten begnügen würde. 22 Jahre später wies Raymond Chandler in seinem Essay »The simple Art of

Agatha Christie.

Murder« (Mord ist keine Kunst) in 7 Punkten weitere Unstimmigkeiten nach. Dennoch mußte er zugestehen, daß Milne durch seinen Erzählstil die brüchigen Stellen zugedeckt hatte, zumindest für den Leser, der in den traditionellen Krimimustern dachte.

Unwahrscheinlichkeiten und überstrapazierte Motive, gegen die sich Jahre später die Regeln des Detection Clubs richteten, waren auch in den Romanen Alfred E. W. Masons zu finden: das unbekannte indianische Pfeilgift, der unterirdische Gang (sogar ohne ein dazugehöriges Schloß) und die geheime Verbrecherbande. Dafür wurde dem Yard-Detektiv ein Inspektor von der Sûreté beigesellt, Monsieur Hanaud.

Freeman W. Crofts war Eisenbahningenieur; während einer längeren Krankheit schrieb er seinen ersten Detektivroman »The Cask« (1920). Da das Buch ein Erfolg wurde, blieb Crofts bei der Schriftstellerei. Seine früheren beruflichen Erfahrungen verwendete er jedoch, um mit Hilfe von Eisenbahnfahrplänen, in genauer Kenntnis der Welt der Personen-, Güter- und Schnellzüge und der Technik raffinierte Alibis auszuklügeln und zum Schluß durch seinen langsam aber methodisch arbeitenden Inspektor French aufzurollen: Ein Alibi war zum Beispiel darauf gegründet, daß der Mörder insgeheim einen Außenbordmotor montiert und damit die Geschwindigkeit seines Bootes erhöht hatte. In »Death on the Way« konnte der Leser einen jungen Ingenieur einen Tag lang begleiten: Auf dem Weg zur Arbeitsstelle, auf der Baustelle einer neuen Eisenbahnlinie, im Konstruktionsbüro, auf Kontrollgängen – nur einmal am Abend verlor er den Ingenieur aus den Augen. Es war die Zeit, da dieser einen Kollegen ermordete, der seinen Unterschlagungen auf die Spur gekommen war. Aber der Ingenieur wußte so gut mit der Zeit und den Bauzügen zu operieren, daß auch der Leser nicht die Lücke im Alibi bemerkte. Überdies war der aufstrebende junge Mann sozusagen der Held des Buches, die Begleitperson des Lesers, weshalb er außer Verdacht stand. Zum Schluß gab es noch eine turbulente Verfolgungsjagd durch einen nächtlichen Park; erst jagte der Mörder ein junges Mädchen, das ihn trotz allem erkannt hatte, dann jagte die Polizei ihn.

Daß der Begleiter des Lesers sich als der Mörder herausstellte, der den Leser gleichsam aufforderte, sein Alibi zu bestätigen, wurde später noch einmal und recht spektakulär in Agatha Christies »Alibi« (The Murder of Roger Ackroyd, 1926) aufgegriffen.

Zuerst aber erschien von ihr 1920 »Das fehlende Glied in der Kette« (The Mysterious Affair at Styles, 1920). Als die damalige Mary Clarissa Miller während des ersten Weltkriegs in einer Krankenhausapotheke Dienst tat, kam ihr der Gedanke, einen Detektivroman zu schreiben – in den Traditionen des Sherlock Holmes. Die Atmosphäre der Apotheke inspirierte die junge Autorin zu einem literarischen Giftmord. Auch für ihren Detektiv erhielt sie eine Anregung aus ihrer Umgebung. In einem Lager in der Nähe waren belgische Flüchtlinge untergebracht. Langsam formte sich die Gestalt des Hercule Poirot, des Privat-Detektivs, der sich auf seine »kleinen grauen Zellen« verließ. Allerdings hatte es bereits vorher bei Robert Barr (1850–1912) einen ähnlichen Detektiv, Eugène Valmont, gegeben, intelligent, aber komisch wirkend und ein holpriges Englisch sprechend.

Dem Monsieur Hercule Poirot wurde als getreuer »Watson« Captain Hastings beigegeben, die Autorin trennte sich jedoch bald von ihm, indem sie ihn kurzerhand verheiratete. Poirot jedoch hatte nach dem Willen der nunmehr verehelichten Mrs. Christie in den kommenden Jahren etliche komplizierte Fälle zu lösen. Wollten wir nachrechnen, Monsieur Poirot wäre über 100 Jahre alt geworden, bis es hieß »Vorhang« (Curtain, 1975). Aber wir dürfen bei diesen Detektiven nicht nachrechnen – auch nicht bei Kommissar Maigret –, sie gingen und gehen tatsächlich – um mit Chesterton zu sprechen – wie die »Märchenprinzen« durch Zeit und Raum.

Für den Leser, der sich mit »seinem« Detektiv identifizieren wollte, war es besser, den kraftstrotzenden Heldentyp durch jemanden zu ersetzen, der gern behaglich in einem Sessel saß, der gern Schokolade trank, sich von zu engen Schuhen quälen ließ, einige skurrile Züge an sich hatte und sich dennoch nicht wesentlich vom Durchschnitt unterschied. Das galt für Monsieur Poirot und noch mehr für Miß Marple, die den kleinen Belgier »ablöste«, die stets ihr Strickzeug parat hatte und es für gut befand, in allen Situationen erst einmal eine Tasse Tee zu trinken.

»Das fehlende Glied in der Kette« baute zwar auf einen der wichtigsten Grundsätze des englischen Rechts, daß niemand wegen desselben Verbrechens zum zweiten Male angeklagt werden durfte, doch es waren noch zu viele falsche Spuren ausgelegt, die zum Schluß umständlich geklärt werden mußten.

Zum durchschlagenden Erfolg wurde 1926 »Alibi«. Der Ich-Erzähler, Dr. Sheppard, ein Dorfarzt, der die Rolle des Dr. Watson übernommen hatte, war der Mörder. Er hatte in einer Art von Tagebuch über das Verbrechen berichtet – mit einer feinen Aussparung: »Zehn Minuten vor neun verließ ich ihn, ohne daß er (Ackroyd) den Brief gelesen hatte.«

Einige Seiten weiter fand sich ein anderer Fingerzeig, ganz nebenbei wurde vermerkt: »Ich tat das wenige, was zu tun übrig blieb... Ich zögerte, die Klinke in der Hand und blickte nochmals zurück, um mich zu überzeugen, ob ich nicht etwas vergessen hätte. Kopfschüttelnd ging ich hinaus und schloß die Tür hinter mir.« Mit diesen Worten umschrieb Dr. Sheppard, wie er das Zimmer verließ, in dem Roger Ackroyd einige Stunden später ermordet aufgefunden wurde. Was ausgelassen blieb, war, daß der Arzt seinen Patienten in diesen zehn Minuten ermordet und sein Alibi vorbereitet hatte. Zum Schluß, bei der Enthüllung, stellte es sich heraus, daß das »we-

Einbandentwürfe zu A. Christies »Das fahle Pferd« und »Bertrams Hotel«.

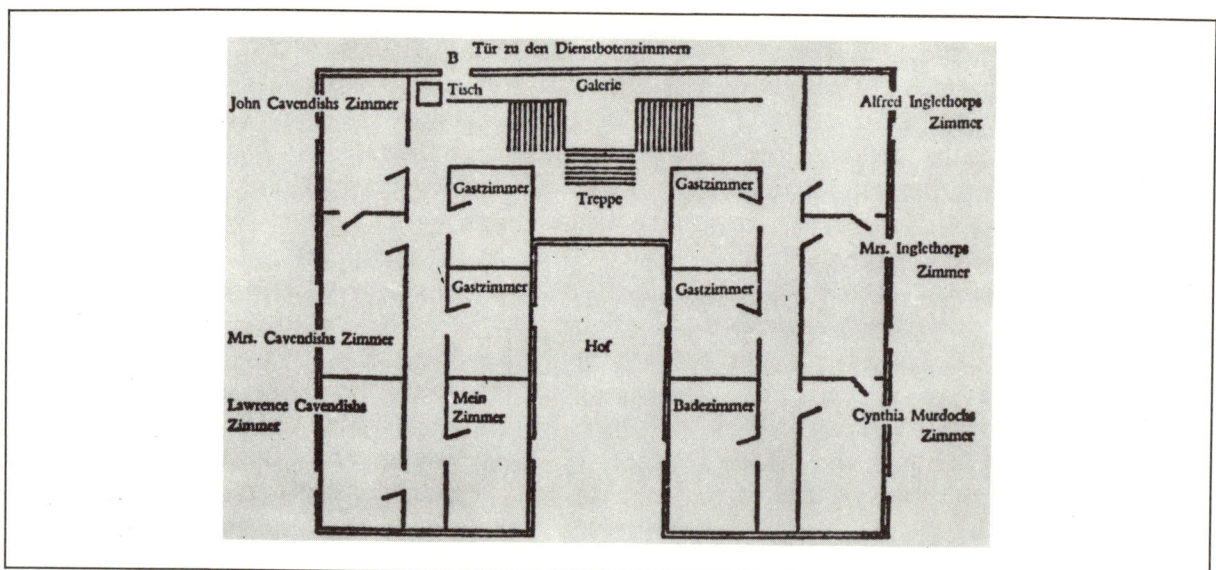

Gleich in ihrem ersten Kriminalroman »Das fehlende Glied in der Kette« fügte sie für den Leser zwei Tatortskizzen bei, um ihn zum Mitkombinieren anzuregen: den Grundriß des Herrenhauses von Styles und den des Mordzimmers.

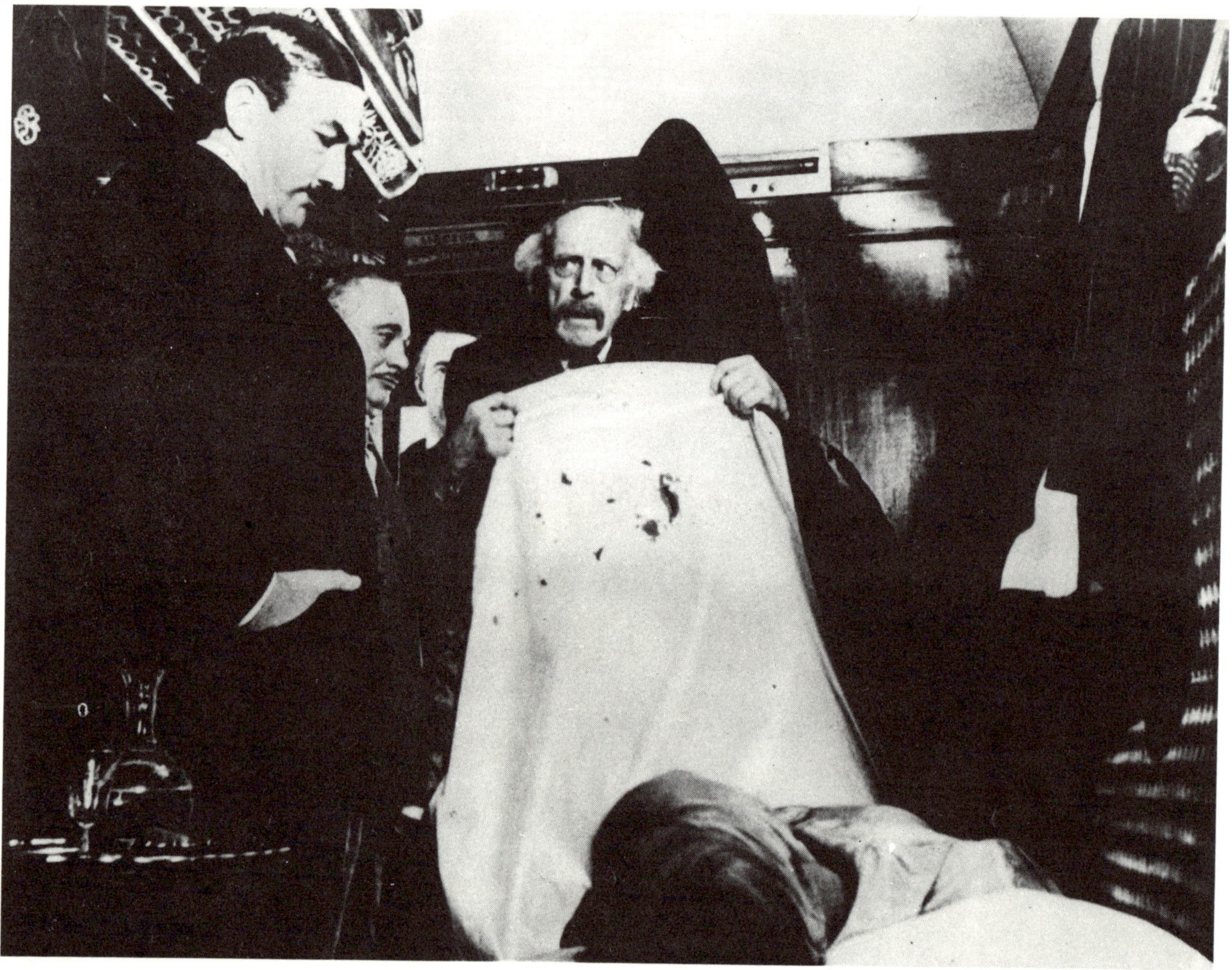

Szenenbild aus der Verfilmung von »Mord im Orientexpreß« mit Albert Finnay als Hercule Poirot.

Szenenbilder aus der Verfilmung von »Zeugin der Anklage« mit Marlene Dietrich in der Titelrolle und Charles Laughton als Strafverteidiger.

Miss Marple. Illustration des Grafikers A. Skorodutow (UdSSR).

nige, was zu tun übrig blieb«, bevor die Untersuchungen begannen, das Verstauen eines Diktaphons im Arztkoffer war. Aber welcher Leser griff diese geschickt eingestreuten Fingerzeige auf? Ein Teil der Leser empörte sich über die »Unfairness« der Autorin, der andere Teil applaudierte – nicht die Autorin hatte etwas verschwiegen, sondern der Leser hatte sich ablenken lassen und etwas überlesen. Auf alle Fälle war Agatha Christie bekannt geworden. Die Anregung zu diesem überraschenden, gegen die Konventionen verstoßenden Aufbau einer Detektivgeschichte erhielt die Autorin, wie sie in ihren Memoiren ausführte, gleich von zwei verschiedenen Seiten. Einmal von ihrem Schwager James: »Ich möchte einmal erleben, daß sich am Ende ein Watson als Mörder erweist«, zum anderen von Lord Mountbatten. Experimentierfreudig zeigte sich Agatha Christie auch in ihren anderen Romanen, dabei variierte sie das Geheimnis des verschlossenen Raumes: Einmal geschah das Verbrechen in einem Flugzeug, ein anderes Mal auf einer von der Außenwelt abgeschlossenen Insel, dann wieder in einem eingeschneiten Zug. Dabei ging es nicht so sehr um technische Finessen, um die Frage, wie gelangte der Täter an den Tatort, sondern um die Frage, wer von den Ein- und Abgeschlossenen war der Täter. Wenn Monsieur Poirot sich bei der Aufklärungsarbeit stets der »kleinen grauen Zellen« rühmte, überließ er zwar das Vermessen von Fußspuren anderen und verzichtete möglichst darauf, nach Zigarettenstummeln und Streichhölzchen auszuspähen, war aber auch keiner der »Armstuhldetektive«.

Wurde er zu einem Fall gerufen, war er schnell mit eigenem Köfferchen und mit einem Vertrauten unterwegs. In einigen Romanen stellte die Autorin dem Hercule Poirot Mrs. Ariadne Oliver zur Seite, eine Kriminalschriftstellerin, die stets irgendwelche Äpfel mit sich führte, die Haare bald schlicht, bald mit getürmten falschen Locken trug, die mit Jagdeifer einen Verdächtigen beschattete, dabei außer Atem geriet und schließlich auf einer Mülltonne niedersank. Kurz – Mrs. Oliver war eine Karikatur von Mrs. Christie. Wie Monsieur Poirot hielt Mrs. Oliver, unabhängig von allen Verdachtsmomenten, Ausschau nach einer Person, der dem Charakter und der Motivierung nach, ein Verbrechen zuzutrauen wäre. Ihr gegenüber sparte Poirot nicht mit Komplimenten: »Chère Madame ... Ich kann Ihnen gar nicht sagen, wie tief ich in Ihrer Schuld stehe. Alle, aber auch alle guten Ideen stammen von Ihnen.«

Wie das Apothekenmilieu die Autorin auf giftmörderische Gedanken brachte, so inspirierten sie – sonderbarerweise – auch Kinderreime und -spiele. Sie bildeten entweder das Leitmotiv einer Detektivgeschichte oder wurden eingeblendet, um den agierenden Personen Denkanstöße zu geben. Am bekanntesten waren wohl die »Zehn kleinen Negerlein« (Ten little Niggers, 1951). Nacheinander wurden neun Menschen getötet, die einen Mord begangen hatten, der nie gesühnt worden war. Der zehnte Teilnehmer dieser makabren Gesellschaft war ein alter Richter, der sich auf der einsamen Insel zum Vollstrecker des von ihm gefällten Urteils gemacht hatte. Mrs. Christie versuchte auch in diesem Punkt elegante Lösungen zu finden. Wie die meisten Verfasser von Detektivgeschichten vermied sie es gern, dem überführten Verbrecher sozusagen selbst den Strick um den Hals zu legen. (Noch in den Pitavalgeschichten und den Newgate-Romanen und dann wieder in den »harten« Krimis beschrieben.) Sie begnügte sich damit, daß Hercule Poirot den Täter überführte und ihn der Polizei übergab. Der Prozeß interessierte bereits nicht mehr. Der Täter konnte auch verunglücken – das Schicksal oder ein selbst den Tod suchendes Familienmitglied konnten hier helfend eingreifen. Es konnte sogar einem charmanten Täter gestattet werden, nach Übersee zu entkommen, Hauptsache war, daß er entfernt wurde, dann war die Welt wieder in Ordnung.

Das hörten vor allem die bürgerlichen Mittelschichten gern – und nicht nur in England, vor allem in Zeiten sich verschärfender Krisen und verstärkter Kriegsgefahr als Ablenkung und Versuch der Bestätigung kleinbürgerlicher Moralvorstellungen. In all diesen Romanen ging es um kunstvoll konstruierte Alibis. Einmal, im »Geheimnis von Sittaford« (The Sittaford Mystery, 1931), unterlief der Autorin dabei ein Lapsus. Der Mörder, ein alter Major verschaffte sich ein Alibi, indem er, statt zu gehen, Schischuh lief. Allerdings hätte er nicht eine englische Landstraße benutzen dürfen, um das von Mrs. Christie gewünschte Tempo zu erreichen, sondern hätte eine steile Alpenpiste hinunterfahren müssen. Der Detektiv, der ein raffiniert aufgebautes Alibi erschüttern konnte, war – jedenfalls geistig – dem Verbrecher überlegen. Er durfte, ja mußte deshalb auch keine athletische Gestalt sein.

Neben Hercule Poirot, auf den dies sicher zutraf, führte Mrs. Christie 1930 Miß Jane Marple ein.

Die Eigentümlichkeiten der liebenswürdigen, aber energischen alten Dame hatte Agatha Christie ihrer Großmutter und ihren Freundinnen abgesehen. Miß

Marple hatte einen reichen Erfahrungsschatz bereit, es gab kein Verbrechen, keine Freveltat in der Welt, die sie nicht an ein Vorkommnis in St. Mary Mead, dem kleinen Dorf, in dem sie wohnte, erinnerte. So gelang es ihr, mit Intuition, Einfühlungsvermögen und Beobachtung hinter die Machenschaften der Täter zu kommen. »Der Mord im Pfarrhaus« (Murder at the Vicarage, 1930) paßte so recht in die dörfliche Atmosphäre, die aber – in Miß Marples Augen – keineswegs Frieden und Ruhe bedeutete.

So versammelte sie alle Beteiligten um sich, um den Mord an dem alten Oberst aufzuklären. »›Es stimmt alles – aber es ist falsch...‹ Wir starrten sie an... ›Aber der Telefonanruf‹, sagte ich, ›der Brief – die Vergiftung. Das alles ist so klar.‹ ›Eben das will er Sie glauben machen. Oh, er ist sehr schlau! Daß er den Brief aufbewahrt und auf diese Weise verwandt hat, war wirklich ein Meisterstück.‹ ›Wen‹, sagte ich, ›meinen Sie eigentlich mit er?‹ ›Ich meine den Mörder‹, sagte Miß Marple. Sehr leise fügte sie hinzu: ›Ich meine Mr. Lawrence Redding‹ ... Wiederum starrten wir sie an. Miß Marple legte ihr Spitzentuch zurecht, schob den Wollschal zurück, der über ihren Schultern lag, und fing an, uns eine liebenswürdige, altjüngferliche Lektion zu halten, in der sich die erstaunlichsten Aussagen auf die natürlichste Weise von der Welt ergaben ... ›Ich selbst war natürlich immer überzeugt, daß es Hawkes war – er erinnerte mich so sehr an den unglücklichen Organisten, von dem ich erzählt habe, aber trotzdem konnte man nicht unbedingt sicher sein ... Beim Atelier trifft sich Mrs. Protheroe mit Lawrence Redding. Sie gehen zusammen hinein – und da man die Menschen nun mal so nehmen muß, wie sie sind, so fürchte ich, sind sie sich klar darüber, daß ich nicht aus meinem Garten gehen werde, bevor sie wieder herauskommen.‹ Noch niemals hatte mir Miß Marple so gut gefallen, wie in diesem Augenblick, als ich merkte, wie sie sich voller Humor ihrer eigenen Schwächen bewußt war.«

Trotz ländlicher Idylle – der Leser konnte sicher sein: Wo immer Miß Marple auftauchte, war Mord nicht mehr fern. Das war freilich nicht realistisch, eher dem Umkreis des »Mörderspiels« entlehnt.

In der Gestalt von Jane Marple wurde noch deutlicher als in der – älteren – Gestalt von Hercule Poirot die zunehmende Psychologisierung in den Romanen Agatha Christies sichtbar. Damit bereitete sie den Weg für den späteren psychologisch orientierten Krimi, während andere Vertreter der Golden Ages langsam verstummten.

Dorothy L. Sayers.

Neben der angestammten Umgebung – London, englische Landsitze, Dörfer – schloß Agatha Christie, in zweiter Ehe verehelichte Mrs. Mallowan, eine neue Szenerie für den Detektivroman auf: den Vorderen Orient, die Stätten von archäologischen Grabungen und die Touristenattraktionen. Die Rätsel der Bodenfunde wurden mit dem Rätsel eines mysteriösen Mordes verbunden, die Spannung konnte so gesteigert werden.

Natürlich hatte der Detektiv stets anwesend zu sein. Berechtigt war daher die – auch von der Autorin ironisch gemeinte Frage an Monsieur Poirot: »... kommen Sie manchmal an Orte, wo Sie sich von Verbrechen erholen wollen – und finden statt dessen neu aufgetauchte Leichen?« So fand sich Poirot als Tourist in »Der Tod wartet« (Appointment with Death, 1944) ein. Der Agatha Christie – unter diesem Namen erschienen ihre Bücher weiterhin – vertraute Betrieb in einem Ausgrabungs-Camp bildete den Hintergrund des »Mordes in Mesopotamien« (Murder in Mesopotamia, 1936).

Ein Experiment war der Detektivroman, den die Autorin im alten Ägypten ansiedelte »Rächende Geister« (Death Comes at the End, 1947). Die Anregung

Die Droschke, der »Comfortable«, fuhr eilig zum Telegraphenamt. Mit diesem Klepper begann eine Hetzjagd in A. Groners »Warum sie das Licht verlöschten«.

dazu erhielt sie von einem Ägyptologen, Prof. S. R. K. Granville. Obwohl uns der Roman keine Anachronismen merken läßt, erscheint uns doch die Grundhaltung der Detektivgeschichte, daß die Welt in allem erkennbar sei, problematisch, wenn wir sie auf das Jahr 2000 v. u. Z. anwenden. Konnte die altägyptische Großmutter die Rolle von Miß Marple einnehmen? War das Weltverständnis über die Jahrtausende gleich?

Da Agatha Christie ursprünglich in der Art Conan Doyles zu schreiben trachtete, verfaßte sie nicht nur Romane, die sie bekannt machten, sondern auch eine Reihe von Kurzgeschichten, oft thematisch gebündelt; im »Dienstagabend-Klub« (The Thirteen Problems, 1932), eine Erzählrunde in St. Mary Mead nachzeichnend.

Die zweite der Damen, die sich – allerdings nur für einige Jahre – der Kriminalliteratur zuwendete, war Dorothy L. Sayers. Anders als Mrs. Christie, die mehr das Handwerkliche betonte, hatte die graduierte Absolventin der Universität Oxford literarische Ambitionen. Vielleicht erwählte sie deshalb Lord Peter Wimsey als ihren Detektiv, der gleichzeitig Bibliophile und Kunstfreund war. Seine intellektuelle Lässigkeit, sein savoir vivre wirkten fast schon karikiert, ebenso die Ergebenheit und Tüchtigkeit seines Dieners Bunter, der bei Mylord zum Teil die Stelle eines Watson auszufüllen hatte. Die Spurensuche trat etwas zurück, dafür kam der Umgebung, der landschaftlichen wie der gesellschaftlichen, größere Bedeutung zu. Das beste Beispiel bieten wohl die beiden Romane »Glocken in der Neujahrsnacht« (The Nine Tailors, 1934) und »Aufruhr in Oxford« (Gaudy Night, 1935). Der erste Roman trägt bezeichnenderweise den Untertitel »Roman aus dem englischen Moor«. Eng verbunden mit der Handlung ist die Landschaft, durchzogen von Kanälen mit alten Schleusen, abgelegenen Dörfern und ehrwürdiger Kirchen. Unbilden des Wetters zwangen Lord Peter, die Gastfreundschaft des Pfarrers von Fenchurch St. Paul in Anspruch zu nehmen. So lernte er, samt Diener Bunter, Land und Leute kennen, dazu auch den alten Brauch des Glockenläutens. Aber auch Seltsames spielte sich in den Winternächten ab. Ein fremder Toter fand sich in einem ausgehobenen Grabe, eine alte Geschichte vom Diebstahl eines kostbaren Halsbandes ging wieder um. Ein in die Diebstahlsgeschichte verwickelter, schlechter Mensch war auf rätselhafte Weise umgekommen. Das letzte Rätsel löste dann Lord Peter, als er in der Zeit der großen Schneeschmelze in das Dorf zurückkehrte. Die Glocken läuteten Sturm, um die Bevölkerung zu warnen. Das Gedröhn der Glocken, der »nine tailors«, hatte dem in der Glockenstube befindlichen Verbrecher den Tod gebracht – letzten Endes eine Art Gottesurteil. Hier zeigt sich bereits der Wunsch der Autorin, den Kriminalroman – als solcher nicht im Titel ausgewiesen – literarisch zu überhöhen. Bei Agatha Christie wurde im Pfarrhaus gemordet, hier wurde im Pfarrhaus von Fenchurch St. Paul über kirchliches Ritual, Architektur, Kunst und kostbare Drucke gesprochen. Die Umwelt, die Landschaft, auch ihre Geschichte erdrückten fast die Kriminalhandlung.

Mit »Aufruhr in Oxford« wurde der deutsche Titel für »Gaudy Night« unglücklich gewählt, denn es gab eben doch keinen Aufruhr in den alten Colleges, sondern Lehrkörper wie Studenten waren bemüht, nichts von dem verübten Unfug, von den unheilvollen Geschehnissen in die Außenwelt dringen zu lassen. Unfug und Unheil, das waren Schmierereien, sinnlose Zerstörungen, Kränkungen, Beschädigungen von Manuskripten, und das endete bei dem Versuch, junge Studentinnen in den Selbstmord zu treiben. Die Handlung war eingelagert in das Universitätsleben, das den größten Teil des Romans füllte. Der Täter bzw. die Täterin, war jemand, der das wissenschaftliche Getriebe nicht verstand, eher verabscheute. Der Grund lag in der Vergangenheit. Die Täterin wurde von der Autorin und den agierenden Personen, den Professorinnen, der Rektorin, der Präfektin, Lord Peter und der Kriminalschriftstellerin Harriet Vane – autobiographische Züge tragend – nicht vor Gericht gebracht: Es war das Stubenmädchen Annie, die Frau eines tragisch geendeten Wissenschaftlers. Die Schuldfrage war problematisch geworden.

Da nach dem ungeschriebenen Gesetz Amateurdetektiven der Mord auf den Fersen folgte, mußte Lord Peter auch auf seiner Hochzeitsreise mit der endlich gewonnenen Harriet einen Mordfall aufklären: »Lord Peters abenteuerliche Hochzeitsfahrt« (Busman's Honeymoon, 1937) – auch als Drama umgeschrieben. Mrs. Sayers war sich darüber im klaren, daß sie hier den Bereich der Kriminalliteratur fast verließ, sie wählte daher – sozusagen zur Information des Lesers – den Untertitel »Liebesroman mit Detektivunterbrechungen«.

Den Einstieg in den Detektivroman unternahm Mrs. Sayers jedoch mit einer handfesten Mordgeschichte »Der Tote in der Badewanne« (Whose Body, 1923). Weitere folgten, so auch: »Es geschah im Bellona-Klub« (Unpleasentness in the Bellona-Club, 1928). »Mord braucht Reklame« (Murder Must Advertise, 1933) spielte im Milieu einer Werbeagentur. Damit verwertete D. L. Sayers eigene Berufserfahrungen in einer solchen Agentur.

Breit angelegte Milieuschilderungen, die die Darstellung des Crimens zurückdrängten, mußten in ihren Kurzgeschichten fehlen. So konnte das Makabre stärker durchschlagen: Eine Ermordete wurde versilbert und als römisches Liegesofa aufgestellt, ein

Illustration von Walter Trier zu Erich Kästners »Emil und die Detektive«.

Motorradfahrer verlor einen Koffer mit einem blutigen Kopf, eine Geisterkutsche fuhr die Dorfstraße entlang... In der Geschichte von der Leopardendame wurde das Thema vom bestellten Mord angeschlagen, das Agatha Christie später im »Fahlen Pferd« zum Roman ausweitete. Der Onkel und Vormund eines jungen Erben übergab der »Gesellschaft zum Transport überflüssiger Personen« einen Scheck und erfuhr nach seiner Rückkehr von einer Reise, daß der Neffe, ein phantasiebegabtes Kind, sich beim Spielen mit Früchten von Nachtschattengewächsen vergiftet hatte. Solaneenvergiftung, keine Recherchen und kein Walten der Gerechtigkeit. In den Kurzgeschichten tauchte ein weiterer, Lord Peter völlig unähnlicher Detektiv auf: Montague Egg, seines Zeichens reisender Weinhändler mit einer erstaunlichen Gabe zu beobachten und zu schlußfolgern.

Um theoretische Aspekte in der Detektivliteratur bemüht, offerierte D. L. Sayers eine im wahren Sinne des Wortes »erlesene« Zusammenstellung von Mordmöglichkeiten: vergiftete Zahnfüllungen, Katze mit Giftkrallen, vergiftete Briefmarkengummierung, vergiftete Rasierpinsel und Matratzen, einen Dolch aus Eis, Pestratten, Läuse mit Typhus, Bilsenkraut, kochendes Blei ... Die Liste ist phantasievoll und – beruhigend. Denn solche ausgefallenen Mordwaffen handhaben nur die Autoren, nicht die Verbrecher. Allerdings war das auch in den Polizeiberichten immer wieder zitierte »stumpfe Instrument« (stumpfer Gegenstand) eine auch in der Literatur beliebte Waffe.

Der Kriminalerzählung in der Literaturgeschichte ging Mrs. Sayers in ihrer Anthologie »Detection, Mystery and Horror« (1928–1931) nach; dabei gelangte sie zu einer überraschenden Aufwertung von Sheridan Le Fanu. Mit ihren weiteren literarischen Arbeiten, Mysterienspielen, sagte die graduierte Autorin allerdings dem Detektivroman Valet.

Ein solcher Wechsel war wohl nur im englischen Literaturbereich möglich. Auch das Wirken von Monsignore Ronald A. Knox ist ähnlich. Er begann 1939 die Bibel neu zu übersetzen und schrieb sechs Detektivromane, beginnend mit »Der Mord am Viadukt« (The Viaduct Murder, 1925), und Aufsätze zur Kriminalliteratur. Zehn Gebote stellte er für den Autor von Kriminalgeschichten auf, um das »Fair Play« dem Leser gegenüber zu sichern. In diesem Dekalog wurden z.B. die unterirdischen Gänge aus der Romanhandlung gestrichen.

Im deutschsprachigen Bereich wären diese Gegensätze unvereinbar gewesen. Die Kriminalliteratur galt weiterhin als inferior, Autoren von Rang befaßten sich nicht mit ihr. Die Übersetzungen aus dem Englischen waren oft schludrig, dennoch wurden sie akzeptiert, denn es gab, zumindest seit den Tagen des Sherlock Holmes, genügend interessierte Leser. Statt der etwas schwerfälligen Bezeichnung Kriminalroman wurde durch den Verleger Wilhelm Goldmann die Kurzform »Krimi« eingeführt und populär gemacht; und im Schlager hieß es: »Ohne Krimi geht die Mimi nie ins Bett«. Doch die Mimi las vorwiegend Übersetzungen.

Allerdings gab es zwei Wiener Schriftsteller, die mit ähnlichen Stilmitteln und zu ähnlichen Themen Kriminalromane produzierten. Sie begannen beide am Ausgang des 19. Jahrhunderts mit dem Schreiben und konnten sich bis in die dreißiger Jahre des 20. Jahrhunderts behaupten.

Da war einmal Auguste Groner, eine Volksschullehrerin, die unter vielversprechenden Titeln wie »Das Skelett« (1900) und »Das Geheimnis des Apothekerhauses« (1904) oder »Das Kreuz der Welser« (1912) Romane verfaßte, welche teilweise ins Englische übersetzt wurden. Da war zum anderen Erich Ebenstein, der sich unter dem Autorennamen Annie Hruschka verbarg und mit Versatzstücken des Familien- und Sensationsromans des 19. Jahrhunderts, wie verschollenen Erben, Doppelgängern, Familiengeheimnissen, Intrigen, rätselhaften Vorkommnissen auf alten Schlössern, die nicht in England lagen, operierte und ruchlose Taten und Pläne durch brave und edle Charaktere zu Fall brachte. Es gab freilich in der zerfallenden und zerfallenen Donaumonarchie genügend adlige Familien, Familientraditionen und Schlösser, um Titel wie »Das Rätsel von Schloß Kronstein« (1930) aktuell zu machen.

Und Erich Kästner legte 1929 mit »Emil und die Detektive« einen Kinderkrimi vor. Mit Hilfe von Berliner Jungen konnte der schüchterne Emil aus der Provinz das ihm gestohlene, für die Großmutter bestimmte Geld wiederbekommen. Nach Festnahme des Diebes stellte sich auf der Polizei heraus, daß dies ein gesuchter Bankräuber war.

Betrachten wir weiter die Autoren der Golden Ages. Wir haben die Vertreter der »klassischen« Detektivgeschichte bereits kennengelernt, aber selbstverständlich gab es auch Autoren, die ähnlich wie Wallace auf Requisiten und Kulissen des alten Schauerkrimis zurückgriffen – Aufklärung und Schauer schlossen sich ja nie aus. Da war Joseph S. Fletcher, der seine Verbrechen in einsamen Moor- und Küstengebieten Englands beheimatete. Fremde

Einbandentwurf zu einer Anthologie.

Alfred Hitchcock mit seiner Familie auf der Überfahrt von Southampton nach den USA.

und Seeräuber traten auf. In den »Gräbern der Netherfields« (The Rowensdene Court, 1922) suchten Held und Heldin nach einem verborgenen Schatz und berichteten über ihre Abenteuer. »Wir kamen bald zu dem Gemäuer. Es war ein niedriger, viereckiger Turm von ungefähr zwölf Meter Höhe. In manchen Teilen war er schon vollständig zerfallen ... Nördlich davon lagen große Trümmerhaufen, offensichtlich Überbleibsel einer alten Mauer, über die schon Gras und Gestrüpp gewachsen waren ... ›Das muß die Ruine einer alten Kirche sein‹, sagte ich ... ›Ich wundere mich nur, daß wir noch nie etwas davon gehört haben.‹ ... Während wir unseren Weg vorwärts bahnten, stießen wir plötzlich zwischen dieser grünen Wand und dem Turm auf große Steintafeln, deren Oberfläche dicht mit Moos und Flechten bedeckt war. ›Das sind Grabsteine‹ sagte Miß Raven, ›aber vermutlich sind sie so verwittert, daß man die Aufschriften nicht mehr lesen kann.‹«

»The Middle Temple Murder« (1918) begeisterte Präsident Wilson. Aber viele der Romane Fletchers waren doch zu einfach aufgebaut, um den durch raffinierte Plots verwöhnten und geübten Leser zu fesseln. Die Frage »Cui bono?« (Wem nutzt es?) wies oft allzu deutlich auf den Täter. Dennoch: Nicht mit den Landschaftsschilderungen, wohl aber mit Typen, z. B. streng puritanischen Bauern, wirkte Fletcher auf die Uncle-Abner-Erzählungen des Melville D. Post und damit indirekt auf die amerikanische Detektivliteratur.

Das Ehepaar George D. H. Cole und Margaret I. Cole verfaßte gemeinsam über 40 Krimis – teils zur Entspannung von wissenschaftlicher und politischer Arbeit, teils, um sich einen Nebenverdienst zu sichern. Der Leser wurde zum Zeugen endloser Verhöre, vieles wiederholte sich, dafür wurde Wichtiges dem Leser nicht mitgeteilt – eine Sünde wider die Regeln des Detection-Clubs.

Henry Ch. Bailey mit seinem Detektiv Reginald Fortune – seine erste Erzählsammlung hieß: »Call

Mr. Fortune« (1920) – galt als Meister feingesponnener Plots, so in »Shrouded Death« (1950). Später erfand er noch einen zweiten Romanhelden, den Winkeladvokaten Joshua Clunk, der sowohl mit Scotland Yard zusammenarbeitete, als auch in der Verbrecherwelt einen Namen als Verteidiger hatte. In seinem Auftreten war er eine Vorwegnahme der Detektive der »hard-boiled story«.

John Rhode war das Pseudonym für Major Cecil J. Ch. Street, der seinen Detektiv, Professor Priestley, die Fälle, bei denen der Yard ihn konsultierte, wissenschaftlich aufrollen, rekonstruieren und lösen ließ. Der Rat, eine Kriminalgeschichte nicht mit einer Liebesgeschichte zu vermengen, wurde bei Rhode strikt und engagiert für Logik und Ratio befolgt.

Anthony Berkeley Cox, Humorist und Journalist, schrieb als Anthony Berkeley Detektivgeschichten und Romane, in denen der Täter durch psychologische Unstimmigkeiten überführt wurde. Im Falle der »Vergifteten Pralinen« (The Poisoned Chocolate Case, 1922) sollte es so aussehen, als sei das Gift für einen alten Herrn bestimmt gewesen und rein zufällig sei eine begüterte Ehefrau damit umgebracht worden. Aber das Arrangement des Zufalls wurde sichtbar, sobald ein kritischer Blick auf die Charaktere fiel. Psychologisierung, aber auch ein Wiederaufgreifen der »inverted story« verbanden sich in den Romanen, die Cox unter dem Pseudonym Francis Iles herausbrachte. »Vorsätzlich« (Malice Aforethought) erschien 1931. Bereits der erste Satz kündete den Mord an. »Dr. Bickleigh beschloß, seine Frau zu ermorden. Aber erst einige Wochen später unternahm er die ersten Schritte in dieser Angelegenheit. Mord ist ein ernsthaftes Unternehmen.« Auf den nächsten Seiten präsentierte sich seine Frau Julia dann auch als unleidliches Geschöpf. Der Mord, sorgfältig geplant und durchgeführt, verursachte doch Rumor, mehr als Dr. Bickleigh erwartet hatte. Aber in dem Moment, da er aufatmen sollte, stand vor ihm mit steinernem Gesicht der Polizeidirektor: »Edmund Alfred Bickleigh, ich verhafte Sie wegen vorsätzlichen Mordes an Dennis Herbert Blaize Bourne durch Verabreichung von Bauchtyphuskeimen am 14. September 1929. Ich warne Sie, daß alles, was Sie sagen, niedergeschrieben und hernach als Beweismittel verwandt werden kann.« Am 2. Juni wurde Dr. Bickleigh hingerichtet – verurteilt wegen eines Mordes, den er nicht begangen hatte.

Für den Leser erwuchs aus dieser ironisch eingefärbten Konstellation starke Spannung. Er wußte um den Mordplan, er konnte die Ermittlungsarbeit beobachten und den Prozeß verfolgen. Er konnte sicher sein, daß der sich geschickt verteidigende Doktor freigesprochen werden würde. Er war dann zwar überrascht aber sehr befriedigt, daß der Gerechtigkeit doch Genüge getan wurde, wenn auch auf skurrile Weise.

In dem ein Jahr später folgenden Roman »Vor der Tat« (Before the Fact, 1932) ließ der Autor den gutaussehenden, aber skrupellosen Johnny seinen Schwiegervater, seinen Freund und zuletzt seine Frau ungestraft umbringen. Da aber die Ehefrau, wohl wissend, daß ihr lieber Mann ihr ein Glas mit Gift kredenzte, in einem Brief die Tat als Selbstmord kaschierte, entlud sich die Unbill des Lesers über mangelnde Gerechtigkeit auf die Ehefrau und ihre törichte Verblendung. Dummheit galt immer schon als strafwürdig.

Das Sujet von einer Vergeltung voller Ironie wurde später – wenngleich verwässert – noch öfter aufgegriffen. So in Max Murrays »Die Stimme aus dem Grabe« (The Voice of the Corpse, 1947). Ein Major, angeklagt des Mordes an einer bösen und geschwätzigen alten Jungfer, konnte und durfte kein Alibi beibringen – denn er hätte sich damit der Ermordung seiner Ehefrau bezichtigt, die er zu diesem Zeitpunkt umgebracht hatte. Gegen Francis Iles psychologisierte Darstellung wirkte das Ganze farblos, obwohl viel von Grauen, Friedhof und Ahnungen die Rede war.

Neben den genannten Autoren, die durch Einführung neuer Sujets, neuer Ideen zur Entwicklung des Genres beitrugen, gab es natürlich Autoren, die erfolgreich im Windschatten der »Großen« mit oft zahlreichen Publikationen arbeiteten. Durch ihre hier keineswegs abgestrittene literarische Tätigkeit gaben sie der Detektivgeschichte, die wir in kritischem Abstand doch schon als klassische englische Detektivgeschichte bezeichnen, einen weiteren Schub.

Die spürbare Tendenz, das Erzählerische zurücktreten zu lassen hinter dem leidenschaftslosen Ausbreiten von Indizien und Folgerungen, die Skelettierung der Handlung ganz im Gegensatz zum viktorianischen Roman, die völlige Ausschaltung oder Reduzierung von Nebenhandlungen, insbesondere von Liebesgeschichten, brachte die Gefahr der Sterilität, des Spannungsabfalls, obwohl die Spannung gesteigert werden sollte.

Mit Blick auf die in zunehmendem Maße in die »Krimis« eingelagerten Grundrisse von Häusern,

Skizzen von Zimmern, Tabellen, Fahrplänen usw. wurde der Versuch unternommen, alle Indizien ohne irgendeine literarische Einkleidung dem Leser zu übermitteln, damit er selbst die Lösung des Falles in die Hand nehmen und sich daran vergnügen konnte. Dieser außerliterarische Versuch wurde ein glatter Fehlschlag! Der Leser bekam ein Kästchen zugesandt, der Tatbestand war kurz auf einem Bogen notiert und die Frage gestellt: Wer war der Täter? Beigefügt hatte man so wenig pittoreske Dinge wie einen abgerissenen Knopf, eine geknipste Fahrkarte, einen Zigarettenstummel... Darüber brütend, die Indizien einordnend den Abend zu verbringen, war aber keineswegs aufregend und vergnüglich. Dies Ergebnis kann deutlich belegen: Der Krimi, auch die reine Detektivgeschichte ist ein Stück Literatur und kein Rechenexempel.

Wichtiger und auch problematischer für die Entwicklung gerade der klassischen, reinen Detektivgeschichte war es, daß sie mit ihren vielen Überlegungen, Unterredungen und Verhören sich schlechter verfilmen ließ als aktionsreiche Krimis mit Verfolgungsjagden über Dächer oder in unterirdischen Gewölben. Da war es schon eher möglich, die »detection«, beschränkt auf eine geschlossene Gesellschaft und einen Raum, auf die Bühne zu bringen, wie Agatha Christies berühmte »Mausefalle« (The Mouse-Trap), die bereits seit Jahrzehnten erfolgreich an einem Londoner Theater läuft.

Mit einem gewissen Verzug und einigen Umänderungen – wohl stets zum Leidwesen der Autoren – wurden die klassischen Detektivromane doch noch verfilmt, beim Aufspüren von Stoffen und Themen machte sich im filmischen Krimi- und Gruselbereich Alfred Hitchcock einen Namen und begann selbst Anthologien zusammenzustellen. Bei den der englischen Literatur zugehörigen Anthologien ist es übrigens interessant, daß Kriminal- und Spukgeschichten oftmals im trauten Verein erschienen. Wir dürfen sagen: mit gewisser Konsequenz. Denn es spuken ja jene, die in ihrem Leben einen ungesühnten Frevel begangen hatten. Die Untat war das Bindeglied.

Auf der anderen Seite aber fügte sich, wie Brecht angemerkt hatte, der Detektivroman in die Ausbreitung wissenschaftlichen Denkens. Trotz aller im Genre selbst begründeten Schwierigkeiten gingen von ihm starke literarische Einflüsse aus. Das wollen wir am Schaffen von John Dickson Carr zeigen.

Rationales und Irrationales

Die Gestalt drehte sich um: sie schien keinen Kopf zu haben! Das war das Schlimmste: sie hatte keinen Kopf!
Carter Dickson

Der aus Pennsylvanien stammende Autor ließ sich in London nieder und schloß sich der Tradition der englischen Detektivgeschichte an. Einer seiner Meisterdetektive war Dr. Gideon Fell, ein literarisches Porträt Gilbert K. Chestertons. Carr galt als Spezialist für das »Geheimis des verschlossenen Raumes«. In »Der hohle Mann« (The Hollow Man, 1935) ließ der Autor Dr. Fell dieses Problem analysieren. Sieben Möglichkeiten wurden durchgespielt, zum Beispiel: Der Mord ist ein zufälliger Todesfall, der Raum tatsächlich fest verschlossen. Oder: Der Ermordete beging unter Zwang Selbstmord in dem verschlossenen Raum. Die siebente Möglichkeit war die interessanteste. Der Mord wurde erst begangen, nachdem Nachsuchende oder die Polizei in den Raum eingedrungen waren.

Seine Verehrung für E. A. Poe wollte Carr in »Roulett der Rächer« (Dark of the Moon, 1966) zum Ausdruck bringen. Laufend wurde auf Piraten, Piratenschätze, den »Goldkäfer« und Poe angespielt, aber diese künstlich aufgebaute Spukszene stand unverknüpft zu der an sich dürftigen Kriminalhandlung. »Ich weiß, daß Sullivans Island und Fort Moultrie von Poes Erzählungen leben. Aber was weiter? Wie heißt doch dieser unheimliche Refrain? – Ein gutes Glas in des Bischofs Herberge, im Sitz des Teufels, einundvierzig Grad und dreizehn Minuten Nordost und neben Norden. Ein gutes Glas in des Bischofs Herberge, im... – Du liebe Zeit!« Camilla stieß einen Schrei aus.« Besser war dagegen der Rückgriff in das viktorianische Milieu, hier glaubhafter mit Gespensterglauben verbunden. »Schreie«, flüsterte er, »Gott sei uns Schuldigen gnädig, Schreie, wie ich sie nie wieder gehört habe, seit Harriet Ryke im Jahre sechsundvierzig zum Galgen geführt wurde.« Dieser »Spuk im Giebelhaus« (Scandal at High Chimneys) erschien unter Carrs Pseudonym Carter Dickson. Die Autoren mehrten sich, die sich entweder hinter ihrem Pseudonym verbergen oder es vermeiden wollten, in den Ruf der Vielschreiberei zu geraten, indem sie zusätzlich unter einem Pseudonym veröffentlichten, oder die von ihrem alten Stil und Meisterdetektiv loszukommen trachteten.

Bereits 1913 hatte Carolyn Wells, eine weniger bekannte amerikanische Schriftstellerin, eine Anleitung zum Schreiben von Kriminalromanen verfaßt: »The Technique of the Mystery Story«. Nachhaltiger waren jedoch die Publikationen des Kunstkritikers und Autors Willard Huntington Wright, der unter dem Namen S. S. van Dine in den zwanziger und dreißiger Jahren Detektivromane schrieb und sich auch theoretisch mit ihnen befaßte. Das wichtigste Ergebnis war eine Liste von zwanzig Ge- und Verboten, die er den Krimi-Autoren auferlegte – strenger noch als Monsignore Knox. Da hieß es zum Beispiel: »1. Leser und Detektiv müssen gleichwertige Möglichkeiten haben, das Geheimnis zu lösen. Alle Hinweise müssen deutlich konstatiert und gegeben werden ... 3. Es darf keine Liebesgeschichte geben. Die Aufgabe besteht darin, einen Verbrecher vor die Schranken der Justiz, nicht aber ein liebendes Paar vor den Traualtar zu bringen. 4. Niemals sollten der Detektiv selbst oder einer der Ermittlungsbeamten sich als der Missetäter herausstellen ... 5. Der Täter muß durch logische Schlußfolgerungen ermittelt werden, nicht durch Zufall oder ein unmotiviertes Geständnis ... 11. Der Autor darf keinen Diener zum Täter machen ... 13. Geheimbünde, Camorras, Mafias usw. haben keinen Platz in der Detektivgeschichte ... 16. Ein Detektivroman sollte keine langen beschreibenden Passagen, kein literarisches Verweilen bei Nebensächlichkeiten, keine subtilen Charakteranalysen, kein intensives Bemühen um Atmosphäre enthalten ... 19. Alle Verbrechen in Detektivgeschichten sollten aus persönlichen Motiven begangen werden. Internationale Verschwörungen und Kriegspolitik gehören in eine andere Literaturkategorie. Eine Mordgeschichte aber muß sozusagen gemütlich bleiben. Sie muß die Alltagserfahrungen des Lesers widerspiegeln und ihm ein gewisses Ventil für seine Wünsche und Gefühle verschaffen.«

Den Autoren half Wright weniger, aber mit den Regeln betonte er den Spielcharakter, der dem Genre eigen war und ist. Doch die Strenge der Regeln, die den notwendigen Spielraum eben nicht freigaben, mußte einfach zu Verstößen führen; Wright selbst gehörte zu den Sündern.

Sein Meisterdetektiv war der snobistische Philo Vance, und auch der Autor selbst bezog gern eine elitäre Position. Er arbeitete mit Anmerkungen und appellierte an die Bildung seiner Leser – doch wer wollte schon ungebildet erscheinen?

Mignon G. Eberhart versuchte, ihre Romane den klassischen englischen Detektivgeschichten so weit wie möglich anzunähern. Aber bereits der Szenenwechsel war schwierig. In England gab es tatsächlich noch alte Herrenhäuser und Schlösser, abgelegene Dörfer, malerische Gasthäuser – eine kleine Gesellschaft konnte sich zusammenfinden. Landsitze im Kolonialstil, umgeben von Mauern und mit Landeplätzen für Hubschrauber boten Mrs. Eberhart kaum Ersatz. Miß Susan Dare, die die Kriminalfälle, rätselvolle Vorkommnisse, zu lösen hatte, war eine feinfühlige Schriftstellerin. Sie mußte z. B. einen nahe bei einer Dämonengestalt von der Osterinsel verübten Mord aufklären.

Meist aber benahm sich, wie in den alten Schauerromanen, die Heroine recht töricht: Wenn auch ein Mörder umging – sie eilte zu mitternächtlicher Stunde in das Mordhaus, um nach »dem Rechten zu sehen«. Oder die ebenso hilfsbereite wie hilfsbedürftige Heldin begab sich in der Dunkelheit an das Flußufer zu einem Treff auf einer einsamen Jacht. Die Jacht steckte im Schlamm und »Rony kletterte hinab und tauchte in der Dunkelheit des Kabineneingangs unter«. (Die Juwelen der Chatoniers, With this Ring, 1961)

War mit diesen pittoresk-romantischen Erzählungen die eigentümliche Szenerie des Verbrechens in den USA erfaßt? Gab es da nicht in der Wirklichkeit das Gangsterunwesen, waren da nicht rivalisierende Banden, die sich Schlachten lieferten, korrupte Beamte und clevere Privatdetektive? Mußten hier nicht romantisch verklärte Romane befremdend wirken?

Das Milieu des Landhauses griff auch Francis Noyes Hart in »Hide in the Dark« (1929) auf. Zuvor hatte sie 1927 in der »Saturday Evening Post« mit »The Bellamy Trial« einen Fortsetzungsroman veröffentlicht, der die Aufklärung des Falles während einer Gerichtsverhandlung bot. Das Thema, an Verstand und Gefühl appellierend, kam bei den Lesern gut an. Francis Noyes Hart entwarf die Kulissen, in denen später noch andere Kriminalgeschichten, z. B. die von Erle Stanley Gardner, spielen sollten.

Die Verbrechen, die sich in den amerikanischen Millionenstädten abspielten, die Schießereien auf den Straßen, die Polizeieinsätze wurden von dieser Kriminalliteratur noch nicht erfaßt. Zögernd nur verließen die Autoren die Landhäuser, die einsamen Schauplätze der klassischen Detektivgeschichte. Rex Stout wies seinem Meisterdetektiv, dem dicken, Bier trinkenden Nero Wolfe, wenigstens ein hohes Steinhaus in der 35. Avenue in New York an. Die Fälle, die er übertragen bekam, betrafen meist Skandale und Verbrechen in alteingesessenen Familien – eine tradierte Thematik, doch nicht ohne Realitätsbezug. Dem schweren, der Bewegung abholden Nero Wolfe, wurde ein Adjunkt zugewiesen, Archie Goodwin, der für seinen Brotgeber Ermittlungen und für den Leser die Vermittlerrolle zu übernehmen hatte. Die Bücher waren aus Goodwins Sicht in der Ichform geschrieben, so konnte der Leser sich leicht mit dem eifrigen Archie identifizieren und an seinen Erkundungen teilnehmen – von Zeit zu Zeit wurden die Ergebnisse dem dicken Detektiv rapportiert, der dann für die Schlußfolgerungen und Überraschungen sorgte.

Ebenfalls in New York beheimatet war Ellery Queen, Sohn eines Polizeiinspektors. Schöpfer Ellery Queens waren die Vettern Frederic Dannay und Manfred B. Lee. Sie gaben die gemeinsam verfaßten Bücher unter dem Pseudonym Ellery Queen, dem Namen ihres Helden, heraus. So gewannen die Fälle etwas von der Anziehungskraft einer »wahren« Geschichte. Das Geschehen spielte sich meist in New York ab, aber nicht in den Slums, sondern in der City, in Hochhäusern oder alten repräsentativen Häusern, die seit Jahren im Familienbesitz waren. Ellery Queen, gezeichnet als Schriftsteller, leicht versnobt wie sein Vorgänger Philo Vance, löste die kompliziertesten Fälle, die mit ihren hintergründigen Geheimnissen gar nicht in die Atmosphäre von Straßenschluchten und Betonbauten paßten. Sein Vater, der alte Inspektor Queen, brauchte nur die Festnahme des Verbrechers anzuordnen.

Da Ellery Queen vor dem Leser auch als Autor erschien, gaben Dannay und Lee unter diesem Pseud-

Einbandentwürfe zu Romanen von J. D. Carr und Ellery Queen.

onym gleichzeitig Anthologien von Kriminalgeschichten heraus – beide hatten eine beachtliche Sammlung angelegt – und seit 1941 »Ellery Queens Mystery Magazine« mit Geschichten, Rezensionen und Informationen.

Die offizielle Wertschätzung, die der Kriminalroman auch in den USA langsam gewann, zeigte sich zum Beispiel darin, daß Präsident F.D. Roosevelt die Idee zu einem Detektivroman entwarf. Die Ausführung überließ er dann verschiedenen Autoren, die jeweils ein Kapitel schrieben. Der attraktive Titel war: »The President's Mystery Story« (1935).

Die Gestalt des geheimnisvollen, ja heimtückischen Orientalen, hatte in der Kriminalliteratur seit langem einen angestammten Platz. Edgar Wallace hatte ihn so häufig als Gegenspieler und Mitschurken eingesetzt, daß der Detektion Club dagegen protestierte. Earl Derr Biggers, der 1913 mit seinem ersten Kriminalroman, »Seven Keys to Baldpate«, herauskam, setzte diesen mysteriösen Orientalen als Detektiv ein. Er nannte ihn Charlie Chan und machte ihn zu einem chinesischen Detektivinspektor auf Honululu. Dieser war nicht mehr verschlagen, sondern klug und weise, so weise, daß er sich bescheiden hinter amerikanischen oder englischen Kollegen zurückhielt. Damit der Detektiv aus Honululu auch ins Spiel kommen konnte, mußte die Handlung ausgeweitet, ja fast abenteuerlich werden. In seinem bekanntesten Roman, »Charlie Chan macht weiter« (Charlie Chan Carries on, 1925), suchte der Mord eine Gesellschaft auf einer Weltreise heim. Nachdem alle Mitglieder der Gesellschaft – raffinierterweise auch der Mörder – sich irgendwie verdächtig gemacht hatten, gelang es Charlie Chan, den Täter zu überrumpeln und zu einem Geständnis zu bringen. Letztlich verriet sich der Mörder nur durch ein falsches Beiwort. Der Leser hatte es auch aufgenommen, aber wohl kaum die notwendige scharfsinnige Schlußfolgerung gezogen. Die Handlung konnte auch in Ferienparadiesen oder in abgelegenen Wüstengegenden spielen – sie war aus der Millionenstadt genommen, in die der Mord im kleinen Kreise und in seriöser Gesellschaft nicht mehr so recht hineinpassen wollte.

Die Grundmuster der tradierten Detektivgeschichte waren bekannt, aber sie konnten aufgefrischt werden, wenn sie in eine neue Welt, mit einer neuen und interessanten Szenerie versetzt wurden. Margot Neville versetzte in »Sommer in Sidney« (Murder in a Blue Moon, 1948) den Leser in malerische Villenviertel, mit Sandstränden, Buchten, Gärten mit blühendem Hibiskus und Steinlorbeer, aber der Leser mußte doch das vermissen, was sich ihm bei dem Begriff »Australien« aufdrängte: weite fast menschenleere Gebiete, Farmen, Schafherden, Känguruhs, Eingeborene ... Diesen Teil Australiens versuchte Arthur W. Upfield mit einer handfesten Kriminalhandlung zu verbinden. Er selbst war als schwarzes Schaf der Familie nach Australien abgeschoben worden, hatte als Schafhirt, Farmarbeiter, Goldsucher und Fallensteller gearbeitet. Dann wechselte er zur Schriftstellerei über – erfolgreich, denn er konnte die Elemente des Reise-, Abenteuer- und Detektivromans miteinander verbinden. Seinen Helden, den Inspektor Napoleon Bonaparte (Master of Arts), zeichnete Upfield einem eingeborenen Freund nach. Daher verstand sich »Bony« nicht nur auf Ermittlungsarbeit, sondern hatte auch Beziehungen zur einheimischen Bevölkerung, kannte sich in ihren Kulthandlungen, ihrem Verhalten, ihren Traditionen aus. So vermochte er in vielen Fällen den Verdacht von den Eingeborenen zu nehmen und – teilweise mit ihrer Hilfe – den Täter zu ergreifen.

Landschaft und Natur als Rückspiegelung des dramatischen Geschehens hatten wieder Raum und Bedeutung gewonnen. »Die versengten Kronen der Pfefferbäume störten das vertraute Bild, aber sonst war keine Brandnarbe zu sehen, denn die Ruine des Wohnhauses war durch das Männerquartier verdeckt. Die Windmühle stand unbewegt wie schon seit Tagen. Dem unheimlichen Schweigen der Verlassenheit konnte sich auch Bony nicht ganz entziehen, das Pferd wurde unter der lastenden Stille nervös.«

Doch das Goldene Zeitalter der Detektivgeschichte klang aus. Der Spielraum war kleiner geworden, schon durch die vielen Romane, die einen guten Einfall fast bis zum Überdruß variierten. Zum anderen brachte auch der zweite Weltkrieg Einbußen für den Kriminalroman. Da im faschistischen Deutschland die englischsprachige Literatur verboten wurde, das faschistische Italien den Vertrieb von Wallaces und Christies Romanen, die von der Bevölkerung sehr geschätzt wurden, untersagte, engte sich die Verbreitung dieser Literatur ein. Gleichzeitig brachte der zweite Weltkrieg ein Vorrücken der Spionageromane.

Eingefleischte Krimiautoren schufen in den vierziger Jahren Romane mit einem starken Einschlag des Spionagesujets. Als Beispiel mag hier Agatha Christies »Rotkäppchen und der böse Wolf« (N or M, 1941) stehen: Die Pensionsgäste in einem kleinen englischen Küstenstädtchen – also im bewährten und vertrauten kleinen Kreis – waren in die Aufdeckung eines Spionageringes verstrickt. Der Gegensatz zum Krimi: Kein Mörderpaar, ein Verräterpaar wurde entlarvt. Die Helden der Geschichte, d. h. die beiden, die die Detektivarbeit zu leisten hatten, waren das Ehepaar Tommy und Nickel Beresford.

Mrs. Christie hatte sie schon einmal in einem Roman, der im ersten Weltkrieg spielt, in einer ähnlichen Rolle eingesetzt, diesmal stellte sie die Beresfords aber als älteres Ehepaar vor. Lady Agatha wollte damit ihren Tribut an die Zeit und die Realität entrichten.

Die Pitavalgeschichte

Vor dem Hause nahm Herr Mrásek den ersten besten Fiaker und fuhr auf Staatskosten mit der Frau Vlková direkt zur Vier, der Kriminalabteilung.

Jiří Marek

Auch im 20. Jahrhundert behielt die Pitavalgeschichte ihren seit dem 18. Jahrhundert angestammten Platz in der Literatur. Gerade gegenüber der fast ins Irreale hinüberspielenden Konstruktion des Detektivromans, gegenüber den vielen fiktiven Elementen, besaß sie den Vorzug, von tatsächlichen, damit wirklich erregenderen Geschehnissen zu berichten.

In der Retrospektive beleuchtete Egon Erwin Kisch im »Prager Pitaval« (1931) historische Kriminalfälle, die den Zusammenbruch der Donaumonarchie erahnen ließen, z. B. »Der Fall des Generalstabschefs Redl«. Allerdings kam es Kisch weniger darauf an, die Entdeckung und Bestrafung eines Verbrechens zu beschreiben als die politischen und sozialen Hintergründe freizulegen. Dabei fällte er neue, beinahe provozierende Werturteile, so bei der Darstellung von Johannes Karasek. Für Kisch wurde er – wie in der Volksüberlieferung – zum »edlen Räuber«. Aber »die Grausamkeit der königlich-sächsischen Angst hat Karasek nicht lange überlebt«. Er starb im Kerker.

In Zeit und Milieu des »Prager Pitavals« griff auch Jiří Marek mit seinen Panoptikums-Bänden: »Panoptikum alter Kriminalfälle« (1968), »Panoptikum sündiger Leute« (1971) und »Panoptikum der Altstadt Prag« (1979). Bereits der Eingang zum ersten Band machte dem Leser klar, was ihn erwartete: »Über die Prager Kriminalpolizei herrschte einst der Oberpolizeirat Knotek, der mit dem Titel eines Ministerialrates in Pension ging. Er diente unter dem Kaiser und er diente während der Republik, immer streng und schneidig... In jenen idyllischen Zeiten vertraute man noch nicht allzusehr auf die Technik, und die Kriminalfälle wurden mehr im ›Terrain‹ als im Laboratorium gelöst. So konnte sich der Oberpolizeirat bis an das Ende seiner Tage nicht von einem gewissen Mißtrauen, beispielsweise der Daktyloskopie gegenüber frei machen. Er verließ sich, nicht ohne Erfolg, übrigens auf andere Dinge, vor allem darauf, was er Gespür und Zufall nannte.«

Gespür und Zufall waren es denn auch, die die

Jiří Marek.

Kriminalisten, den Herrn Rat Vaćatkov von der Mordkommission mit den Herren Bouše, Mrazek, Bružek, selbstverständlich in der Gesellschaft des Lesers, in turbulente Szenen, beängstigend stille Prager Altstadtgassen und in Büroräume mit Gummibäumen brachte. Der Schauer, der seit den Tagen von Ann Radcliffe und Sheridan Le Fanu in Kriminalgeschichten oft waltete, wurde hier durch Humor ersetzt, einen Humor, der sich aus dem Verständnis menschlicher Schwächen herleitete. Seine Fälle fand Marek im Alltag, in alten Zeitungsnotizen.

Dem Leser, der genugsam mit Meisterdetektiven bekannt gemacht worden war, mußten die Beamten der Prager Kriminalpolizei gleich ein Stück näher rücken, wenn sie bei der Aufklärung von Verbrechen erst einmal nicht so recht vorankamen, wenn sie ihre Erfolge dann schließlich einem kläffenden Hündchen verdankten oder dem Geiz eines Schlafwagenpassagiers, der sich durch sein Feilschen um vierzig Centesimi verdächtig gemacht hatte, oder einem roten Unterrock – kurz, dem »Kommissar Zufall«.

Die an sich makabren Sujets – Mord, Raub, Brandstiftung – wurden durch die Komik des Details, durch skurrile Gestalten aufgehellt. Der Titel »Panoptikum« paßte gut für diese Sammlung, die ein wenig aus der Art geschlagen war. Doch sie widerlegte den Satz, daß Komik und Crimen in der Darstellung einander ausschlössen.

Den Sinn für das Groteske teilte Marek mit seinem Landsmann Karel Čapek, in dessen Erzählungen – eine Auswahl erschien als »Der gestohlene Kaktus« (1963) – der Anteil der Satire den des Krimis zurückdrängte.

Die im deutschsprachigen Bereich seit dem Ausgang des 18. Jahrhunderts über das 19. Jahrhundert bis in das 20. Jahrhundert reichende Tradition der Herausgabe von Pitavalgeschichten fand in der Zeit nach dem zweiten Weltkrieg in der BRD eine Fort-

Einbandentwurf zum »Panoptikum alter Kriminalfälle« von J. Marek.

Illustration aus Mareks »Panoptikum der Altstadt Prag«: Der Herr Rat in Paris.

setzung durch Gerhart H. Mostar und Robert A. Stemmle, die alte Fälle mit der Darstellung neuerer Prozesse verbanden. So stand der Fall der Rebecka Lemp aus dem 16. Jahrhundert neben dem Fall der ermordeten kleinen Lucie Berlin im Wilhelminischen Reich. Andere Berichte wie der über die Verbrechen des Dr. Petiot, der im besetzten Paris Schutzsuchende tötete und beraubte, führten an die Gegenwart heran. Einleitend versuchte Mostar die Publikationsreihe in die Entwicklung der Pitavalgeschichte und der Justiz einzuordnen. Er nannte Voltaire, Rousseau und Montesquieu.

In der DDR waren es drei Autoren, die bewußt an die Pitavalgeschichte knüpften, dabei jeder für sich einen anderen Weg wählend. Günter Prodöhl, der als Gerichtsreporter begonnen hatte, brachte in »Kriminalfälle ohne Beispiel«, was er vor allem Prozessen der Gegenwart entnommen hatte, dafür steckte er aber den Rahmen territorial weiter bis zum »Würger von Boston«. Der Schriftsteller Hans Pfeiffer gab in Anlehnung an historische Kriminalfälle seine »Mordfälle, dem Neuen Pitaval nacherzählt«, (1962) heraus. Der Rechtsanwalt Friedrich Karl Kaul trug Fälle zusammen, die für das wilhelminische Kaiserreich und für die Weimarer Republik symptomatisch waren. »Der Pitaval der Weimarer Republik« erschien 1965. Ein Jahr später »Ein Pitaval« (zwanzig Fälle von 1894 bis 1964). Kaul berichtete darin über das Verfahren gegen den schießwütigen Gutsbesitzer von Kähne vor dem Potsdamer Schwurgericht. Herr von Kähne war angeklagt, einen Lehrling im Uferdickicht erschossen zu haben. Der Prozeß endete mit einem Freispruch, gegen den sich scharfe Proteste erhoben. Beides: Freispruch wie Proteste erschienen Kaul als symptomatisch, er verband sie mit einer ausführlichen Zeit- und Milieuschilderung. Es interessierte nicht so sehr die Aufklärung wie die Prozeßführung. Diese wurde kritisch beleuchtet und hier lag auch folgerichtig der Schwerpunkt der Darstellung. Die Schwere der Kritik wie die Schwere der damit verbundenen Vorwürfe an die Justiz und die Gesellschaft mußten die Pitavalgeschichte stark belasten. Die Unterhaltungsfunktion der Kriminalliteratur, die Schärfung und das Spiel der Verstandeskräfte traten zurück hinter der Auseinandersetzung mit aktuellen, politischen und juristischen Problemen.

Am bekanntesten wurde durch sein politisches Engagement wohl der Schweizer Frank Arnau. Er behandelte gerade die Kriminalfälle, die politisch bedeutsam und brisant waren: das Attentat von Serajewo, Rauschgifthandel, Bilderfälschungen, Menschenraub. Oder er analysierte Prozesse, die die Zeitungen füllten, wie den Fall Brühne-Ferbach, um schwere Fehler sowohl in der Ermittlungsarbeit wie in der Urteilsfindung nachzuweisen. »In der Urteilsbegründung selbst nennt das Gericht drei völlig verschiedene Tattage. Allein das ist eine Monstrosität in einem Schwurgerichtsverfahren...« Die kritische Darstellung von Prozessen und Urteilen wurde in der literarischen Wiederaufnahme des Verfahrens ergänzt durch Überlegungen, in welcher Richtung, in welchem Kreise denn der wirkliche Täter zu suchen gewesen wäre.

Daneben verfaßte Arnau über zwanzig thematisch aktuelle Kriminalromane, die in ein Dutzend Sprachen übersetzt wurden und eine Gesamtauflage von einer Million erreichten wie »Nur tote Zeugen schweigen« (1959) oder »Heroin AG« (1962).

Von einem anderen Standpunkt legte Edgar M. Lustgarten seine Sammlung berühmter Gerichts-

Frank Arnau, nach der Ehrenpromotion an der Humboldt-Universität zu Berlin.

fälle an. 1949 erschien »Verdict in Dispute«. Mit »Defender's Triumph« (1951) setzte der ehemalige Anwalt einen ungewöhnlichen Akzent. Er berichtete von spektakulären Mordfällen, die in den letzten sechzig Jahren vor englischen Gerichten verhandelt worden waren. Mordfälle, in denen die Schuld der Angeklagten so gut wie geklärt schien und sie dennoch dank der Kunst der Verteidigung freigesprochen wurden. Lustgarten begann mit dem Prozeß gegen Adelaide Bartlett, die des Mordes an ihrem Ehemann, einem Londoner Händler, angeklagt war. Die Verteidiger, unterschiedlich in ihrem Herangehen, aber beeindruckend durch ihre Technik, Zeugen zu vernehmen, klärten nicht wie ihre fiktiven Kollegen aus Romanen den Fall vor Gericht auf, ermittelten in einem Eklat den wahren Schuldigen, sondern ließen die Geschworenen so viele Unstimmigkeiten und Unsicherheiten der Anklage und in den Aussagen der Belastungszeugen entdecken, daß sie schließlich auf ein »Nicht schuldig« erkannten. Ein Triumph der Verteidiger, auch ihrer Menschenkenntnis und ihrer Rhetorik. Die Frage, die zumindest der auf die Detektivgeschichte eingeschworene Leser stellen mochte: Was geschah denn tatsächlich?, wurde nicht beantwortet. So simpel wie die Anklage den Sachverhalt aufgebaut hatte, konnte er allerdings nicht sein – das hatte die Verteidigung klargestellt.

Damit wurde dem Leser ein ungelöstes kriminalistisches Problem angeboten, an dem er sich selbst versuchen konnte. Bei der Lektüre eines Detektivromans entfällt diese Möglichkeit zu überlegen, evtl. sogar zu debattieren, denn der Autor hatte eine Lösung gegeben, die nicht mehr anzuzweifeln war.

Spektakuläre und zugleich problematische Fälle wurden in der Sammlung »Famous Trials« (1964) herausgebracht. Eine Zusammenschau berühmt-berüchtigter Kriminalfälle, die vor englischen Gerichten in den vergangenen Jahrzehnten verhandelt wurden, gab Mary Hottinger in »Wahre Morde« (1976) heraus, in die auch Berichte von Lustgarten aufgenommen wurden. Der Herausgeberin kam es darauf an, die Triebkräfte aufzufinden, die hinter einem Mord stehen können. Dieses Auffinden konnte für den Leser aber auch Spannung durch Anspannung der Verstandeskräfte mit sich bringen.

Eine eigenwillige Ausformung erhielt die Pitavalgeschichte in den USA durch Truman Capote in »Cold Blood« (1966), wo ein Mordfall aus Kansas nachgezeichnet wurde. Die Tat, der Verlauf der Untersuchung, die Verhaftung und Bestrafung des Täters werden eingehend geschildert, dabei aber auch die soziale Umwelt der Beteiligten ausgeleuchtet. Hierbei zeigte sich der starke literarische Einfluß von Dashiell Hammett und Raymond Chandler.

Die hard-boiled story

*Ich hielt noch immer meine Pistole auf ihn gerichtet,
aber er warf sich trotzdem herum.
Er traf mich gerade unters Kinn.*

Raymond Chandler

Mit der »hard-boiled story« begann der realistische Krimi Amerikas. Auf den ersten Blick könnte dieser Realismus hauptsächlich darin bestehen, daß enorme Quantitäten von Whisky vertilgt und der Detektiv sowie einige Nebenfiguren brutal zusammengeschlagen wurden.

Zweifellos ging es auf einem »lordlichen Landsitz« in Middleessex vornehmer zu. Die Atmosphäre war eine andere. Was in Englands Herrensitzen richtig und angebracht war, stimmte in den Großstädten der USA nicht mehr. Eine Übertragung, wie sie, mit einigem Erfolg, Mrs. Eberhardt versucht hatte, führte zu keiner eigenständigen Detektivliteratur. Dabei gab es seit dem 19. Jahrhundert zahlreiche interessante Ansätze, es hatten sich sogar gewisse literarische Traditionslinien herausgebildet: die bitteren Geschichten von Ambrose Bierce, später die stilistisch herbe Darstellungsweise Ernest Hemingways und – um wieder in den Bereich der Kriminalliteratur zurückzukehren – die Uncle-Abner-Geschichten des Melville D. Post. Sie wirkten wie Großvatergeschichten, wenn sie in die Zeit von 1840 und 1860 datiert waren. Aber Uncle Abner, der bei den Siedlern in den Appalachen in puritanischer Strenge, fast nach alttestamentarischen Vorbildern für Gerechtigkeit sorgte, war kein Großvater, eher eine Riesengestalt. Dennoch überwog das Detektivische – er hätte sonst als Westernheld agieren müssen, die Szenerie dazu war vorhanden.

War allerdings die Kulisse mit Bergen, Feldern und Farmen einer spezifisch US-amerikanischen Detektivgeschichte angemessen?

Es war gerade das Verdienst der Autoren der hard-boiled story, ein realistisches Milieu zu finden und darzustellen.

Jedoch brachte die hard-boiled story weit mehr als nur eine dem amerikanischen Großstadt-Milieu angepaßte Erzählweise: Ihre Detektive, mitunter auch Polizisten, waren Leute, die ihre undankbare, oft schlecht bezahlte Arbeit zu machen hatten. Im klassischen englischen Krimi suchten Polizei und Detektiv *den* Mörder; bei Dashiell Hammett, Raymond Chandler und Erle Stanley Gardner brauchten Polizei und Staatsanwalt *einen* Mörder – und der Detektiv mußte den richtigen Mörder finden, um seinen Klienten oder gar sich selbst zu retten.

Illustration zu einer Kurzgeschichte von D. Hammett im »Black Mask« (1924).

Wenn der klassische Krimi so etwas wie ein Kampf zweier Florettfechter war, dann war der amerikanische Krimi ein harter Kampf im Dunkeln und ohne Bandagen – jeder gegen jeden. Das hat seine Gründe: Der klassische Krimi, stark geprägt von Conan Doyle und dem viktorianischen Zeitalter, spiegelte Lebensgefühl und -welt der britischen Mittel- und Oberschichten in der Zeit um die Jahrhundertwende wider. Das britische Imperium war auf dem Gipfel seiner Macht, wie für ewige Zeiten fest und sicher gefügt; die Naturwissenschaften waren – so schien es – im Begriff, die letzten Rätsel dieser Welt zu lösen. Die Welt war überschaubar.

So sah der Detektiv des klassischen Krimi die Welt gewissermaßen aus der Vogelperspektive; ihm war von Anfang an alles klar, Details vermochten ihn nur für einen Moment zu irritieren. Die Rollen waren eindeutig verteilt: auf der einen Seite der ruchlose Verbrecher, auf der anderen der Detektiv. Die Opfer waren eigentlich nur Staffagefiguren, vor ihnen konnte der Detektiv seine Fähigkeiten im hellsten Licht erstrahlen lassen, und niemand brauchte Mitleid mit ihnen zu haben.

Ganz anders gestaltete sich das Bild seit Ende der zwanziger Jahre in den USA, nämlich das einer aufgescheuchten, verrückten Welt. Mit dem »Schwarzen Freitag« begann die große Depression. Auch in die Wissenschaften, vor allem in die Physik, war Bewegung gekommen. »Relativ« lautete allenthalben das Schlagwort, Einstein und die Relativitätstheorie waren in den USA sehr populär.

So kannte die hard-boiled story kaum die Schwarz-Weiß-Zeichnung. Alle, auch der Detektiv und seine Klienten waren in irgendeiner Form belastet, keiner hatte mehr eine »reine Weste«. Der Detektiv wurde, genau wie die anderen, in einen Fall verwickelt, und er wußte eigentlich noch weniger als seine Klienten, da diese zwar aus ihren Schwierigkeiten befreit sein, aber den Detektiv in die Zusammenhänge nicht einweihen wollten. Im Gegensatz zum klassischen Krimi blieb somit der Detektiv kein Außenstehender; erst recht sah ihn niemand als Vaterfigur, rettenden Engel oder als »Beichtvater« an, an den man sich voller Vertrauen wenden konnte. Der amerikanische Detektiv war sowohl Subjekt als auch Objekt; er hatte eine Rolle in einem ihm selbst völlig unbekannten Stück, und er sollte nichts weiter tun, als diese Rolle spielen.

Wollte der Detektiv seinen Fall lösen, so mußte er aber das ganze Beziehungsgeflecht der handelnden Personen durchschauen. Mit der traditionellen Fragestellung: »Wer erschlug den alten, griesgrämigen und schwerreichen Lord?«, war es nicht getan. Um dies herauszufinden, wer ein Motiv und die Gelegenheit zu einem Verbrechen hatte, war analytische Kleinarbeit nach Art des Sherlock Holmes oder Hercule Poirot erforderlich. Diese stand beim klassischen Krimi im Vordergrund.

Davon war in der hard-boiled story nichts mehr zu merken. Der Detektiv reflektierte weniger: »Die Boys mit den Füßen auf dem Tisch wissen, daß die am leichtesten aufzuklärenden Mordfälle in der Welt die sind, bei denen jemand versuchte, besonders smart zu sein.« Der Detektiv der hard-boiled story hatte zu agieren: Zum ersten mußte er seinem Auftrag nachkommen – denn dafür wurde er ja bezahlt, davon lebte er. Komplikationen zwangen ihm weitere Aktivitäten auf. So stieß plötzlich der Detektiv auf eine Leiche, die ihm seine Gegner hingelegt hatten, um ihm Schwierigkeiten mit der Polizei zu bereiten oder ihm Angst einzujagen. Der Detektiv mußte wissen, mit wem er es zu tun hatte. Das war mehr als nur die Frage nach dem Täter, es war die Frage nach der Täterpersönlichkeit.

Im klassischen Krimi operierten in einem festen Figurenensemble eher Typen als Charaktere. Im allgemeinen wurde der Täter durch einen Typ verkörpert, dem der Leser den Mord nicht zutraute, etwa dem seriösen Geschäftsmann oder dem harmlosen Landbriefträger; das Überraschungsmoment bestand also zum Großteil in der Vertauschung von Typ und Charakter. So brachte diese Arbeitsweise oft »Charaktere« hervor, die keine waren, da erst nachträglich dem Täter ein fatales Charakteristikum angeheftet wurde: »Haben Sie nie seinen stechenden Blick bemerkt!« Es wurde nicht von der Kenntnis des Charakters her auf den Täter geschlossen, sondern es war umgekehrt. Weil der angeblich so seriöse Geschäftsmann der Täter war, wurde nun rückwirkend sein Bild »geschwärzt«.

Insbesondere zwei amerikanische Kriminalautoren trugen viel zur Weiterentwicklung des Krimis, zur Schaffung einer eigenen, amerikanischen Variante bei: Dashiell Hammett und Raymond Chandler.

Dashiell Hammett stammte aus ärmlichen Verhältnissen, hatte seit seinem 14. Lebensjahr die verschiedensten Jobs, ehe er Detektiv bei Pinkerton wurde. Seinen Einstieg in die Kriminalliteratur begann Hammett mit Kurzgeschichten, hier bereits an amerikanische Traditionen anknüpfend. Die Geschichten erschienen zu Beginn der zwanziger Jahre im Magazin »Black Mask«. Seit der Jahrhundertwende hatten billige Magazine, die »Pulps«, die Serienhefte zurückgedrängt. Der bunte Inhalt dieser Magazine sprach breitere Leserschichten an. Die Herausgeber, vor allem Joseph T. Shaw vom »Black Mask«, ließen neue Autoren zu Wort kommen, trachteten danach, ihren Lesern in jeder Hinsicht etwas Neues und einen Anreiz zu bieten. Hammetts Kriminalgeschichten waren neu, fast schockierend neu, sowohl in der Technik wie im Stil.

Die Romane, die Hammett berühmt machten, erschienen zwischen 1929 und 1934, danach schrieb Hammett kaum noch. »Die Bluternte« (Red Harvest, 1929) endete mit einem Blutbad, aber der Detektiv, auf der Suche nach Gerechtigkeit, blieb am Leben. Es folgte »Der Fluch des Hauses Dain« (The Dain Curse, 1929); der letzte Roman war »Der dünne Mann« (The Thin Man, 1934).

»Der Malteser Falke« (The Maltese Falcon, 1930) ist wohl Hammetts bestes und berühmtestes Buch. Der Detektiv, Sam Spade, hatte den Mord an seinem Kompagnon Archer aufzuklären und einen Auftrag zu erfüllen. Archer wurde, als er einen Gangster beschattete, von vorn erschossen, war Archer auch nicht übermäßig intelligent, so war er doch nicht so unerfahren, sich von einem bekannten Gangster in eine Sackgasse locken und von vorn erschießen zu lassen. Es konnte dies nur eine Person getan haben, der er vertraute – seine Klientin Bridgid O'Shaugnessy. Die wollte mit diesem Mord, bei dem nur der Mord wichtig war, nicht aber wie sonst das Opfer, ihren Freund und Beschützer, eben jenen Gangster, den Archer überwachte, dazu bringen, die Stadt zu verlassen. Bridgid hoffte, daß ihrem Freund »der Boden unter den Füßen zu heiß würde«.

Die Gruppe, die den kostbaren Falken gestohlen hatte, war uneins, jeder belauerte jeden, und jeder versuchte, alle anderen zu betrügen. Spade konnte keinem trauen, am wenigsten seiner Klientin Bridgid O'Shaugnessy. Hinter ihrem verschämten Schulmädchengehabe verbargen sich Kälte und absolute Skru-

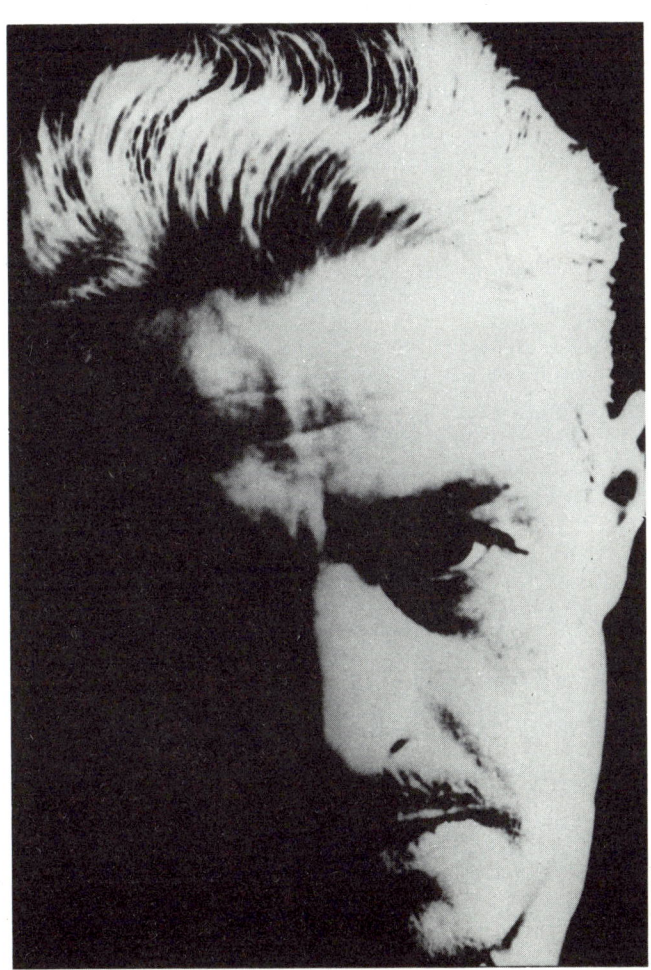

Dashiell Hammett.

Einbandentwurf zu »Der Malteser Falke« von D. Hammett.

pellosigkeit. Klar erkannte Spade die Zusammenhänge, als er bemerken mußte, daß Bridgid ihn ebenfalls nur für ihre Zwecke und Pläne benutzen wollte – und das mit seltener Rücksichtslosigkeit. Früher oder später würde sie auch ihn fallen lassen, spätestens, wenn sie ihn satt, wenn sie Angst vor ihm hätte und sich eine Gelegenheit böte, Spade zu »eleminieren«. Da Spade wußte, daß sie Archer erschossen hatte, war Spade so lange er lebte, eine potentielle Gefahr für sie.

Nur ein Mensch wie Bridgid konnte einen völlig fremden Menschen ohne zwingendes Motiv umbringen. Hier ist die Wechselbeziehung von Tat und Täter: Nur Bridgid hatte die Gelegenheit, Archer so zu ermorden und nur ihre Pläne ließen hinter diesem Mord einen Sinn erkennen.

Die engen literarischen und thematischen Verbindungen bei Hammett und Chandler, aber auch die Unterschiede zwischen ihnen lassen sich wohl am besten in einem Vergleich zweier im Sujet verwandter Romane zeigen.

Möglicherweise war Chandlers »Die kleine Schwester« (The Little Sister, 1949) ein Gegenentwurf zu »Der Malteser Falke«, denn so verschieden die Romane in ihrer Anlage sind, so haben sie doch eine, und zwar entscheidende, Gemeinsamkeit: die kaltblütige Mörderin, die »femme fatale«.

Im Gegensatz zu Hammett kam Chandler aus recht vermögenden Verhältnissen: Er studierte in Europa, wurde Journalist, ging zurück nach Amerika, trat in die Geschäftswelt ein und wurde schließlich Direktor mehrerer Ölgesellschaften. Während der Weltwirtschaftskrise verlor er seine Arbeit und fing an, Kriminalgeschichten und -romane zu schreiben. Sein bekanntester Roman ist sicherlich »Der tiefe Schlaf« (The Big Sleep, 1939), nicht zuletzt dank der Verfilmung mit Humphrey Bogart als Marlowe.

Bemerkenswert ist folgende Äußerung Chandlers: »Ich glaube nicht, daß mir die Schulbildung je sehr geschadet hat.« Ein derartiger Ausspruch wäre bei Dorothy L. Sayers undenkbar, sie war sogar sehr stolz auf ihre Zugehörigkeit zu einem College. Das wurde auch durch die Heldenwahl deutlich: D. L. Sayers' Held, Lord Peter Wimsey, war graduierter Absolvent der Universität Oxford, ein überall erfolgreicher Mann, während der erfolglose Marlowe – erfolglos deshalb, weil er es nicht verstand, seine Erfolge als Detektiv in klingende Münze oder gesellschaftliches Ansehen umzusetzen – als College-Absolvent einfach nicht vorstellbar wäre. Sowohl Hammetts Sam Spade als auch Chandlers Philipp Marlowe waren Männer, die sich in erster Linie auf ihre praktischen Erfahrungen und auf ihren gesunden Menschenverstand verließen. Es ist ein Verstand, der sich im Alltag zu bewähren hatte.

Alltäglicher als die kleine Orfamy Quest »Die kleine Schwester«, könnte kaum jemand sein: Orfamy stammte aus Manhatten (Kansas, zwölftausend Einwohner), arbeitete als Sprechstundenhilfe bei Dr. Zugsmith, Zahnarzt, sauber korrekt und unauffällig: eine bigotte Kleinstädterin, durchdrungen von der absoluten Richtigkeit ihrer Handlungen, ihrer Moral und ihrer Ansichten über das Leben. So war, ihrer Ansicht nach, Tabakrauchen etwas sehr, sehr Schmutziges und der Gesetzgeber müßte es eigentlich verbieten. Deshalb mußte Orfamys gelähmter Vater an einer leeren Pfeife saugen – im Rollstuhl draußen auf der Veranda.

Orfamys Bruder war ein Erpresser. Als er Mutter und Schwester nichts von seiner Beute abgeben wollte, fuhr Orfamy in die große Stadt und suchte sich einen Detektiv, Philipp Marlowe. Sie feilschte bis zuletzt um jeden Cent der Spesen, denn teuer durfte es nicht werden. Daß Marlowe sein Leben riskierte, wurde ihr nie so recht bewußt, es interessierte sie im Grunde auch nicht. Marlowe sollte den Bruder Orrin finden, der sich vor einem gefährlichen Gangster, den er erpreßte, versteckt hielt. Da Orrin noch immer nicht teilen wollte, verriet ihn Orfamy für 1 000 Dollar – das alles mit einem reinen Gewissen. Orfamy war von der Rechtmäßigkeit ihres Tuns überzeugt. Nur als ihr Marlowe den Verrat auf den Kopf zusagte, war ihr das, allerdings nur einen Moment, unangenehm.

Orfamy war ein Ungeheuer und wußte es nicht. Bridgid O'Shaugnessy spielte die Unschuld, wußte aber um ihre Gefährlichkeit; Orfamy fühlte sich unschuldig, denn nicht sie hatte ihren Bruder umgebracht: Der Gangster durfte eben nicht schießen.

Sam Spade konnte Bridgid noch der Polizei ausliefern, Marlowe konnte lediglich resignieren, Orfamy war einzig moralisch zu verurteilen. Chandler erreichte in »Die kleine Schwester« eine neue Dimension der Realitätssicht: den Sprung vom Kennen zum Erkennen. Kennen – das war gerichtet auf Äußerlichkeiten; Erkennen – das war das Freilegen bestimmender Charakterzüge.

Dieser Mord mit all seinen Hintergründen war realistischer, weil alltäglicher, als die Morde mit exotischen Giften – und deshalb muteten Orfamy und ihre Sippe auch so sehr viel schauerlicher an: Sie waren so wirklich.

Szenenbild aus »Die Spur des Falken« nach dem Roman »Der Malteser Falke« mit Humphrey Bogart als Sam Spade, hier bedroht von Joel Cairo (Peter Lorre).

Auch in weiteren Romanen Chandlers hatten Frauen eine Hauptrolle zu übernehmen. In »Der tiefe Schlaf« (The big Sleep, 1939) war es wieder ein junges Mädchen, das die Männer in den Tod schickte. Dagegen trachtete in »Das hohe Fenster« (The High Window, 1942) ein böses altes Weib danach, die Heldin, hart und naiv zugleich, zu vernichten. Wenngleich das Handlungsgeschehen bei Chandler kompliziert und im ganzen oft weniger realistisch wirkte, so waren doch die einzelnen Charaktere, Episoden, Beobachtungen und auch die Sprache realistisch. Diese Hinwendung zur Realität brachte auch eine Verstärkung der sozialkritischen Töne, die am lautesten in »Der lange Abschied« (The Long Goodbye, 1953) angeschlagen wurden. Die Suche nach dem Freund brachte Philipp Marlowe zu einer kritischen Bestandsaufnahme der Polizeiarbeit, der medizinischen Versorgung, der Altersheime, der Gefängnisse. Marlowe urteilte und verurteilte, mit ihm urteilte auch Chandler, und er verurteilte die Grausamkeit und Härten.

An dieser Stelle sei uns eine Bemerkung über die Rolle der Brutalität in der hard-boiled story gestattet: Es ging hart zu, in der Literatur wie in der Wirklichkeit. In der hard-boiled story war ein Mord ein Mord, er war und blieb ein scheußliches Verbrechen. Das Verbrechen sollte nicht eine Flucht aus der Realität legitimieren: »Ich bin nicht für den Detektivroman als die ideale Flucht eingenommen.«

In dem Essay »Mord ist keine Kunst« (The Simple Art of Murder, 1950) grenzte sich Chandler von der klassischen englischen Detektivliteratur ab, in der »Schufte aus Papiermaché« entlarvt werden von »Detektiven von einer ausgesuchten und unmöglich aristokratischen Dummheit«. Er selbst wollte sich einreihen in eine Entwicklung, die über Hemingway zu Hammett führte, die als Realisten eine unangenehme Welt zeichneten, aber doch die Welt, in der sie lebten. »Hammett gab den Mord zurück zu den Leuten, die aus guten Gründen morden und nicht bloß, um eine Leiche für einen Romananfang zu produzieren, und die, wenn sie morden, dazu die ihnen vertrauten Mittel nehmen und nicht handgeschmiedete Duell-Pistolen, südamerikanische Gifte oder tropische Fische. Er setzte diese Leute, so wie sie sind, in seine Bücher. Er ließ sie sprechen und denken in einer Sprache, die sie tatsächlich und zu diesem Zweck gebrauchen.« Die Leser der klassischen Detektivliteratur verglich Chandler spöttisch mit den »aufgeregten alten Tanten – männlich oder weiblich oder keines von beiden und in jedem Alter – die ihre Mordfälle am liebsten mit Magnolien parfümiert haben möchten und denen es gar nicht recht ist, wenn man sie daran erinnert, daß Mord etwas unendlich Grausames ist ...«

Um hier hellere Töne zu bringen, stellte Chandler die Bedeutung seines Helden heraus. »Aber durch die anrüchigen Stellen muß ein Mann gehen, der selbst nicht anrüchig ist, der weder befleckt noch furchtsam ist. Der Detektiv in Geschichten solcher Art muß solch ein Mann sein. Er ist der Held, er ist alles. Er muß ein vollkommener Mann sein und ein gewöhnlicher Mann, und er muß doch ein ungewöhnlicher Mann sein ... Er muß der beste Mann in dieser Welt und ein guter Mann für jede Welt sein ... Er ist weder ein Eunuche noch ein Satyr ... Er ist ein verhältnismäßig armer Mann oder er könnte nicht zwischen einfachen Leuten leben. Er hat Sinn für Charakter, oder er würde nicht wissen, was seine Aufgabe ist ...«

Einbandentwurf zu R. Chandlers »Das hohe Fenster«.

Sein relativ schroffes Urteil über den klassischen Krimi milderte Chandler später bis 1944 in seinen »Gelegentlichen Notizen über den Kriminalroman«, indem er *den* Romanen und Geschichten literarischen Wert zusprach, in denen es gelungen war, Atmosphäre und Charaktere zu schaffen und einige Jahrzehnte zu überdauern.

Weil Hammett und Chandler eine harte, bedrohliche Umwelt erlebten und darstellen wollten, wählten sie den harten Stil. Weil alle Mißstände und Grausamkeiten letztlich Verbrechen waren, war für beide Autoren das Crimen-Sujet der Ausgangspunkt der Auseinandersetzung mit der Welt und der Gesellschaft. Der harten Aussage entsprach die harte Form. Aber eine derartige Aussage ging und geht über die Grenzen der Unterhaltungsliteratur hinaus, innerhalb deren wir den größten Teil der Kriminalliteratur angetroffen haben. Die Bücher von Hammett und Chandler wurden und werden von keinem elitären Kreise gelesen, sie dienen der Unterhaltung der Leser, einer durchaus berechtigten und handlungsreichen Unterhaltung, aber gleichzeitig dienen sie auch der Verständigung mit allen, die das Grausame und Menschenfeindliche verurteilen. Damit repräsentieren sie ein Stück realistische amerikanische Literatur.

Dieser humanistischen Grundhaltung völlig entgegengesetzt waren jene Autoren, die die Darstellung von Gewalt und Verbrechen zum Selbstzweck und zum einträglichen Geschäft machten. Autoren wie z. B. Mickey Spillane wählten den harten Krimi nur, um eine Legitimation zu haben, auf den Seiten von Magazinen und Romanheften die nackte Brutalität zu verherrlichen. Sex and crime, an niederste Instinkte appellierend, wurden hier gebündelt dem Leser aufgedrängt.

Waren bei Hammett und Chandler die sozialkritischen Töne unüberhörbar, so verband sich in den Romanen von Chester Himes die Sozialkritik mit dem Rassenproblem in den USA. Himes, selbst Afroamerikaner, fand im eigenen Lande wenig Resonanz. Erst als er nach Frankreich ging und dort seine Bücher publizierte, errang er literarische Erfolge. »A Rage in Harlem« (1964) wurde mit dem »Grand Prix de littérature policiére« ausgezeichnet. Kannten Hammett und Chandler nur das großstädtische Milieu, so grenzte Himes es auf die schwarzen Ghettos ein. Ironisierend nannte Himes seine Romane »Harlem domestic detective stories«. Damit wollte er hervorheben, wie sinnlos grausam und elend das Leben in diesen Stadtvierteln war. Um es realistisch zu

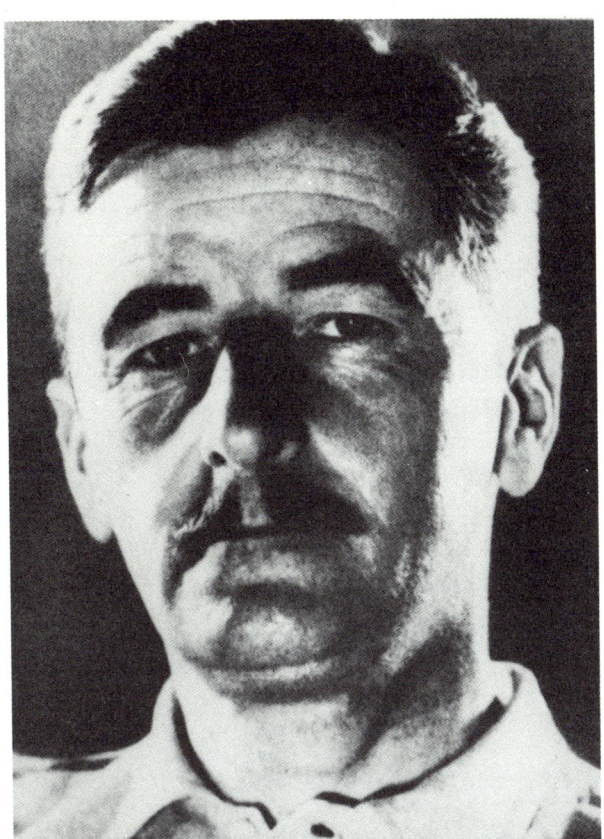

William Faulkner.

schildern, trug der Autor dick die Farben des Melodramas auf. In »Blind mit einer Pistole« (Blind Man with a Pistol, 1970) wurde zuletzt auf Ratten geschossen. Auch so konnte ein makabrer Schauer ausgelöst werden über eine brüchige, gefährliche und böse Welt. Doch das Emotionale war so stark, daß die Ratio, Lebenselement der Kriminal-, vor allem der Detektivgeschichte, verdrängt wurde.

Wenn über den amerikanischen Krimi gesprochen wird, dürfen die Werke des großen Romanciers William Faulkner, die sich auf das Crimen gründen, nicht fehlen. Faulkner, der in seinem Gesamtwerk Abwegen des Menschen nachging, mußte zwangsläufig Verirrungen und Verbrechen mit einbeziehen. Reiz und Spannung seiner Geschichten resultierten nicht aus dem »Wer war es?«, sondern aus dem »Wie ging das zu?«. Faulkners Sachkenntnis in den kleinen Dingen des Alltags und seine Freude am Detail waren unübersehbar. Beides gab Anlaß zu Überlegungen, Folgerungen. »›Und es ist nicht wahr‹, dachte er. ›Irgendwo stimmt es nicht. Etwas, das mir entgangen ist, das mir nicht auffiel.‹« Es war ein Paddel, das man im Boot des ertrunkenen Fischers fand. Nur: Der Fischer benutzte das Paddel nie, wenn er die Leine über den Fluss zog. Es lag also kein Unglücksfall vor, sondern Mord. Oder: Die Leute im Süden tranken Whisky mit Zucker. Sie taten den Zucker ins Glas, lösten ihn in Wasser auf und gossen dann erst den Whisky darauf. Der Mörder, der sich verkleidet hatte und in die Gestalt seines Opfers geschlüpft war, wusste das nicht. Er entlarvte sich selbst, weil die Reihenfolge seiner Handgriffe falsch war. »Und genauso wusste ich, dass jemand wie der alte Pritschel, der fast siebzig Jahre lange beobachtet haben muss, wie man einen Toddy mischt und der seit mindestens dreiundfünfzig Jahren selbst seinen Toddy mischte und trank, dass der es also auch wusste. Und ich erinnere mich, wie der Mann, den wir für den alten Pritschel gehalten hatten, zu spät einsah, was er da tat...«

Die Spannung entstand bei Faulkner aus dem Gang der Ereignisse, die auf die pointierte Auflösung zutrieben. Faulkner nahm unter den zeitgenössischen amerikanischen Autoren dadurch eine gewisse Sonderstellung ein, dass seine Geschichten im Süden, auf dem Land spielten. Die amerikanischen Kriminalschriftsteller dagegen liebten die Grossstadt, Chandler beschrieb sie liebevoll: »In der Stadt waren jetzt alle Lichter an, ein Lichtermeer erstreckte sich bergabwärts nach Süden und fast unendlich weiter. Über unseren Köpfen dröhnte ein Flugzeug, verlor an Höhe, seine beiden Signallichter blinkten abwechselnd. An der Lost Canyon kurvte ich nach rechts, vorbei an den grossen Einfahrten, die nach Bel-Air führten. Die Strasse ging nun im Zickzack und stieg an. Es gab zu viele Wagen; die Scheinwerfer funkelten böse über die geschwungenen weissen Betonauffahrten hinunter.«

Dagegen setzte Faulkner: »... fuhr über das weite hitzeflimmernde Land, zwischen der Baumwolle und dem Mais auf Gottes ewig fruchtbaren, fühllosen Äckern, die jede Korruption und Ungerechtigkeit überdauern würden«.

Menschenliebe und Menschenkenntnis verbanden sich in Faulkners Detektivgeschichten, am überzeugendsten wohl in »Der Springer greift an« (Knight's Gambit, 1944). Gavin Steevens, Kreisanwalt, und der Sheriff unterhielten sich über den Sinn und das Ziel von Untersuchungen:
»›Mir geht es um die Wahrheit‹, sagte der Sheriff. ›Mir auch‹, entgegnete Onkel Gavin. ›Nur man findet sie so selten. Doch noch mehr interessiere ich mich für die Gerechtigkeit und den Menschen.‹«

Die Gestalt des Onkel Gavin, der nach Gerechtigkeit strebte, den Menschen gegenüber gerecht sein wollte, war im Gefolge der Uncle-Abner-Geschichten entstanden. Faulkner hatte die etwas klobige Figur verfeinert und humanisiert. Wenn aber Onkel Gavin vor dem Schachbrett sass, seine Züge mit denen des Verbrechers verglich, so hatte sich Faulkner in einem weit geschlagenen Boden der klassischen Detektivgeschichte wieder angenähert, die in ihren besten Stücken dem Aufbau einer Schachaufgabe glich. Verbindend war die Betonung des psychologischen Moments. Faulkner hat der Kriminalliteratur nicht nur einen neuen Horizont gegeben, sondern auch die Verbindung zum psychologischen Roman aufgetan.

In diese Richtung zielten auch die Arbeiten von Ross Mac Donald, dem literarischen Erben Hammetts und Chandlers. Er schuf in Lew Archer, seinem Detektiv, einen Mann, der aus dem Polizeidienst ausschied, weil er frei von Korruption bleiben wollte. In den frühen Romanen (ab 1949) brauchte dieser noch häufiger Colt und Fäuste, später zeigte er sich weniger hard-boiled, dafür einfühlsamer und überlegsamer, wenngleich er auch viel einstecken musste. Die Fälle, mit denen seine Klienten ihn beauftragten, schienen anfangs Familienangelegenheiten zu sein, doch die Nachforschungen deckten ein makabres Geflecht von Geiz, Habsucht, Machtgier, Verlogenheit, Bösartigkeit und Mord auf. Gangster, Gattinnen, Grossmütter, sie alle gehörten einer degenerierten Welt an. Die Verbrechen wurden in Mac Donalds Romanen auch – und gerade – in den reichen Landstrichen Kaliforniens und in den Villenvierteln begangen. Die Reichen waren böse, die Polizei korrupt, und immer wieder war jemand zu beschützen; deshalb musste Lew Archer, so hart es mitunter kam, überleben.

In einer Art Aussenseiterposition befand sich der Anwalt Erle Stanley Gardner. Auch er hatte mit Kurzgeschichten in den »Pulps«, vor allem im »Black Mask«-Magazin, begonnen. Gardner entwarf ein Selbstporträt in seinem Helden Perry Mason, und die tüchtige Della Street hatte in Gardners eigener Sekretärin ihr Vorbild.

Die Kriminalromane Gardners fingen dort an, wo andere aufhörten: im Gerichtssaal. Mason spielte nicht selbst Detektiv, er versuchte, seinen Klienten durch geschickte Ausnutzung aller Rechtsmittel, die mitunter hart am Rande der Legalität lagen, zu helfen. Mason wusste, dass es sehr töricht sein konnte die simple Wahrheit zu erzählen, wenn sie schwer zu glauben war und vor allem, wenn sie nicht bewiesen werden konnte. Es waren keine feinen Spielregeln, die herrschten, weder auf seiten der Polizei, noch auf seiten der Anwälte und Detektive. Um den Unschuldigen frei zu bekommen, um das Recht durchzusetzen, mußte der Anwalt oft selbst die Gesetze verletzen. Die Härte der gesellschaftlichen Verhältnisse zeigte sich auch in diesem Abzweig der hard-boiled story.

Requiem auf den Kriminalroman?

Der Verdacht ist nicht ganz unberechtigt, daß Gritli Moser mit dem Igelriesen seinen Mörder gezeichnet hat.

Friedrich Dürrenmatt

Der zweite Weltkrieg hatte auf furchtbare Weise die Menschen mit Verbrechen, mit der Frage nach Schuld, Mitschuld und Sühne konfrontiert; nicht nur im politischen, sondern auch im geistig kulturellen Leben spiegelte sich das wider. Aber es war nicht die Kriminalliteratur, die das Elend, die Verbrechen des Krieges, den Tod Millionen Unschuldiger ideologisch zu bewältigen hatte, es war das Gebiet anderer Genres, das der diese Verbrechen verurteilenden Kriegsromane, der KZ-Romane. Ihre Funktion schloß den Unterhaltungsfaktor aus, ihre Aufgabe war es, aufzuklären, zu erschüttern und die Reste inhumanen Denkens zu beseitigen.

Der Ernst der Darstellung und Thematik konnte in der Folge aber auch auf die Kriminalliteratur übergreifen. Den Schweizer Friedrich Dürrenmatt reizte das Schuld- und Sühne-Thema, und er transponierte es in den Kriminalroman.

»Der Verdacht« (1952) zeichnete den Werdegang eines KZ-Arztes nach, dem es gelungen war, seine Vergangenheit zu verbergen und in Zürich der geachtete Leiter einer Klinik zu werden. Kommissar Bärlach exponierte sich selbst, um den verbrecherischen Arzt zu überführen. Aber die Ermittlungsarbeit der Polizei wurde vom Autor nur am Rande behandelt, sein Interesse lag bei der psychologischen Entwicklung der Hauptakteure: Er überhöhte, und er dämonisierte, so mischten sich gerade in das so sterile Klinikmilieu irrationale Züge.

In »Der Richter und sein Henker« (1951) konnte Kommissar Bärlach seinen Gegner, einen Gangster und internationalen Großkapitalisten, letztlich nur durch Betrug und Manipulationen ausschalten. Ein Polizist, aber selbst ein Mörder, schoß den Gangster nieder. So war der Triumph der Gerechtigkeit recht fragwürdig.

Am bekanntesten wurde Dürrenmatt – abgesehen von seinen Dramen – mit dem »Versprechen« (1958). Dürrenmatt schrieb das Drehbuch zu dem Film, in dem es um eine Kette von Sexualmorden an kleinen Mädchen ging. Inspektor Matthäi gelang es dabei, durch seine Recherchen eine Art von psychischem Phantombild des Täters zu entwerfen, eine Falle aufzustellen – das kleine Mädchen, das im roten Röckchen am Straßenrand spielte – und den Täter in der Falle auch zu fangen. Doch Dürrenmatt selbst wandelte das Drehbuch später in eine Novelle, ein »Requiem auf den Kriminalroman«, um. Wir sind es gewohnt, daß der Zufall entscheidende Indizien zutage fördert, wichtige Zeugen herbeibringt – Dürrenmatt setzte den Zufall hier einmal gegen die Aufklärung ein. Das Kalkül des Detektivs stimmte: Das rotberockte Mädchen spielte im Walde nahe der Straße, Matthäi konnte von der Tankstelle aus alle Vorgänge beobachten. Doch kein Täter fing sich in der Falle. Auf dem Wege zum Tatort, zur Tat, die nie geschah, verunglückte der triebhaft erregte Mörder. Matthäi wartete und wartete. Inspektor Matthäi wurde zur tragischen Gestalt, zu einem dem Trunk und der Hoffnungslosigkeit verfallenen menschlichen Wrack, das kleine Mädchen mit dem roten Röckchen zu einem verschlampten und verhurten Weibsbild. Das war Dürrenmatts Aussage: In der wirklichen Welt gab es eben Störfaktoren, die den geordneten, logischen Ablauf der Kriminalhandlung unterbrachen. Das Schicksal hatte gestraft, dennoch blieb Bitterkeit beim Leser zurück, ein Gefühl der Ungerechtigkeit. Der Held hatte sich für Wahrheit und Gerechtigkeit geopfert, aber keiner war da, der dies Opfer begriff und anerkannte. Die Bitterkeit des Schlusses mußte vor allem jene belasten, die intellektuelle Entspannung und Unterhaltung suchten.

Dieser Wunsch nach Unterhaltung war aber gerade in den Nachkriegsjahren und -jahrzehnten groß. So kam es bald zu einer »Schwemme« an Kriminalliteratur. Viele verschiedene Wege wurden in den einzelnen Ländern versucht. Überdies gab es einen Nachholbedarf insbesondere für englisch-sprachige Kriminalromane – aus anderen Sprach- und Literaturbereichen waren Kriminalromane kaum bekannt. Übersetzungen älterer wie neuerer Literatur drängten auf den Buchmarkt, oft in so großer Zahl, daß der Leser den kritischen Überblick verlor. Auch hinsichtlich der Ausstattung ließen sich in einigen Ländern die anspruchslosen Machwerke, die einstigen Heftchen, von den »Krimis«, die als Literatur angelegt waren, kaum noch unterscheiden. Beide Kategorien kamen in fast der gleichen Ausstattung und zum gleichen Preis heraus.

Hinzu kam, daß aus wirtschaftlichen Gründen die Länge der Romane reduziert wurde. Die Bücher schrumpften von etwas über 250 auf 224, weiter auf 192 Seiten. Als das Papier sich weiter verteuerte, umfaßten die Kriminalromane nur noch 160, dann 125 Seiten und gingen in einzelnen Fällen unter einen Umfang von 100 Seiten zurück. Das bedeutete, daß die »Romane« einmal neuen Lesegewohnheiten entsprachen, diese wiederum auch förderten. Solche Romane konnten bei wachsendem Freizeitvolumen an einem Abend hintereinander gelesen werden. Der Leser unter Zeit- und Spannungsdruck hatte dabei wenig Lust, zurückzuschauen oder zu -blättern und zu grübeln, um zu sehen, wer einmal etwas Verdächtiges gesagt oder getan hatte. Zum anderen brachte diese Verkürzung des Romans zwangsläufig eine Annäherung an die Novelle und damit auch Veränderungen in der Erzähl- und Handlungsstruktur.

Die Handlung durfte nicht mehr viele Nebenstränge aufweisen, Landschafts- und Milieuschilderungen mußten weiter gekürzt werden, obwohl sie in den Romanen des 20. Jahrhunderts bereits – im Gegensatz zum viktorianischen Roman – meist nur in Umrissen gegeben wurden, mit Blick auf ihre Funktion im Handlungsgeschehen »das Sofa eben, auf dem die Tante nur ermordet werden konnte.« Auch konnte es bedeutsam sein, festzustellen, ob auf dem Malachittischchen ein Wachsblumenstrauß stand oder nicht.

Die Gestalten dagegen sollten, und das war eine Forderung des Realismus, das Typen- und Schablonenartige verlieren, es sollten Charaktere vorgeführt werden. Mit diesem Problem ließ schon Mrs. Sayers ihre Detektivschriftstellerin sich herumschlagen.

Friedrich Dürrenmatt.

Eine Psychologisierung bei reduzierter Seitenzahl war nur möglich, wenn nur wenige Gestalten, die wichtigsten, psychologisch vertieft wurden, so z.B. der Täter oder (bzw. und) sein Opfer. Schließlich konnte so ein Zweipersonenstück im Wechselspiel zwischen Täter und Opfer entstehen.

A. Berkeley Cox, den wir als einen Autor der Golden Ages kennengelernt hatten, gab der eingeengten Krimirätselgeschichte keine Entwicklung, aber er stimmte auch nicht, wie Kritiker es immer wieder taten, einen Abgesang des Krimis überhaupt an. Nur »the days of the old crime puzzle, pure and simple, were gone ...« Die Zukunft läge in einem mehr literarische Qualitäten bietenden Roman, »a puzzle of character, rather than a puzzle of time, place, motive and opportunity«.

Ein Niedergang der Kriminalliteratur ließ sich auch deshalb nicht ausmachen, weil sich der »Krimi« gerade in den Jahren nach dem zweiten Weltkrieg weit verbreitet hatte – in alle seinen Ausformungen. Mit den Romanen Dürrenmatts haben wir soeben den ersten Beitrag der Schweizer Literatur kennengelernt, wir werden im Verlaufe unserer Untersuchung Kriminalschriftsteller aus Skandinavien, den osteuropäischen Staaten und von anderen Kontinenten kennenlernen. Der Krimi hat den »klassischen« Schauplatz und Tatort verlassen und sich in Strömungen der Weltliteratur gefügt. Diese Ausbreitung wurde nicht allein bedingt, doch gefördert durch die Mittel weltweiter Kommunikation, sondern auch durch den Jahrhunderte alten Wunsch nach – poetischer – Gerechtigkeit und durch den immer stärker werdenden Wunsch, die im Arbeitsprozeß geübten Verstandeskräfte im Spiel weiterzuentwickeln, zur Unterhaltung einzusetzen und sich dabei auch Emotionen zu bewahren.

Der Psychokrimi

Es blieb nur die Stimme und der Geist – ein böser Geist. Alles, was er, Guy, verachtete, schien in Bruno verkörpert.

Patricia Highsmith

Tatsächlich hatten einzelne Vertreter der »klassischen« Detektivgeschichten, darunter Berkeley Cox selbst, bereits mit verstärkter Psychologisierung begonnen: Nicht der Daumenabdruck, nicht eine Lücke im Alibi, nicht ein verräterisches Wort, sondern die Mentalität verriet den Täter.

Auch Margery Allingham, die ihre Krimis zum größten Teil mit ihrem Mann, dem Herausgeber des »Tatler«, geschrieben hatte, war bereits seit den dreißiger Jahren bemüht, die Handlung ihrer Romane stärker auf Psychologie zu bauen – stets mit einem Schuß Ironie versehen. Dabei verblaßte hinter den weitschweifigen Dialogen, in denen sich alle Personen selbst charakterisieren sollten, die Handlung immer mehr.

Agatha Christie, die mit Monsieur Poirot und Miß Marple sowieso Detektive eingeführt hatte, die für halsbrecherische Verfolgungsjagden und handgreifliche Auseinandersetzungen kaum geschaffen waren, baute ihre späteren Romane immer mehr auf die Psychologie. Die verstärkte Psychologisierung konnte von der Anlage des Romans auch motiviert werden. Immer mehr bevorzugte Mrs. Christie Kriminalfälle und überhaupt verdächtige und sonderbare Geschehnisse, die Jahre oder über ein Jahrzehnt zurücklagen. Neue Hinweise und Spuren konnten sich nur aus den Schicksalen der Betroffenen, aus der psychologischen Sicht des Falles ergeben.

Im einführenden Kapitel des Romans »Das unvollendete Bildnis« (Five Little Pigs, 1957) hieß es: »Die sichtbaren Dinge sind nicht mehr vorhanden... Aber die Tatsachen des Falles können Sie untersuchen. Sie können mit den Leuten sprechen, die damals dabei waren ... dann können Sie, wie Sie vorhin sagten, sich in Ihrem Sessel zurücklehnen und denken. Und Sie werden wissen, was wirklich geschehen ist ...« Gleichzeitig ließ sie auch der Intuition Spielraum – so in »Lauter reizende alte Damen« (By the Prickling of My Thumbs, 1968). »War es Ihr armes Kind? Sie hatte damals Angst gehabt. Und sie hatte auch jetzt Angst. Sie wußte nicht so recht wovor, aber die Angst war da, während sie das gütige Gesicht mit dem freundlichen Lächeln vor sich sah.« Wie es sich dann herausstellte, war es das Lächeln einer Mörderin. Fast wie ein Leitmotiv durchzog das Unglück und Verbrechen ahnende Gefühl den Roman »Das Schicksal in Person« (Nemesis, 1971): »Über dem Haus lag eine große Schwermut, stellte Miß Marple fest. Eine Traurigkeit, die durch nichts ausgelöscht werden konnte, denn sie saß zu tief. Sie fröstelte plötzlich.« Dann ging es weiter, als das alte, überrankte Gewächshaus besichtigt wurde: »Polygonum Baldschuanicum. Es wächst sehr schnell und ist sehr nützlich, wenn man irgendein verfallenes Gebäude oder ähnliche häßliche Dinge verdecken will.« Wenn auch der Leser die Gefühle von Miß Marple teilte, war er bereit, ihr bei der Untersuchung des Gartens wie der Vergangenheit zu folgen. »Zwar hatte sie diesen Garten nicht besonders schön gefunden, doch sie hatte irgendwie das Gefühl, daß es dort etwas gäbe, was wichtig für sie wäre. Irgendetwas, das ihr weiterhelfen könnte.«

Intuition und Gefühle – das besaßen bereits die Heroinen der romantischen und der Schauerromane. Lagen tatsächlich 150 Jahre dazwischen, oder gab es da Traditionen, die den Abstand verringerten?

In »Ruhe unsanft« (Sleeping Murder, 1976), dem letzten Fall, den Miß Marple klärte, wurde ein alter, verborgener Mord durch Erinnerungen und Träume aus der Kinderzeit aufgedeckt.

In die Richtung des psychologischen Krimis gingen auch die Romane von Phyllis D. James, die Tatmotive leiteten sich aus der Umwelt, der Berufswelt des Mörders und des Opfers ab. Ihre Konflikte lagen in der gleichen Welt, fast immer war es die Welt der Klinik oder anderer medizinischer Einrichtungen. Die Autorin besaß genügend berufliche Erfahrung, um hier realistische Schilderungen geben zu können, so in »Tod im weißen Häubchen« (Shroud for a Nightingale, 1971) oder in »Der Tod eines Sachverständigen« (Death of an Expert Witness, 1977). Trotz subtiler Beobachtungen lastete die Klinikatmosphäre auf dem Leser, der doch gern einmal eine andere Szenerie vor Augen gehabt hätte.

Das aber ist der Fall in »Ein reizender Job für eine Frau« (An Unsuitable Job for a Woman, 1972). »Den größten Teil der Geschichte habe ich ohne Bedenken in Cambridge angesiedelt, einer Stadt, in der unstreitig Polizisten, Untersuchungsrichter, Ärzte, Studenten, Collegebedienstete, Blumenverkäufer, Universitätslehrer, Naturwissenschaftler und zweifellos sogar pensionierte Majore leben und arbeiten …«

Aber der Schluß des Romans ist problematisch. Phyllis D. James, die öfter als Nachfolgerin Agatha Christies bezeichnet wird, scheute, wie diese, den Täter der Justiz zu übergeben! So übernahm es hier, nach dem Willen der Autorin, die vornehm beherrschte Dame, den Mord an ihrem illegitimen Sohn zu rächen – an seinem eignen Vater. Damit sind wir wieder im Geflecht des alten Familienkrimis. Nur die Motivation ist durchpsychologisiert. Doch dem Krimileser bleibt der Ausklang mit der Selbstjustiz unbefriedigend und problematisch.

Die Psychologisierung verbunden mit einer stärkeren Betonung des Emotionalen ließ einzelne Autoren zu den bewährten Requisiten der Schauerromantik

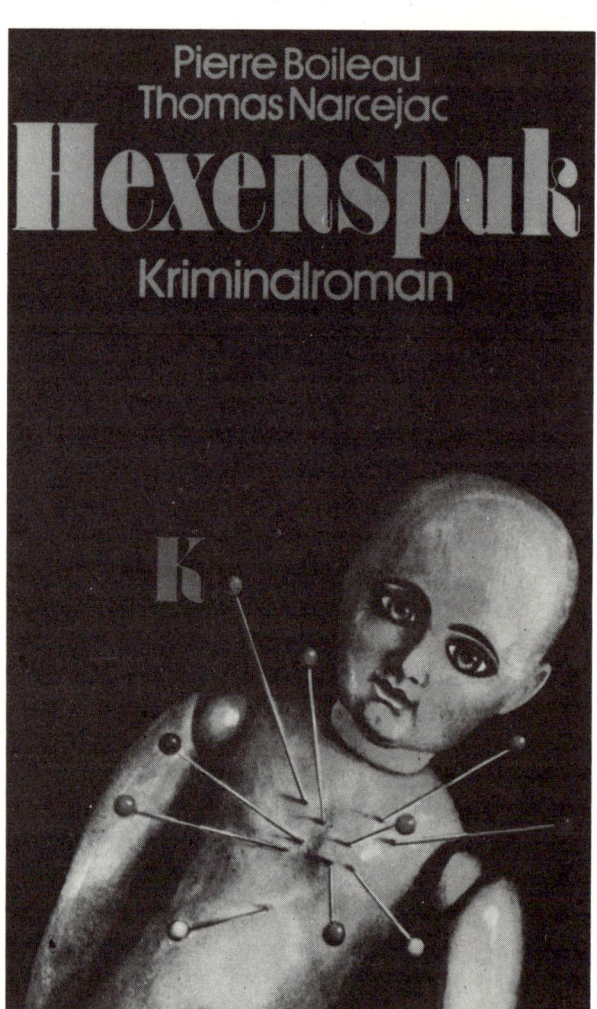

Einbandentwurf zu »Hexenspuk« von P. Boileau und Th. Narcejac.

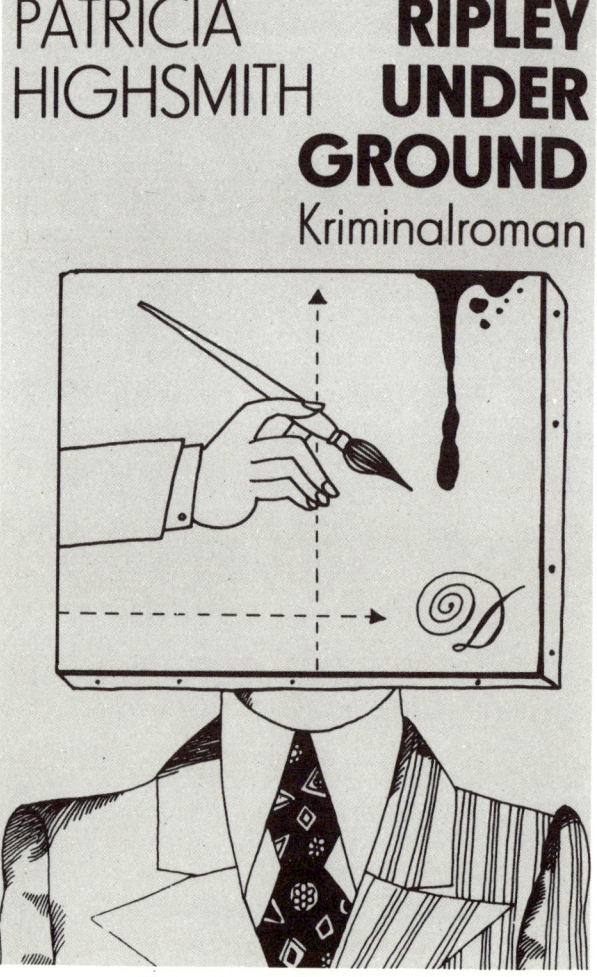

Einbandentwurf zu »Ripley Under Ground« von P. Highsmith.

greifen. So Victor Gunn, dessen Romane oft im Titel auf ein mysteriöses Geschehen verwiesen. In »Gelächter in der Nacht« (The Laughing Grave, 1955) war ein ganzes Dorf im Banne einer alten Sage vom grauenhaften Gelächter, das aus einem Grabe drang und Vorübergehenden den Tod brachte. Auch Gunns Helden, Chefinspektor Bill Cromwell von Scotland Yard und sein Assistent Johnny Lister, waren zu nächtlicher Stunde erst einmal beeindruckt.

»Als sie am Friedhof vorbeikamen, der gespenstisch im Mondlicht dalag, hörten sie es plötzlich – jenes gräßliche, unmenschliche Gelächter, das jedem einen eisigen Schauder über den Rücken jagen mußte.« Doch zum Schluß mußten alle Rätsel gelöst werden und die Ratio triumphieren. Die Mörderin, die hochachtbare Lady Haverford, arbeitete mit Hilfe eines versteckten Lautsprechers, der Sage und des ländlichen Aberglaubens. Vor anscheinend Irrationales gestellt, mußte die Ratio besonders überzeugend wirken. Nach diesem Rezept war bereits »Der Hund von Baskerville« zu einem Klassiker geworden. Psychologisierung, das Anklingenlassen von Geheimnisse versprechenden Folkloremotiven machte sich auch in anderen Genres bemerkbar. Ira Lewin, bekannt geworden durch neuzeitliche Schauerromane, schrieb »A Kiss Before Dying« (1953) und setzte dabei das Blaubart-Thema in die Gegenwart und die amerikanische Großstadt um. Hugh Pentecost, anfangs mehr im Genre Spionageroman tätig, stellte mit dem Rattenfänger-Titel »Als die Kinder verschwanden« (The Day The Children Vanished, 1976) ein Kriminalrätsel auf: Wer hatte die Kinder entführt? Wie waren die Kinder entführt worden? Warum waren die Kinder entführt worden? Kurz darauf wurde der Roman zur Realität – ein Bus mit Kindern verschwand spurlos. In Pentecosts Darstellung lag die Antwort im Psychologischen. Letztlich war alles, die Entführung, das Auftauchen von Mützen, Mänteln und Schulbüchern im Wasserloch eines Steinbruchs, nur ein Ablenkungsmanöver, um eine Bank ausrauben zu können. Ein alter Artist hatte den Trick durchschaut und eine dramatische Gegenaktion eingeleitet.

Die Romane des Norwegers Bernhard Borge, oft als Psycho-Thriller bezeichnet, vereinen das Element der Detection (die Ratio der Detektivgeschichte) mit den Elementen des alten Schauerkrimis. Wie in diesen spielte bei Borge die Handlung in einsamen Gegenden, wo die Düsternis und Öde der Landschaft den Glauben an irrationale Kräfte möglich machte. Aber das Dämonische konnte auch im Menschen selbst ruhen. Deshalb nahm auch ein Psychoanalytiker an der Aufklärung der Fälle teil. In »Der Nachtmensch« (Nattmennesket) hatten Kindheitserlebnisse den Mord ausgelöst. Die Melodramatik hob Borge dadurch hervor, daß er einleitend einige ironische Bemerkungen zur Kriminalliteratur machte: »... In einem spannenden und gut komponierten Kriminalroman muß ja der erste Mord, wenn nicht unten auf Seite 2, so doch auf jeden Fall oben Seite 3 kommen, dann müssen die Todesfälle Schlag auf Schlag folgen wie Perlen auf einer Schnur. Ein Kriminalroman zu vier Kronen darf unter keinen Umständen weniger als vier Morde enthalten ... Wir befinden uns auf Seite 79, und vorläufig hat erst eine Person das Zeitliche gesegnet ...« Davon konnte die spukhafte Szenerie von »Der Tod im Blausee« (De Dødes Tjern) sich wirkungsvoll abheben. Auch die Erinnerung an alte Sagen und Wiedergänger verstärkte die Stimmung. Sogar das Thema vom »Fliegenden Holländer« wurde von Borge aufgegriffen: »Tote Männer gehen an Land« (Døde Menn Går i Land). Der Schluß blieb im Zwielicht, der Leser wußte nicht genau: Handelte es sich um verbrecherisches Treiben oder landeten Spukgestalten, Wiedergänger, an der norwegischen Küste. »Der Fall wurde nie aufgeklärt.«

Hier zeigte sich, daß die Entwicklung zum Psychokrimi nicht in Besonderheiten von nationalen Literaturen, sondern in den Tendenzen der Literatur insgesamt lag. Im französischen Literaturbereich zielten die Romane von Pierre Véry und dem literarischen Gespann Pierre Boileau und Thomas Narcejac in diese Richtung. Véry bot viele Geheimnisse, am Schluß jedoch stets eine rationale Lösung.

Boileau und Narcejac veröffentlichten gemeinsam zwanzig Kriminalromane – alte Glaubensvorstellungen spielten bei ihnen hinein, die den Mörder motivieren und gleichzeitig das Verbrechen verdecken sollten. Im »Nebelspiel« (Celle qui n'etait plus, 1952) wurde ein Mann, der sich für den Mörder seiner Frau hielt und diesen Mord auch geplant hatte, durch Schrecken und Angst vor dem Unheimlichen in den Selbstmord getrieben. Das Unheimliche war jedoch nur von seiner – eben nicht ermordeten – Frau in Szene gesetzt worden. Der Fall wurde aufgeklärt – vor dem Leser – die Mörderin aber nicht bestraft, auch wohl kaum moralischen Selbstvorwürfen ausgeliefert.

Der Roman »Ein Schloß in der Bretagne« (Au Bois Dormant, 1956) war zweigliedrig (dabei unter 100 Seiten). Der erste Teil spielte in der Zeit nach der französischen Revolution, zu Beginn des 19. Jahrhunderts – der zweite Teil in der Gegenwart. Der erste Teil, die rätselvollen Erlebnisse des Seigneurs de Muzillac, der im Schloß seiner Ahnen eine gespenstische Familie vorfand, war ganz von Schauerromantik erfüllt. Der zweite, in der Gegenwart spielende Teil ließ die Nachkommen des Geschlechts und Erben der alten Ruinen eine rationale Lösung der geheimnisvollen Ereignisse finden – kein Spuk, sondern Verbrecher waren im Schlosse und in der Gruft am Werke gewesen, Ermordete waren in der Geisterkutsche gefahren.

In »Hexenspuk« (Maléfices, 1961) spukte der Glaube an Schadenzauber durch die Kapitel, tatsächlich aber waren Arsen und heimtückische Falltüren im Spiel. Die in der Vendée exotisch wirkende Frau, gegen die sich die Verdachtsmomente anhäuften, war schließlich das Opfer – ertrank in der Flut. Aber war überhaupt ein Mord geschehen? Die Frage konnte offen bleiben, ohne daß die Spannung verringert worden wäre. Rauchelle, der Tierarzt, zwischen zwei Frauen stehend, der die verhängnisvolle Fahrt durch die steigende Flut mitgemacht hatte, quälte sich immer wieder. »... Ich wußte, daß ich gleichzeitig schuldig und unschuldig war, aber in welchem das andere? Niemals würde es mir gelingen, aus diesem Labyrinth von Motiven, Gründen, Antrieben herauszufinden ... Ich schäme mich und war doch unsagbar erleichtert.«

Boileau und Narcejac, die in ihren Romanen eine raffinierte Durchpsychologisierung vorgenommen hatten, stellten in ihren theoretischen Überlegungen zum Kriminalroman den »roman policier«, wie er vor allem von Georges Simenon entwickelt wurde, an die Spitze – eine kollegiale Geste, aber auch ein Eingeständnis, daß die eigene Produktion mehr der Mystery-Story als dem Detektiv- und Polizeiroman verwandt war.

Chesterton hatte mit seinem Pater Brown, der sich keineswegs als Menschenjäger zeigte, Wert auf die menschlichen, psychischen Seiten eines Falles gelegt. Eine Variante dazu bot Harry Kemelman in seinen Romanen um den Rabbi David Small. In einer amerikanischen Kleinstadt verfolgte der Rabbi Verbrechen, um seine Gemeinde vor dem Bösen und vor Verdächtigungen zu schützen. Den Anfang machte »Am Freitag schlief der Rabbi lang« (Friday the Rabbi Slept Late, 1964). Zusammen mit dem Polizeichef des Städtchens konnte der Rabbi mit Menschenkenntnis und Logik den auf den Stufen der Synagoge verübten Mord klären und einem aufkommenden Antisemitismus begegnen. In den nächsten Rabbi-Romanen, immer in der Folge der Wochentage, schob sich eine fast idyllisch wirkende Milieuschilderung vor das Detektivische.

Am überzeugendsten hat wohl Patricia Highsmith das Abgleiten eines Menschen ins Verbrechen dargestellt; dabei den Menschen und seine Tat verschieden gewertet, die Motivierung für das Verbrechen bestimmte die Schwere der Schuld. In »Alibi für Zwei« (Strangers on a Train, 1950) begegneten sich zwei Männer, der eine war ein labiler Typ, der andere ein Verbrecher, der die Idee zu einem raffinierten Doppelmord hatte. Der Labile konnte zwar zu einem Verbrechen gezwungen werden, aber er vermochte die Tat nicht durchzustehen ohne Angst und Selbstvorwürfe.

Der Held des Romans »Stille Wasser sind tief« (Deep Waters, 1958) war ein bekannter und beliebter Drucker und Verleger, ein guter Vater, Freund und Nachbar. Er war und blieb der Held, obwohl er zum Verbrecher wurde, denn er blieb trotz allem ein guter Freund und Vater. Seine völlig enthemmte Frau, dem Leser sehr bald auch ein Greuel, trieb ihren Mann dazu, ihre Liebhaber zu ermorden. Einer ertrank im Schwimmbecken bei einer Party – es galt als Unglücksfall –, der zweite verschwand in einem einsamen Steinbruchsee. Ein Kriminalschriftsteller, mißtrauisch, in der ganzen Nachbarschaft unbeliebt, kam dem Verbrecher auf die Spur, aber trotz seines detektivischen Erfolges avancierte der Schriftsteller nicht zum Helden. Die Sympathie des Lesers, zumindest sein Verständnis galten dem unglücklichen, ins Verbrechen geratenen Familienvater.

Der Verbrecher und sein Opfer standen sich in »Der talentierte Mr. Ripley« (The talented Mr. Ripley, 1955) gegenüber, doch im Geschehen, in den Äußerungen, in den Handlungen offenbarte sich, daß das Opfer nicht schuldlos, der Verbrecher gleichzeitig auch ein Opfer war, psychisch geschunden, in Versuchung geführt. Im Gegensatz zu anderen literarischen Gaunern konnte Ripley auch zum Gewaltverbrecher werden. Er mordete nicht kaltblütig – im Hintergrund ein vorbereitetes Alibi –, er mordete in »Ripley Under Ground« (1970), damit sein lukrativer Gemäldeschwindel nicht auffliegt. Ganz offensichtlich waren Erinnerungen an den Kunstfälscher van Megeeren mit einbezogen. Den Ermordeten verbarg Ripley im Keller, stets in der Furcht vor Entdeckung. Der Ausgang des Romans blieb in der Schwebe. Ripley wurde zwar nicht gefaßt, konnte sich aber auch nicht in völlige Sicherheit bringen – er versuchte es weiter mit Bluffen. Er war ein Gejagter. Konnte er deshalb auf Sympathien beim Leser hoffen?

Daneben gab es noch eine andere Möglichkeit psychologischer Durchdringung des Crimen-Sujets: die Rückblende in das Denken und Fühlen vergangener Jahrhunderte. Peter Lovesay, von Haus aus Pädagoge und Anglist, stützte sich auf das Material von Tageszeitungen der letzten Jahrzehnte des 19. Jahrhunderts. Seine Romane, seine Fälle waren aus der Perspektive der spätviktorianischen Zeit geschrieben. So auch »Der Urlaub eines Übergeschnappten« (Mad Hatters Holiday, 1973). Der jugendliche Mörder wurde entdeckt, bestraft von seinem Vater, »... aber die Polizei solle zu verstehen gegeben haben, weitere Ermittlungen in dem Fall würden nicht weiterführen«. Das hieß, die Polizei vermied es, das heile Bild einer gutbürgerlichen viktorianischen Familie zu zerstören.

In das 15. Jahrhundert führte Josephine Tey mit »Richard der Verleumdete« (The Daughter of Time, 1951) zurück. Inspektor Grant, ans Krankenbett gefesselt, betrieb detektivische Geschichtsforschung – Zweifel tauchten auf, ob Richard III. tatsächlich der Mörder der jungen Prinzen und das Ungeheuer war, als das ihn das Shakespearesche Drama und die Geschichtsschreibung darstellen. Das Ganze war ein Historio-Krimi, der zwar keine Lösung, aber brillante Milieuschilderungen, Schlußfolgerungen und auch Probleme brachte. Solche Historio-Krimis, auf historischen Fakten und Daten fußend, dürfte es nicht viele geben, denn in dem Moment, wo Fakten und Daten vor der Romanhandlung fungierten, hatte der

Szenenbild aus dem Film »Nur die Sonne war Zeuge« nach dem Roman »The talented Mr. Ripley« von P. Highsmith. Die Drei auf dem Kutter: Alain Delon als Ripley, Maurice Ronet als Philippe und Marie Laforet als Marge.

Autor benachbartes Terrain, die Pitavalgeschichte betreten, er arbeitete historische Fälle in der Retrospektive auf.

Psychologische Beobachtungen, verbunden mit der altbewährten Spurensuche, mit dem Einordnen von Indizien, mit der Zeugenvernehmung prägten eine weit verbreitete Romangruppe. Hierher gehören die Romane von Ngaio Marsh. Die aus Neuseeland stammende Autorin begann in London unter dem Einfluß der englischen Detektivliteratur ihre ersten Krimis zu schreiben. So erwählte sie auch einen Scotland-Yard Inspektor als Helden. Die Gruppe der Verdächtigen in »Zwischen Sarg und Grube« (Grave Mistake, 1978) war klein. Die Enthüllung des Verbrechens fand auf dem Friedhof vor düsterer Kulisse statt. Der Gärtner berichtete dem Inspektor: »Und ich mußte ja das Grab auch noch mit Fichtenzweigen ausschlagen. War irgendwie unheimlich dort. Das ganze Dorf hat schon geschlafen, und über mir waren Fledermäuse und 'ne Eule. Richtig gruselig.« Die spätere Exhumierung erwies dann, daß nicht ein Mord, sondern daß zwei Morde begangen worden waren und zwei Leichen in einem Grabe lagen. Der Mörder war der biedere, anhängliche Gärtner.

In Japan hatte sich seit dem 17. Jahrhundert eine literarische Tradition herausgebildet, die mit dem Aufzeichnen exemplarischer Rechtsfälle begann, im 19. Jahrhundert anfangs Übersetzungen von E. A. Poe und E. T. A. Hoffmann (Das Fräulein von Scuderi) und A. C. Doyle bot, dann zu eigenständigen Kriminalromanen führte, aber keine neue Untergattung entwickelte. Es gab hier ebenfalls ein »Goldenes Zeitalter« – Edogawa festigte das Genre, indem er den Kriminalroman einmal als Bestandteil der Literatur herausstellte, zum anderen aber auch seine Unterhaltungsfunktion. In diesem Sinne konzipierte er 1923 »Die Zwei-Sen-Münze« (Nisendoka). Auch in Japan wurden Kriminalgeschichten anfangs vor einer Buchpublikation in Zeitschriften, in erster Linie in »Neue Jugend« (Shinseinen), herausgegeben. Die experimentierfreudigen Autoren lehnten sich zwar in der literarischen Gestaltung an internationale Trends an, nahmen die Stoffe aber aus der japanischen Lebenswelt, und zwar aus der modernen, urbanen japanischen Welt und verzichteten darauf, nur immer den Tee zu vergiften.

Der populärste Krimiautor, der gerade auch den psychologisch fundierten Roman pflegte, war Seicho Matsumoto. Sein »Spiel mit dem Fahrplan« (Ten to Sen, 1957, englisch: »Points and Lines«) enthüllte einen geschickt getarnten Mord. Alle Indizien deuteten auf Doppelselbstmord eines Paares hin, aber aus psychologischer Sicht blieben doch Fragen offen, ermittelte Fakten erschienen kontrovers. Warum ging der Mann allein in den Speisewagen? Warum war für seine Geliebte kein Hotelzimmer gebucht? Eisenbahnfahrpläne, Flugverbindungen sollten ein Alibi liefern. Trotz allem gelangten die polizeilichen Ermittlungen auf die Spur der Mörder, eines Ehepaars, das dann Selbstmord – diesmal einen echten Doppelselbstmord – der Verhaftung vorzog. Dies war ein vom Autor bewußt als schal und unbefriedigend angelegter Ausgang, um neben der Unterhaltung dem Leser Probleme zum Nachdenken anzubieten.

Ein interessanter Beitrag zur Gruppe des psychologisierten Kriminalromans kam aus einem Bereich, der auch von den Autoren der Sekundärliteratur kaum berücksichtigt worden ist: aus der sowjetischen Kriminalliteratur – für viele Leser eine Terra incognita. Hier möchten wir Pawel Schestakow vorstellen, einen ehemaligen Lehrer und Historiker, der begonnen hatte, Kriminalnovellen zu schreiben und der auch die Wahl dieses Genres verteidigte: »Um über

Seicho Matsumoto.

solche Dinge zu sprechen wie die Wahl des Lebensweges, Ziele und Mittel, ihn zu verwirklichen, über Zulässiges und Unzulässiges, über Gut und Böse im Menschen selbst«. Aber auch die Popularität des Genres spielte für ihn eine Rolle, denn er suchte den Kontakt zum Leser.

Schestakow kannte sich aus in englisch-sprachigen Kriminalromanen – in diesem Zusammenhang möchten wir erwähnen, daß es neben der Gesamtausgabe der Kriminalgeschichten von Conan Doyle in England eine weitere Gesamtausgabe nur noch in der Sowjetunion gibt, und daß in der DDR eine vorbereitet wird. In Schestakows Kriminalnovelle »Höhenangst« (Strach Wyssoty, 1968) stellte sich im Verlauf der polizeilichen Untersuchung der eventuelle Selbstmord des jungen erfolgreichen Doktoranden Tichomirow als Unfall heraus, bedingt durch einen Schwindelanfall auf dem Balkon – Höhenangst.

Gleichzeitig ergab die Ermittlung, bei der auch an Mord gedacht wurde, daß Tichomirow sich selbst richtete. Für seine Doktorarbeit hatte er heimlich die Forschungsergebnisse eines älteren Wissenschaftlers genutzt, er wollte möglichst schnell Karriere machen. Als er die Verteidigung der Doktorarbeit hinter sich gebracht, Anerkennung gefunden hatte, da faßte ihn wieder die alte Höhenangst – der Blick in die Tiefe und das Bewußtsein seines unverdienten Aufstiegs ließen ihn hinabstürzen. Gleichzeitig bestätigte die Gestalt Tichomirows, daß Schestakow keine rabenschwarzen und hoffnungslosen Bösewichter darstellen wollte. Die Schuld wurde, wenn auch unterschiedlich, verteilt.

»Drei Tage in Dagestan« (Tri dnja w Dagesdane, 1968), ebenfalls eine Novelle vom Umfang eines Romans, verband die psychologische Durchdringung eines Kriminalfalles mit dem Mord in einem kleinen

Szenenbild aus der Verfilmung von »Rebecca« von Daphne Du Maurier mit Joan Fontaine als Mrs. de Winters und Judith Anderson als Mrs. Danvers, die Haushälterin.

Kreis von Verdächtigen. Am Abend waren die Bewohner und Feriengäste einer kleinen Bergsiedlung im Hause eines dort ansässigen Kunstmalers versammelt, es gewitterte, das Licht ging zu der Zeit aus, da der Maler ermordet wurde. Der zufällig dort Urlaub machende Kriminalist Masin klärte den in die Vergangenheit zurückführenden Fall in drei Tagen. Als Täter wurde ein alter Verbrecher, der sich als Imker nahe seinem Opfer angesiedelt hatte, festgestellt. Beim Darlegen der Fakten dozierte Masin förmlich: »... stellen Sie sich die Psychologie und die Erfahrungen eines Berufsverbrechers vor, und Ihnen werden die Entschlossenheit dieses äußerlich gebrechlichen Greises begreiflich, seine unerwartete Energie sowie, sagen wir es ehrlich, der überdurchschnittliche Scharfsinn, der mich lange aus dem Konzept brachte.«

Auch in dieser Novelle, wieder mit Einblendung von Familienschicksalen, wurde der Täter nicht durch das Gesetz bestraft, sondern kam zu Tode in einer Falle, die er einem anderen, Unschuldigen, gestellt hatte. Das Ausmalen psychischer Vorgänge konnte aber schließlich die ganze Crimen-Handlung überlagern. »Der Ikonencoup« (Ikony, 1978) des polnischen Schriftstellers Wacław Bilinski soll hier als Beispiel stehen. Eine alte, kostbare Ikone wurde entwendet, diesem Kirchenraub folgten wie ein Spiel des Zufalls ein Verkehrsunfall, die Begegnung mit einem Toten. Aber es interessierte nicht mehr der Raub, sondern es galt, Charaktere zu enthüllen: Heuchelei, moralisches Versagen, Egoismus, Geldgier, sexuelle Triebhaftigkeit wurden sichtbar, während die Ikone seitab im Morast lag – fast symbolisch.

Die Schauerstimmung, die in der Gruppe psychologisch orientierter Krimis an verschiedenen Stellen mit den herkömmlichen Requisiten beschworen wurde, konnte aber auch vollkommen ins Psychische verlagert werden. Nicht Grüfte, Gespenster oder unterirdische Gewölbe, sondern ein ganz alltägliches Geschehnis konnte Angst und Grauen auslösen.

Da der Leser – in wohliger Distanz – das Grausen mitfühlen wollte, mußte es den Helden oder die Heldin packen, mit denen der Leser sich ja zu identifizieren trachtete. Folglich waren diese, wie ihre Vorfahren im alten Schauerroman, geängstigte und gehetzte Wesen in einer Welt, die hier eine Alltagswelt war, bis sie zum Schluß von Verfolgung und Verderben befreit waren. Nach diesem Prinzip baute Ursula Curtiss ihre Romane. Es ging nicht um die Befriedigung rationalen Denkens – es war keinesfalls ausgeschlossen, aber es stand im Widerstreit zu den Emotionen. Offensichtlich verzichtete Mrs. Curtiss darauf, alte Abteien und Burgen in ihre amerikanische Heimat zu versetzen, sie versuchte, die dunklen, bedrohlichen Seiten des amerikanischen Alltags sichtbar zu machen. Bedrohlich war bereits die Einsamkeit, so spielte die Handlung vorwiegend in Eigenheimen stiller Vorstadtstraßen, in alten Häusern, ländlichen Villen. Gärten, Bäume, Büsche, stellvertretend für die Natur, übernahmen eine wichtige Rolle: wirkten bedrohlich, boten aber auch Schutz. Die Gefahr, die Ahnung einer Gefahr, konnte ganz plötzlich da sein. »Das eiserne Spinngewebe« (The Iron Cobweb, 1957?) begann fast symptomatisch mit: »Angst – wann hatte sie zum ersten Mal Angst verspürt?« Fast niederdrückend wirkte es, wenn die Autorin klar machte, wie wenig dazu gehörte, daß Böses wieder geweckt und ein Mann zum Mörder wurde.

Anders als Miß Marple fehlte der Heldin oft die hilfreiche Intuition, so suchte sie geradewegs in »Schritte im Nebel« (The Deadly Climate, 1954) schutzsuchend das Haus auf, in dem der Mörder wohnte. Dafür konnte ein harmloser Geräteschuppen Abneigung und Schauder wachrufen.

Auch die Überlegungen der jungen Witwe waren emotional bestimmt: »Der Regen lief an den Fensterscheiben hinab, Büsche bogen sich knarrend im Wind. Wie klar doch alles erschien, dachte Kate ganz benommen, wenn man einmal wußte, wie die Dinge wirklich standen.« (Die Wespen, The Wasp, 1965)

Zum Schluß wurden alle mysteriösen Vorfälle geklärt – das Böse war keine selbständige Macht, es haftete nicht an Häusern oder Bäumen, es hatte sich in einem Menschen herausgebildet, der gefaßt wurde oder auf der Flucht starb; für die anderen war die Welt dann wieder ohne Ängste. Da das Schwergewicht in diesen Romanen trotz rationaler Lösungen auf dem Nacherleben von Emotionen lag, da hier der Funke für Spannung gezündet wurde, können wir auf diesen Zweig des Kriminalromans den Begriff »Thriller« anwenden. Er war ein Nachkomme der alten Schauerromane, aber er wollte auch die Ängste vor der Technik, vor der modernen Welt artikulieren. Der Thriller ist zwiespältig und nicht auf den Kriminalroman begrenzt. Das Emotionale, das Rätselvolle, das kaum oder gar nicht von der Ratio Erfaßte sollte dem Leser über die Literatur nahegebracht werden. Für Film und Fernsehen war die Übernahme der Thriller-Sujets besser möglich als die der guten alten Detektivgeschichte. Im Gegensatz zum Psychokrimi gab es weniger ein Ausbreiten von Gefühlen – im Thriller wurden Empfindungen, Ängste, Verlangen in Handlungen, in »action« umgesetzt, der geringste Grad waren ausdrucksstarke Mimik und Gestik.

Es gab zwei entgegengesetzte Möglichkeiten, Spannung, ja Hochspannung zu gewinnen und dem Leser Schauer über den Rücken zu jagen: Einmal konnte die Bedrohnis, die bevorstehende Katastrophe unmittelbar in den Alltag einbrechen. Dann fehlten die traditionellen Grusel-Requisiten, alles war realistischer, z. B. wie in »An einem Tag wie jeder andere« (The Desparate Hours, 1954) von Joseph Hayes. Drei entwichene Verbrecher drangen in das Haus einer Familie ein, versuchten Geld zu erpressen, aber die anfangs hilflosen und verstörten Familienmitglieder fanden langsam zum Handeln zurück. Das waren Alltagshelden, mit denen sich der Leser gut identifizieren konnte.

Die andere Möglichkeit, einen Thriller auszugestalten, bestand darin, möglichst viele Schauermotive zusammenzuballen – Schauermotive jenseits von Glas, Beton und komfortablen Appartements.

Bei Margaret Millar kündigte sich das bereits im Titel an: »Ein Fremder ruht in meinem Grabe« (A Stranger in My Grave, 1960) oder »Von hier an wird's gefährlich« (Beyond This Point Are Monsters, 1970). Latenter Wahnsinn und Zwangsvorstellungen beherrschten Täter oder Opfer. »Ein Fremder ruht in meinem Grabe« spiegelte die Ängste und seelischen Nöte der Heldin, der jungen Frau, die von ihrem so liebevoll erscheinenden Ehemann in den Selbstmord getrieben werden sollte. Die rationale Aufklärung des scheinbar Irrationalen, die einen besonderen Effekt bildete und das Vertrauen in die Verstandeskräfte und in die Realität der Welt stärkte, konnte aber im Thriller schließlich ganz unterbleiben. Daphne Du Maurier brachte in »Rebecca« (1938) das Porträt einer Frau, der ersten Mrs. Winters, die Selbstmord verüben wollte, aber ihren Mann dazu trieb, sie zu morden, um ihn gleichfalls zu vernichten. Doch die Autorin ließ Maxim de Winters weiterleben – mit dem arrangierten Mord, mit seinem Gewissen und seiner zweiten Frau. In einigen Erzählungen verzichtete sie auf derartige Erklärungen und ließ böse Vorahnungen als Realität gelten, so in »Dreh dich nicht um« (Don't Look Now, 1971): »Er strauchelte und fiel, die schützend erhobenen Hände von warmem, klebrigem Blut bedeckt. Und er sah, wie das Boot mit Laura und den beiden Schwestern den Canale Grande herabfuhr, nicht heute, nicht morgen, aber übermorgen, und er wußte, warum sie zusammen waren und aus welchem traurigen Anlaß sie kamen. Das scheußliche Wesen saß lallend in seiner Ecke. Das Hämmern und die Stimmen und das Bellen wurden immer leiser, und, o Gott, dachte er, was für eine verdammt idiotische Art zu sterben.« – Eigentlich wollte der Mann Venedig längst verlassen haben wegen der Ahnung drohenden Unheils. Aber dann blieb er doch – er konnte seinem Schicksal, dem Tode, nicht entgehen: ein fatalistischer Zug, der an alte Motive knüpfte, aber mit Hilfe der Psychologie neu ausgestaltet war.

Der Polizeiroman

Vom Quai des Orfèvres bis zur Petrowka

Sherlock Holmes und die Detektive der Golden Ages, auch Miß Marple mit ihrem Strickzeug, sie waren Einzelgänger, sie besichtigten den Tatort, sie unterhielten sich mit den Verdächtigen und brauchten ihre »kleinen grauen Zellen«. Von polizeilicher Routine- und Kleinarbeit, von der Tätigkeit der Sachverständigen, von der Anwendung wissenschaftlich-technischer Methoden war nicht oder nur begrenzt die Rede. Der amerikanische Privatdetektiv wiederum lebte meist in Gegnerschaft zu einer korrupten Polizei.

Der Leser, der aus der Zeitung von der Aufklärung rätselhafter Kriminalfälle durch polizeiliche Ermittlungsarbeit erfuhr, wollte diese Wirklichkeit auch im Roman wiederfinden, er fand sie im Polizeiroman.

In der französischen Literatur gab es seit langem literarische Traditionen, die die Polizeiarbeit in der Kriminalliteratur widerspiegelten – wir könnten bis Vidocq zurückgreifen. Aber vor allem war es Gaboriau, der die Polizisten der Pariser Sûreté als Helden in seine Romane einsetzte. Leroux mit seinem munteren Reporter-Detektiv verließ zwar diesen Weg, aber er verstellte damit nicht die Entwicklung des »roman policier«, der so ausgeprägt war, daß er schließlich im ganzen französischen Sprachbereich das Genre Kriminalroman kennzeichnete.

Georges Simenon

Er hätte einen Funkwagen nehmen können, um mit einigen seiner Mitarbeiter in ständiger Verbindung zu sein, aber solch ein Wagen wäre zu sehr aufgefallen.

Georges Simenon

1929 schuf Georges Simenon die Gestalt des Kommissars Jules Maigret. Mit dessen Namen verbanden sich die Sûreté und die Namen seiner unterschiedlich gezeichneten Mitarbeiter. Kommissar Maigret, Monsieur Maigret, war der Chef der Sonderbrigade (Mord). Letztlich war es das Zusammenspiel aller Mitarbeiter, das einen Kriminalfall löste, und letztlich bedeutete das auch ein Annähern an die Realität. Der Kommissar war ein liebenswerter, verständnisvoller Bürger, der seine Pfeife liebte, sein gemütliches Zuhause, Madame Maigret mit ihrer Kochkunst – vor allem aber sein Büro am Quai des Orfèvres 36, mit den Inspektoren Lucas, Lapointe, Janvier und Torrence. Natürlich machten die Herren Inspektoren Fehler, um so väterlicher und souveräner mußte dagegen der Chef, der Kommissar wirken. Die Fülle der Maigret-Romane ließ den Pariser Kommissar bald zu einem Vertrauten des Lesers – und des Kinobesuchers – werden. Für den Leser, auch gerade den nichtfranzösischen, gewannen die Romane dadurch zusätzlichen Reiz, daß sie ihn in das Leben der Stadt Paris führten, in Provinzstädte, in interessante Landschaften Frankreichs, hin und wieder auch in ferne, überseeische Regionen – Maigret weilte sogar in Arizona (Maigret chez le Coroner, 1949). Da für Maigret nicht so sehr der Fall, die Fakten interessant waren, sondern mehr das Menschliche, erhielt Simenon den Titel eines »Balzac ohne Längen«, wobei ihm gleichzeitig bescheinigt wurde, daß er – wenngleich mit literarischem Anspruch – Spannungsliteratur schrieb. Von 1931 an erschienen die Maigret-Romane in rascher Folge auf dem Büchermarkt. Gleich zu Anfang in »Pietr-le-Letton« hatte Simenon seinen Helden als dienst- und lebenserfahrenen, ergrauten, älteren Kommissar vorgestellt und dabei blieb es. Maigret alterte nicht, wenngleich der Autor ihn hin und wieder in Pension schickte. Ebensowenig alterten die Inspektoren und Madame, nur die Umwelt veränderte sich – bis auf das Büro am Quai des Orfèvres.

In dem Bestreben, trotz dieser Diskrepanzen Maigret zu einer wirklichkeitsnahen Gestalt zu machen, baute Simenon in dem Roman »Maigrets erste Untersuchung« (La première enquête de Maigret, 1948) eine Biographie Maigrets auf: Der junge Sekretär des Kommissariats Saint-Georges in Paris bereitet sich im April 1913, über ein Handbuch für Polizeioffiziere und -inspektoren gebeugt, auf ein Examen vor. Am Schluß des Romanes zog dann Maigret – an Illusionen ärmer, aber an Erfahrungen reicher – in die Chefbrigade der Sûreté als Inspektor ein.

Maigret war bereit, Verständnis für den Verbrecher aufzubringen, aber er war nicht bereit, das Ver-

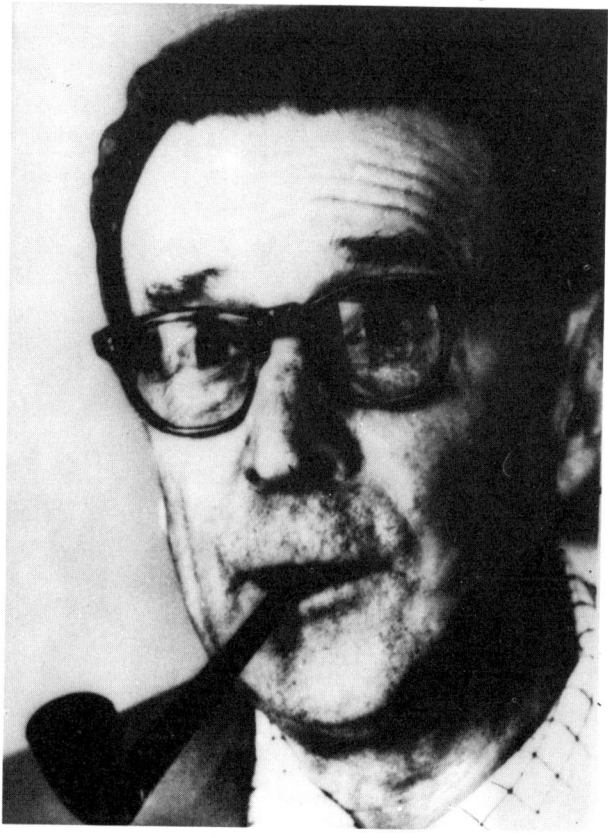

Georges Simenon.

»Maigret und sein größter Fall« mit Heinz Rühmann.

brechen selbst zu dulden oder zu entschuldigen. Um das Tatmotiv und damit auch den Täter zu entdecken, untersuchte der Kommissar die Umwelt des Opfers. Diese Umwelt war aber zum großen Teil auch die Welt der Familie. So näherte sich Simenon dem Familienroman an, dabei wieder literarische Traditionen – wir denken an Gaboriau – fortführend. Zeitgenossen sagten Simenon »Kreativität« nach. Er hat – oft unter wirtschaftlichem Druck – sehr viel geschrieben, nicht nur die Maigret-, sondern auch andere Kriminalromane, Erzählungen, literarische Essays sowie Groschenhefte.

In seinem Briefwechsel mit André Gide und in literarischen Skizzen zeigte es sich jedoch, daß er zwar literarische Anliegen verfechten, aber niemals einen »großen Roman« schreiben wollte. Er war ein guter Erzähler, der sein Publikum unterhalten wollte, ohne zu moralisieren.

Mit dem über Jahrzehnte lebendigen Maigret hatte Simenon eine glücklichere Gestalt geschaffen als der Engländer Nicholas Freeling, im Polizeiinspektor Van der Valk. Die in Amsterdam spielenden Romane endeten, als den Helden (Serienhelden) in »Van der Valk muß schweigen« (A long silence, 1972) jäh eine Kugel traf.

Simenon schrieb seine Romane nach einem Konzept, das auch der Kommissar Maigret bei der Aufklärung von Verbrechen anwandte. Simenon machte sich längere Zeit mit der Umwelt seiner geplanten Romanhandlung vertraut; Maigret reiste aus Paris an, tat sich in der fremden Stadt, im anderen Milieu um, besuchte Lokale, trank mit dem einen einen Calvados, mit dem anderen einen Kaffee, unterhielt sich mit jedem, fragte, hörte zu und suchte nach dem Motiv. Wenn er das gefunden hatte, kannte er auch den Täter. Kleine Leute, zwielichtige Existenzen erschienen zwar verdächtig, waren aber unschuldig. Maigret baute vor allem auf Intuition, aber gerade das machte B. Brecht Simenon in seinem Arbeitsjournal zum Vorwurf: Maigret ahne mehr, als daß er denke.

Szenenbild aus der Verfilmung des Maigret-Romans »Maigret am Pigalle« mit Gino Cervi.

Im deutschsprachigen Bereich versuchte der gebürtige Wiener Friedrich Glauser mit »Wachtmeister Studer« (1936) – andere Kriminalromane folgten – die Gestalt des Kommissar Maigret nachzuzeichnen: Auch Studer ist im kleinbürgerlichen Milieu verhaftet und hat Verständnis für menschliche Schwächen und Verfehlungen. Dennoch dominieren in Glausers Roman die bitteren und harten Töne. So ist seine Wirkung gegenüber den Maigret-Romanen sehr viel weniger stark und nachhaltig gewesen; das mag seine Gründe auch darin haben, daß Glauser seiner Hauptgestalt autobiographische Züge lieh.

Maj Sjöwall/Per Wahlöö und Vic Suneson

Die Beamten der Abteilung für Gewaltverbrechen klopften an alle Türen von Verdächtigen und jeder, der als Zeuge in Frage kam, wurde verhört.
Maj Sjöwall/Per Wahlöö

Wir haben bisher die Geschichte der Kriminalliteratur und die Herausbildung ihrer Verzweigungen verfolgt. Die Geschichte und die Besonderheiten der Nationalliteraturen waren nur der Untergrund, von dem sich die Kriminalliteratur in all ihren Ausformungen abhob. Es wäre einseitig, wollten wir den »roman policier«, den Polizeiroman, nur am Beispiel Simenons vorstellen. Die Maigret-Romane bildeten den Auftakt zu einer Entwicklung, die in den letzten Jahrzehnten an Bedeutung gewann. Maigret war letztlich ein Detektiv der Sûreté, ein erfahrener Kriminalist mit den besten Ideen und untrüglichem Spürsinn. Die anderen Detektive waren ihm – nicht nur rangmäßig – untergeordnet. Es gab Arbeitsgruppen, Teams, in denen Kriminalisten, Gerichtsmediziner, Staatsanwälte, Polizisten an der Aufklärung eines Falles gemeinsam mitwirkten; wo jeder Fehler machte, aber auch gute Ideen hatte, jeder sympathische, aber auch unleidliche Eigenschaften besaß. Den alten Super- und Amateurdetektiv gab es nicht mehr. Der neue Held hatte den Polizeiapparat hinter sich, er konnte sich auf die Mitarbeit wissenschaftlicher und technischer Institutionen verlassen. So vermochte der Leser auch den Fortschritt der Wissenschaft mitzuerleben, er wurde bekanntgemacht mit den Ergebnissen der Gerichtsmedizin, mit den Untersuchungen in den Laboratorien, mit den Ansichten der Psychiater. Das alles hatte ihm der nur Fragen stellende Meisterdetektiv nicht bieten können. Das populärwissenschaftliche Sachbuch fand in den letzten Jahrzehnten immer weitere Verbreitung und der Polizeiroman zeigt eine gewisse Verwandtschaft zum Sachbuch: Es waren immer häufiger wissenschaftliche Methoden und Erkenntnisse hineingearbeitet.

Im Bereich der forensischen Medizin richtete sich die Forschung auf das Feststellen von Blutspuren, Blut- und Staubanalysen, die Untersuchung von Mikrospuren, auf Probleme bei Arsenvergiftungen, um nur einige Ansatzpunkte zu nennen. Aber dieser Komplex durfte im Roman nicht zu sehr verwissenschaftlicht werden, Autor wie Leser hätten sich sonst nicht mehr zurechtgefunden und nicht mehr gemeinsam auf die Spurensuche gehen können. So wurde das alte Handbuch von Hans Groß, wir lernten es bereits kennen, immer wieder von Krimiautoren genutzt, überdies auch immer wieder neu aufgelegt. Es war also nicht allzu verwunderlich, wenn der exotische Detektiv Charlie Chan in einem Roman aus dem Jahre 1929 – »Charlie Chan und das schwarze Kamel« – mit der Lupe auf dem Fußboden herumkroch und eine Tatortuntersuchung durch Experten erst einmal ausfiel.

Trotz dieser Einschränkung: Die Lektüre konnte nicht nur unterhaltend und spannend, sondern in einzelnen Passagen auch belehrend sein. Da eine Gruppe von Detektiven und Spezialisten die Untersuchungen durchführte, konnte der Leser sich dieser Gruppe angliedern, miterleben und mitdenken.

Allerdings lag die Spannung nicht mehr in der Frage: Wer war es?, denn die Ermittlungen gingen nicht von einem überschaubaren Täterkreis aus, er mußte im Laufe der Arbeit erst eingegrenzt werden. Die Frage hieß: Welche Spur konnte aufgefunden werden? Wie könnte sie zum Täter führen?

Es war das langsame, mühselige, aber sichere Voranschreiten hin zum Täter. Bereits diese Darstellung der Ermittlungen war realistisch, realistisch war auch die Schilderung der gesellschaftlichen Verhältnisse, in denen Täter und Opfer lebten.

Die Versuche, jenseits des Kanals und des Atlantiks, den Polizeiroman zu etablieren, waren nicht sehr erfolgreich, denn er hob sich kaum von der Masse der andersartigen Kriminalliteratur ab. In England war dies verständlich, denn die in fast allen Kriminalromanen agierenden Detektive von Scotland Yard machten eigentlich eine besondere Darstellung und Würdigung ihrer Arbeit überflüssig.

Anders als in den französischen Maigret-Romanen verbannten schwedische Autoren jede private Idylle aus dem Leben ihrer Kriminalbeamten. Anstelle der liebevollen und einfühlsamen Madame Maigret hatte der Stockholmer Polizeikommissar Martin Beck des Schriftstellerehepaares Maj Sjöwall und Per Wahlöö eine unzufriedene, zänkische Frau. Auch glaubte wohl keiner in der Kriminalabteilung, daß die Welt besser und wieder heil würde, wenn sie einen Verbrecher gefaßt hatten. Damit wird eine wesentlich realistischere Sicht auf die Gesellschaft deutlich.

»Das Sittlichkeitsdezernat ging seine Register durch, das staatliche Kriminal-Laboratorium bearbeitete das magere Material vom Tatort, die Datenverarbeitungszentrale lief auf Hochtouren. Die Beamten der Abteilung für Gewaltverbrechen klopften zusammen mit den Vertretern der Schutzpolizei des 9. Reviers an alle Türen von Verdächtigen und jeder, der als Zeuge in Frage kam, wurde verhört.«

Diese hier von Sjöwall und Wahlöö geschilderten Aktivitäten spielten sich ab, als ein unbekannter Sexualmörder die Straßen und Parkanlagen Stockholms unsicher machte – in »Der Mann auf dem Balkon« (Mannen på balkongen, 1967). Der Triebtäter, der als »guter Onkel« kleine Mädchen in Parkanlagen lockte und umbrachte, wäre sehr bald gefaßt worden, hätte die Polizei den Anruf einer alten Dame ernst genommen, die da meinte, einen verdächtigen Mann beobachtet zu haben. Da dieser aber offensichtlich nichts weiter tat, als auf dem eignen Balkon stehend auf die Straße hinabzuschauen, wurde der Anruf mit einem Achselzucken abgetan. Es gab zu viele derartige Anrufe. Der Zufall wirkte jedoch weiterhin – voller Ironie: Die Polizisten fanden schließlich die nunmehr gesuchte Anruferin in einem Bäckerladen, als sie gerade Kuchen für ihre Kaffeepause kaufen wollten. Das vierte Mädchen wurde gerettet, weil ein Streifenwagenfahrer gerade in den Büschen verschwinden und seine Notdurft verrichten mußte. Trotz dieser Seitenhiebe, schilderten die Autoren andererseits immer wieder die mühevolle Kleinarbeit der Kriminalpolizei. Obwohl das Verbrechen aufgeklärt wurde, gab es ein restlos befriedigendes Ende nicht, denn in der Welt und in der Gesellschaft entstanden neue Verbrechen. Nach der Festnahme des Triebtäters sprachen die Kriminalisten miteinander:»›Herrgott, Lennart‹, sagte er, ›es ist vorbei.‹ ›Ja‹, antwortete Kollberg. ›Für dieses Mal.‹«

In den Romanen geschahen viele böse Dinge, aber die Täter waren weniger böse, eher kranke Menschen, nur daß keiner ihre Krankheit erkannte. Diese Sicht zeichnete bereits den ersten Roman des Schriftstellerehepaares aus: »Die Tote im Götakanal« (Roseanna, 1965). Selbstverständlich führte eine solche Darstellungsweise des Verbrechens in die Nähe des Psychokrimis, doch war es letztlich die kriminalistische Kleinarbeit, die mit der Auswertung von Photographien begann und über den Einsatz eines »Lockvogels« endete, die zur Festnahme des Täters führte. Auch ein Amateurfilmer konnte helfen, sein Film lief im Labor ab:

»Die Kamera blieb hartnäckig auf den Strand gerichtet. Bäume, Kühe, Wiesen ...

Martin Beck hatte kein Auge für die kleine Szene. Er hörte, daß Ahlberg tief Luft holte und Kollberg sich aufrichtete.

Hinter der mildtätigen Dame aus Klamath Falls, Oregon, hatte Roseanna McGraw das Shelter Deck überquert. Sie war nicht allein gewesen. Links, dicht neben ihr, hatte sich ein Mann befunden. Ein Mann mit einer Sportmütze. Er war einen Kopf größer als sie und eine Zehntelsekunde war sein Profil vor dem hellen Hintergrund zu erkennen gewesen.

Alle hatten ihn gesehen.

›Film anhalten!‹ rief der Landsfogel.«

Weitere Romane des Schriftstellerehepaares wie »Der lachende Polizist« (Den skrattande polisen, 1968) und »Der Mann, der sich in Luft auflöste« (Brandbilen som försvann, 1969) gingen auch in diese Richtung. Für den Leser wurden Kommissar Martin Beck, Einar Rönn, Gunvald Larsson, Lennart Kollberg und Frederik Melander Vertraute.

Das in der Kriminalliteratur immer wieder aufgegriffene Sujet des verschlossenen Raumes finden wir in »Verschlossen und verriegelt« (Det slutna rummedt, 1973), nahm aber im Handlungsgeschehen nicht die zentrale Stelle ein. Das Opfer war, wie sich herausstellte, bei offenem Fenster von einem Verbrecher und Erpresser getötet worden. Beim Rückfallen des Körpers schnappte der Fensterriegel zu. Letztlich ging es den Autoren darum, zu zeigen, wie aus verbrecherischer Haltung und Handlung neue Verbrechen entstehen. So begeht die Geliebte des Erpressers einen Banküberfall, um für sich und ihr Kind Geld zu bekommen. Der Verbrecher, dem der Mord nicht nachgewiesen werden kann, wird mit dem Banküberfall belastet und zu Zuchthaus verurteilt. – Bittere Ironie mengte sich mit dem Gedanken an Gerechtigkeit.

Die Grenzen dieses Abzweiges der Kriminalliteratur wurden jedoch in »Das Ekel aus Säffle« (Den verdervärdige mannen från Säffle, 1971), ebenfalls von dem Schriftstellerehepaar, deutlich. Opfer und Täter gehörten dem Polizeiapparat an; die Motivation zur Rache ergab sich aus der Polizeiarbeit. Kommissar Wyman, das Ekel aus Säffle, der die Amtsgewalt mißbrauchte, hatte das Berufs- und Familienleben eines jungen Polizisten zerstört. Streifenpolizisten, eingespannt in einen monotonen Dienst, klagten: »Wie viele Male hat man mich vollgekotzt? Wie viele Male haben die Leute hinter mir hergespuckt und mir nachgeschrien und mich Schwein oder Wildsau oder Mörder genannt? Wie viele Selbstmörder hab' ich abschneiden müssen? Wie viele unbezahlte Überstunden hab' ich gemacht? Mein ganzes Leben lang habe ich wie ein Pferd geschuftet ...«

Ein Kreis tat sich auf von Wahnsinn, Unheil und überflüssigen Aktivitäten. Das alles gipfelte in einem spektakulären Großeinsatz der Polizei mit Hubschrauber, Feuerwehr und Sprengungen – alles wurde aufgeboten zu einer überzogenen Verfolgungsjagd, und alles erwies sich letztlich als unnütz und menschenfeindlich. Der Täter war ein Verzweifelter, der beim Schußwechsel zu einem Wahnsinnigen wurde. Nicht nur bei diesem Roman fragt man sich, ob die sozialkritischen Aspekte das Genre nicht zu stark belasten.

Auch in den Romanen von Vic Suneson, als Sune Lundquist ein Diplomingenieur, spielten sich die Verbrechen in Stockholm ab und beschäftigten die Stockholmer Kriminalpolizei. Offensichtlich war das großstädtische Milieu für die Darstellung von Verbrechen interessanter. Anders als Maj Sjöwall und Per Wahlöö bevorzugte Suneson Fälle, die mehrere

Per Wahlöö.

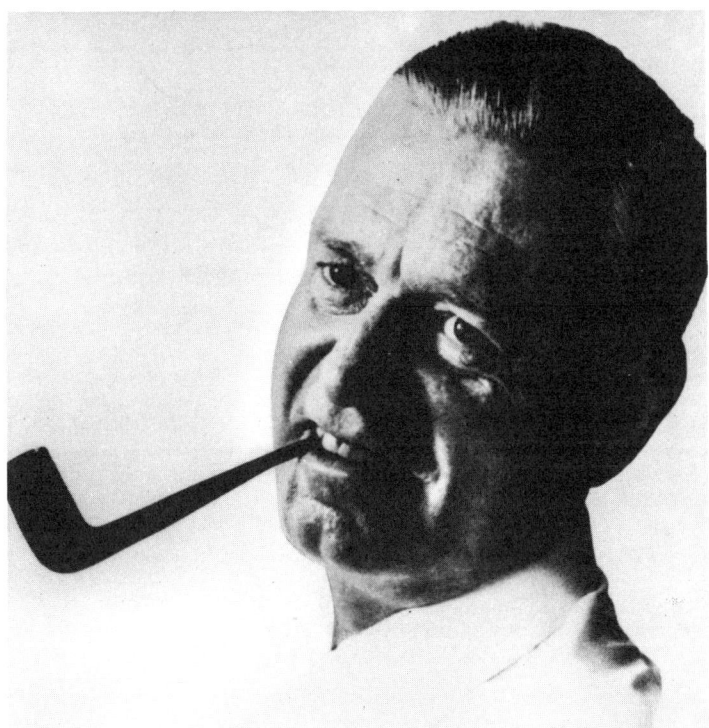

Vic Suneson.

Jahre zurücklagen, die wieder aus der Vergangenheit und Vergessenheit hervorgeholt werden mußten. Diese Rückblende brachte einen Vergleich der Gegenwart mit der – einige Jahre zurückliegenden – Vergangenheit mit sich. Die Umwelt hatte sich geändert, die Gesellschaft hatte sich verändert, gesellschaftskritische Momente wurden so verstärkt. »Fall Nr. 44« (Fallett 44: An, 1963) brachte den jahrelang verborgenen Mord an einer Malerin und eine raffinierte Erbschleicherei ans Tageslicht.

Die Romane »Wer von den sieben« (Vem Av De Sju, 1967) und »Der falsche Adressat« (Mord Är Mitt Mål, 1971) verbanden den Polizeiroman geschickt mit einer Detektivgeschichte, die den Mord im kleinen vertrauten Kreise (nicht in der Anonymität einer Großstadt) aufklärt, und mit dem psychologisch orientierten Krimi, denn in Rückblenden über die Jahre waren die handfesten Indizien geschrumpft und nur die Beteiligten, ihre Charaktere und Motivationen geblieben. Einer von den sieben Klassenkameraden, einer der »Bande«, zu denen vor 40 Jahren auch Kommissar O. P. Nilsson gehörte, hatte den armseligen Antiquar ermordet. Der Täter befand sich unter den Arrivierten; seine steile wissenschaftliche Karriere begann, als er sich unrechtmäßig die Forschungsergebnisse seines verstorbenen Assistenten aneignete. Er tötete, damit Verbrechen und Verfehlungen aus der Vergangenheit nicht die erworbene Position in der Gesellschaft zerstören sollten. Das bittere Ende kam, als sein Sohn und der Kommissar ihn entlarvten. – Auch in dem zweiten Roman ging es um ein Jahr zurückliegendes, scheinbar längst geklärtes Verbrechen, das ebenfalls aus Furcht vor Prestige- und Amtsverlust begangen wurde. Eine Verhandlung vor Gericht, bei der Kommissar Nilsson und seine Mitarbeiter durch ihre Aussagen die Tochter eines verstorbenen Kollegen belasten mußten, zwang sie, den Fall und sein Vorfeld nochmals zu überprüfen: Dienstpflicht gemengt mit Freundschaftsdienst. Ermittelnde, Angeklagte, Verdächtige und Zeugen befanden sich im Gerichtssaal – sogar der Täter, der als Verteidiger der Angeklagten fungierte. Der Verteidiger als Mörder, der seine Mandantin mit der Tat zu belasten wußte: Das war die bittere Ironie, die in den Romanen von Sjöwall/Wahlöö auch immer wieder durchbrach. Die Umweltschilderungen aber, die Beschreibung der polizeilichen Arbeit, die Begründung der Tatmotive waren durchaus realistisch. Diese auf die gesellschaftliche Wirklichkeit bezogene Ausrichtung des Polizeiromans konnte seinen Spielraum ganz wesentlich verbreitern, denn die Delikte, die Polizeiarbeit, die Untersuchungsführung waren in den einzelnen Staaten unterschiedlich.

Arkadi und Georgi Wainer u. a.

»Das Wichtigste ist das menschliche Leben«, entgegnete Vitali kopfschüttelnd. »Etwas Schlimmeres als Mord kann es nicht geben. Das ist ein Axiom, wenn du es genau wissen willst.«

Arkadi Adamow

Bei der Lektüre eines Romans wie »Die schwarze Katze« (Era milosserdija, 1976) der beiden sowjetischen Autoren und Brüder Arkadi und Georgi Wainer muß der Leser einsehen, daß die verbrecherische Tätigkeit der weitverzweigten Bande der »schwarzen Katze« nicht durch einen einsamen Meisterdetektiv sondern nur durch die gut organisierte MUR, die Moskauer Kriminalmiliz, zu bekämpfen war. Der Roman gab eine Rückschau auf das Leben in Moskau wenige Monate nach dem zweiten Weltkrieg. Die Lebensbedingungen für die Bürger wurden erschwert durch das Treiben einer Bande, die Geschäfte und Vorratslager ausraubte, Waren verschob und Menschenleben nicht achtete. Gewaltverbrecher und kleine Gauner, Hehler und alte Vetteln fanden sich zusammen, ein Verbrechen war mit dem anderen verknüpft. Wie ein Netz hatte sich das Banditenunwesen über die Stadt gebreitet. Die kleinen Gauner waren meist bekannt und hatten ihre Spitznamen wie Ziegel-Kotka, Räucher-Valka, Füller-Petja oder die stets gefällige Lotterie-Manja.

Auf der anderen Seite wurden dem Leser die Mitarbeiter der Kriminalmiliz in der Petrowka vorgestellt mit ihrer schweren und gefährlichen Arbeit, aber auch mit ihren Sorgen im ersten Nachkriegswinter, mit Sorgen im Familien- und Freundeskreis, Diebstahl im Kleinen:

»›Die Karten! Die Karten!‹ schrie Schura verzweifelt. ›Alles aus! Geklaut! Die Lebensmittelkarten! Fünf kleine Kinder ... sterben ... vor Hunger. Aaaah! Der Monat hat ... gerade ... angefangen ... die Karten vom ... ganzen Monat.‹« Zuerst kamen die Milizionäre, um mit ihren Karten und einem Schmalztöpfchen zu helfen, dann versuchten sie, den Dieb zu fangen. Als die Bande, die zum Hohn für die Miliz eine schwarze Katze oder zumindest die Zeichnung einer schwarzen Katze am Tatort hinterlassen hatte, schließlich gefaßt worden war, durften die düsteren Töne nicht völlig verklingen, das hätte nicht zu der angestrebten realistischen Schilderung gepaßt.

Das Ganze war ein Zeitgemälde, aber keines, das für einen geruhsamen Beschauer entworfen war, sondern der Leser wurde von einer Aktion zur Gegenaktion mitgerissen, vor sich die Frage: Wie, wann und mit welchen Opfern werden die Verbrecher unschädlich gemacht?

Die Brüder Wainer mußten den Stoff nicht ersinnen, sie hatten als Juristen ähnlich gelagerte Fälle kennengelernt. Es gab auch mit »Das Ende des Chitrow-Marktes (Konez chitrowa rynka, 1967) von den Autoren Anatoli Besuglov und Juri Klarow ein Gegenstück: die Aushebung der Bande des Jakow Koschelkow und die Auflösung des Chitrow-Marktes, eines Ganovenreiches mit eigenen Gesetzen, das bereits im alten Moskau die Bürger in Schrecken versetzt hatte. Die auf der Grundlage gründlichen Archivstudiums dargestellte Handlung spielte im Jahre 1919. Trotzdem ist eine Nähe zur Pitavalgeschichte nicht spürbar. Das aus Akten Ermittelte trat hinter die Schilderungen menschlicher Schicksale und Charaktere zurück. Besuglov, ein Staatsanwalt, Klarow, ein Rechtsanwalt, versuchten an Traditionen der russischen Literatur – so Tolstoi, so Dostojewski – anzuknüpfen. Zudem waren sie mit der polizeilichen Ermittlungsarbeit vertraut. Auch die Sprache der Kriminalisten war deren Alltag entnommen.

»Der rauchgraue, gescheckte, riesige Schäferhund setzte sich brav in der Diele hin. ›Willst du dich an die Arbeit machen, Marceluschka!‹ fragte ich und kraulte sein Fell ... Chaletzki packte seinen Kriminalistenkoffer aus, der wegen seines Umfangs ›Arche Noah‹ genannt wurde. Ich mahnte: ›Nehmen Sie zuerst die Blutspritzer vom Boden.‹« So wurde in »Besuch beim Minotaurus« (Wisit k minotawru, 1972) die Untersuchung des Diebstahls einer wertvollen Geige, einer Stradivari, eingeleitet.

Weniger um Bandenverbrechen als um Individualtäter, die allerdings Helfershelfer besaßen, ging es in den Romanen von Arkadi Adamow, einem langjährigen Mitarbeiter der Kriminalmiliz. Seine Verbrecher waren nicht unter den Banditen, Asozialen und Gestrauchelten zu suchen, sondern unter den wohlangesehenen Bürgern.

Es galt nicht, bekanntes und berüchtigtes Banditentum zu bekämpfen, langgesuchte Verbrecher dingfest zu machen, sondern raffiniert verschleierte Wirtschaftsverbrechen und mit ihnen verbundene Gewalttaten bis hin zum Mord aufzudecken. So kam der Schilderung der Arbeit im Team besondere Bedeutung zu, ein jeder Mitarbeiter wurde lebendig mit seinem speziellen Auftrag dargestellt, aber auch in seinen Beziehungen zu seinen Freunden und auch in seinem Familienleben:

»Meine Mutter im Morgenrock und noch ganz verschlafen, bekam einen Abschiedskuß. Immerhin fand sie Zeit, mir eine Reihe von Hinweisen zu geben, wie ich mich unterwegs zu verhalten hatte.« So trat Vitali Lossew in »Der verschwundene Hotelgast« (Slym wetrom, 1975) seine Reise an.

»Die Tote in der Baugrube« (Petlja, 1976) begann mit dem Auffinden einer toten Frau – Mord, Selbstmord oder Unfall, das hatte die Untersuchung zu klären, im weiteren Verlauf wurden noch andere Verbrechen aufgedeckt! Diebstahl, Hehlerei, Betrug und Bestechung. Der letzte Weg der Toten wurde rekonstruiert, aber dennoch gelang es den Kriminalisten nicht, den Haupttäter zu überführen. »›Er hat sie zum Selbstmord getrieben‹, lasse ich nicht locker. ›Beweis das mal‹, wirft Kusmitsch ein. ›Seine Frau wird vor Gericht nicht gegen ihn aussagen. Wer dann? Pawel? Der kommt als Zeuge nicht in Frage. Was das Gericht betrifft, da hat er recht.‹ Kusmitsch nickt zu Edik hinüber. ›Moralisch trägt Menschulin die Verantwortung für diesen Selbstmord. Das ist aber auch alles. Was willst du machen? Manche Fälle enden eben so.‹ Ja, so enden sie. Und wandern ins Archiv.«

Das ist sehr realistisch, aber der Leser fühlt sich doch ein wenig enttäuscht und bedrückt, denn gerade vom Kriminalroman erwartet er die Bestrafung des Bösen und den Sieg der Gerechtigkeit, und er möchte nicht gern desillusioniert werden. Dabei

Einbandgestaltung zu »Die schwarze Katze«.

Georgi Wainer.

hatte Adamow sich auch theoretisch mit der Kriminalliteratur beschäftigt, so in: »Der Kriminalroman, mein Lieblingsgenre« (1980). Bei anderer Gelegenheit äußerte er sich: »Vor dem Kriminalroman steht die gleiche Aufgabe wie vor der gesamten sowjetischen Literatur, die ideologische und moralische Erziehung des Lesers. Unsere Aufgabe ist es, das Genre meisterhaft handhaben zu lernen. Und außerdem möchte ich von meinen Freunden in der sowjetischen Miliz erzählen, von ihrer wichtigen, schwierigen, manchmal auch recht gefährlichen Arbeit.«

Dabei übersah er auch nicht die literarischen Traditionen, die von der klassischen englischen Detektivgeschichte, für ihn markiert durch A. Conan Doyle und G. K. Chesterton, ausgingen. »Sherlock Holmes ist Logik, Scharfsinn, Wissenschaft. Pater Brown aber kennt die menschliche Psyche. Es lohnt, die beiden zu vergleichen.«

Adamow ließ seinen jungen Kriminalisten Vitali mit einem Beispiel aufwarten: »Er (Chesterton) schreibt in einem seiner Werke: ›Angenommen, eine Lady wäre auf dem Landsitz einer anderen zu Gast und fragte: Lebt sonst noch jemand hier? Die Gastgeberin würde niemals erwidern: Ja, natürlich, der Butler, drei Diener, das Stubenmädchen, der Koch, der Stallknecht und der Gärtner, obwohl das Stubenmädchen gerade das Zimmer aufräumt und der Butler hinter ihrem Sessel steht. Sie würde antworten: Nein, ich lebe allein hier. Stellt jedoch während einer Epidemie der Arzt die gleiche Frage, dann wird sie alle aufzählen, die zum Personal gehören, einschließlich Diener, Stubenmädchen und der übrigen.‹ So kann es sich auch mit den Bewohnern dieses Hauses verhalten. Man muß ihrem Gedächtnis nachhelfen, die Fragen richtig stellen.«

Eine interessante Spielart des Polizeiromans bot der Pole Kazimierz Kwaśniewski in »Der Mörder und das Mädchen« (Zbrodniarz i Panna, 1965). Die Kriminalmiliz war bei der Suche nach einem Raubmörder, der einen Geldtransport überfallen hatte, auf die Hilfe einer jungen Bankangestellten, die überlebt und den Täter erkannt hatte, angewiesen. Obwohl sie sich in Gefahr begab und dies wußte, war sie gern bereit zu helfen, den Mörder aus seiner Re-

Arkadi Wainer.

Arkadi Adamow.

serve und Verborgenheit zu locken. Dabei ging eine Verwandlung mit ihr, der Margareta Makowska, vor. Sie wurde tatsächlich zu der hübschen, selbstbewußten jungen Frau, die sie darzustellen hatte. Nach einer Verfolgungsjagd, bei der der Raubmörder den Tod fand, gab es für Margareta ein Happy-End mit einem Hauptmann der Miliz.

In einem weiteren Roman »Sie soll uns die Ermordete spielen« (Kaze Aktorom Powtorzyc Morderstwo, 1965) war es die Kriminalmiliz allein, der es gelang, den Mord an dem Warschauer Professor Rudziski zu klären und das mit Hilfe von Eisenbahnfahrplänen aufgebaute Alibi der Täterin, der Ehefrau, zu zerschlagen.

Die DIE-Reihe, seit 1970 in der DDR erscheinend, bringt ihrem Titel »Delikte, Indizien, Ermittlungen« folgend vornehmlich Kriminalromane, die die Arbeit der Polizei, meistens der MUK, Morduntersuchungskommission, behandeln. Die Tendenz der Reihe zielt auf eine Verschmelzung von Spannung, Unterhaltung, Information und moralischer Erziehung, wobei die einzelnen Autoren diese Faktoren verschieden gewichtig behandeln. Zu nennen wäre Hans Pfeiffer mit »Tote Strombahnen« (1974), ein Autor, der sich auch mit Theorie und Geschichte der Kriminalliteratur befaßte, »Die Mumie im Glassarg« (1960), und der in weiteren Publikationen zum Sachbuch hin tendierte wie in »Die Sprache der Toten« (1968) oder »Die Spuren der Toten« (1977, mit dem Untertitel: »Die Gerichtsmedizin im Dienste der Wahrheit«). Der Informationscharakter war hier ausgeprägter als im Polizeiroman; die Spannung, die der Titel dem Leser versprach, baute nicht auf eine fiktive Handlung, sondern auf interessante Informationen, die gleichzeitig mit geschichtlichen, auch zeitgeschichtlichen Belegen verbunden waren.

Der ehemalige Journalist Friedhelm Werremeier aus der BRD versuchte mit seinem Kommissar Trimmel Kommissar Maigret nachzuzeichnen, ohne jedoch die psychologische Tiefe der Maigret-Romane zu erreichen. Die Einblendung von Ironie und Selbstironie konnte diesen Mangel nicht wettmachen. Wenn ein Kriminalfall so ausging wie das Hornberger Schießen in »Platzverweis für Trimmel« (1972), stand der Leser unbefriedigt da: Es war eigentlich alles nicht so schlimm, und so brauchte niemand verdammt zu werden. Werremeier versuchte nicht nur im Schatten Simenons zu schreiben; auch er sah sich nach »richtigen« Fällen um, ohne jedoch diese als Pitavalgeschichte aufzubereiten. Sicher wären seine Romane nicht so relativ weit verbreitet, hätte das Fernsehen nicht einige der Trimmelromane für die Sendereihe »Tatort« übernommen. Dem unter dem Pseudonym »ky« schreibenden BRD-Autor gelang es besser – indem er an skandinavische und italienische Beispiele anknüpfte –, in der kapitalistischen Gesellschaft wirkende Mechanismen durchschaubar zu machen. In seinen Büchern interessiert ein kriminelles System.

In unserer Zeit hat der Polizeiroman sicher beträchtliche Möglichkeiten. In ihm kann der wissenschaftliche und technische Fortschritt – natürlich in den durch das Genre und Sujet gesetzten Grenzen – informativ und unterhaltsam sichtbar gemacht werden. Da das Kriminalistenteam – auch in Romanen – durch spezialisierte Wissenschaftler ergänzt wird, kann der Leser inmitten dieses interessanten Kreises seinen Platz finden.

Humor im Krimi – Schwarzer Humor

Sbirro hielt mit einer Hand die Tür einladend weit auf, während die andere, schier zärtlich, auf Lafflers fleischiger Schulter ruhte.

Stanley Ellin

Mordgeschichten sind eine todernste Sache; diese Überzeugung hatte schon immer den Humor aus der Kriminalliteratur verbannt oder verbannen wollen. Die Mehrzahl der Autoren hatte dieses Gebot respektiert, allerdings bot sich auf dem Theater und im Film ein anderes Bild dar: Tricks, die schief gingen, seltsame Fluchtwege, Verkleidungen, Überrumpelungen, Täuschungsmanöver lösten in Kriminalkomödien, auf der Leinwand und auf dem Bildschirm einander ab – sie waren von optischem Reiz.

Die fast klassische deutsche »Diebskomödie«, nämlich Gerhart Hauptmanns »Biberpelz« scheint uns ein gutes Beispiel. Es ging nicht um Gewalt und Mord, sondern eben nur um den gestohlenen Biberpelz; die Sympathien aller waren auf seiten der Mutter Wolffen. Jeder freute sich, daß ihr Mutterwitz über Amtspersonen und Behörden triumphierte: »... die Wolffen ist eine ehrliche Haut ...« Der literarische Krimi aber kannte keine Situationskomik. Freilich gab es auch Ausnahmen. Da war Robert A. Stemmle mit seinem Roman »Der Mann, der Sherlock Holmes war«, (1937); populärer wurde jedoch der gleichnamige Film. Uns am besten in der Erinnerung sind wohl die liebenswürdigen, mordlüsternen alten Damen Frank Capras in »Arsen und Spitzenhäubchen« (1944), die von Bühne wie Bildschirm herab viel Vergnügen bereiteten. Also wieder kein Roman. Einzelne Kriminalromanautoren hatten jedoch kauzige Randfiguren erfunden, sogar kauzige Detektive. Der Beginn eines Romans, z. B. mit »›Verdammt!‹ sagte die Herzogin« konnte burlesk sein, ebenso der Schluß, oder es konnten komische Passagen eingeblendet werden, aber eine völlige Durchdringung der Kriminalhandlung mit Komik war und ist eine Seltenheit, ist dem Genre aber nicht völlig abträglich.

Da wäre der Schwede, der unter dem Pseudonym Bo Balderson schreibt: »Der Minister und der Tod« (Statsradet och Döden, 1968). Der Mord geschah im kleinen Kreis, im Kreis der Besitzer alter Sommervillen auf der Schäreninsel Lindo nahe der Hauptstadt. Auch der Minister gehörte mit zu den Tatverdächtigen, sein Alibi war sehr suspekt: »›Wo bist du gestern abend gewesen nach dem Essen?‹ ›Ich saß auf dem Locus‹ ›Über eine Stunde? Im Finstern?‹ ›Ja, ich hatte die Taschenlampe mit und blieb hinterher noch ein Weilchen sitzen und las alte Wochenzeitungen‹« ... Die Alibis der anderen Nachbarn hörten sich auch nicht besser und glaubwürdiger an. Am meisten überzeugte noch der ältere Studienrat, der zur Tatzeit die »Altbabylonischen Völker« gelesen hatte. Zum Schluß gelang es dem Minister, den wahren Täter zu entlarven und einen Irrtum der Polizei zu korrigieren. – Die Komik, resultierend aus den Marotten einzelner Villenbesitzer und Verdächtiger, war eng mit dem Fortgang der Handlung verflochten. Daß der Leser belustigt war, schloß nicht aus, daß er gleichzeitig mit Freude seine Verstandeskräfte übte.

Aus einer ganz andersgearteten literarischen Tradition kamen die Romane der amerikanischen Autorin Margaret Scherf. Ihre Amateurdetektive waren ihrer Herkunft nach alles andere als prädestiniert, Verbrechen aufzuklären. Da war der Pfarrer Dr. Martin Buell, über dessen Lebenswandel die weiblichen Mitglieder seiner Gemeinde nur allzu gern wachten, dem aber überall, wo er hinkam, seltsame Vorfälle begegneten, so z. B. auf einer kirchlichen Tagung – in: »Was geht Sie das an, Dr. Buell?« (Gilbert's last Toothache, 1949), die damit endete, daß der Geistliche mit einem fremden Baby in seine Pfarrei zurückkehrte: »›Sie haben ein Baby?‹ ... ›Nicht meins. Es ist das Kind von Pfarrer Sviveley, meinem Kollegen, der während unseres Aufenthalts im Hotel McDonald so plötzlich starb.‹ ›Ach ja. Schreckliche Geschichte. Ganz schrecklich. Ich las, daß seine Frau am nächsten Tag von der Paßstraße abstürzte. Ihr Bischof war doch auch dabei, nicht wahr?‹ ›Ja, und ich ebenfalls. Unglücklicherweise. Nun habe ich das Baby.‹« Detektivische Spannung und Situationskomik ergänzten sich hier.

Weiterhin gab es Emely Murdock und Henry Bryce, Restauratoren aus New York, die erst im Laufe einer Romanhandlung zueinander fanden. In ihrer Werkstatt tauchten reparaturbedürftige Möbel, suspekte Personen, aber auch inkriminierende Gegenstände auf. So konnte es geschehen, daß Emely eine Tatwaffe, einen Revolver, in Daniel Websters Büste praktizierte – in »Der versteckte Revolver« (The Gun in Daniel Webster's Bust, 1949). Die Aufklärung von Morden und mysteriösen Vorfällen spielte sich in einem Chaos von Möbeln, Zufälligkeiten und aufschlußreichen Spuren ab.

Als dritter Detektiv fungierte bei Margaret Scherf Dr. Grave Severance, eine Leichensezierein, die allerdings durch ihren Beruf bereits mit Mord und Totschlag zu tun hatte.

Eine Verbindung von Crimen und Komik im Roman war also durchaus möglich, aber selten.

Ganz anders sieht das Bild bei der Kurzgeschichte aus. Fast alle Autoren, die Kriminalromane verfaßten, haben auch Kurzgeschichten geschrieben, oft sogar ihren Einstieg in die Kriminalliteratur mit Kurzgeschichten begonnen. Die Kriminalgeschichte war eine Säule der Kriminalliteratur: Wir erinnern uns an die Antike, an Harsdörffers Mordgeschichten, an E. A. Poe und A. C. Doyles Detektivgeschichten.

Zu diesen Kurzgeschichten haben wir auch die Anekdoten zu rechnen. Bereits Abele hatte im 17. Jahrhundert seine »Gerichtshändel« zusammengetragen. Tatsächlich gab es immer wieder Vorfälle und Verhandlungen vor des Gerichtes Schranken, bei denen die Komik das Crimen überwucherte. Um ein Beispiel aus unseren Tagen anzuführen: Unter dem Pseudonym Cobra wurden von Joachim Dietrich Kriminalgrotesken veröffentlicht, »Der undichte Einbrecher und andere Krimis« (1961), in denen es z. B. um den Droschkengaul Isabella ging, der auf einem Balkon im dritten Stock eines Wohnhauses die Geranien abweidete. Oder die Verhandlung um den Raben Jakob, der angesichts des Richters loskrächzte: »Schmeißt doch den Penner raus!«

Bevor der »Schwarze Humor« zu einem festen literarischen Begriff wurde, nahm Richard Hull in seinen für den damaligen Leser etwas schockierend wirkenden Krimis einige Pointen vorweg. Makaber und komödiantisch war »The Murder of My Aunt« (1934). Als aber die Romane immer mehr schrumpften, mußten auch die Kurzgeschichten immer kürzer werden. Beim Entwerfen von Kriminalgeschichten mußten die Autoren also darauf verzichten, mehrere Spuren auszulegen, die zu verfolgen waren. Ein einziger Hinweis führte zum Täter und zur Tat. Das Ende kam schnell und überraschend, es lief auf eine Pointe zu. Die Pointe aber ist es, die den Witz ausmacht. Das Crimen mit makabren Sujets, in Verbindung zum Witz, ergibt den schwarzen Humor, und wir sind damit an die Peripherie der Kriminalliteratur vorgedrungen.

Ganz anders als in den exakten Tatortbeschreibungen, z. B. der Pitavalliteratur, wird der Tatbestand hier verhüllt, nichts ist direkt gesagt. Aber der Leser, auf das Böse und Verbrechen vorbereitet, weiß alles zu deuten.

In Stanley Ellins Geschichte »Die Spezialitäten des Hauses«, vom Autor in seine »Mystery Stories« (1956) aufgenommen, ist nur vom Lamm Ämirstan die Rede, das von Zeit zu Zeit als Spezialität des Hauses in einem seltsamen Feinschmeckerlokal serviert wird. Aber der Leser merkt mit »sanftem Schrecken«, daß dort hin und wieder feiste Stammgäste geschlachtet werden und auf der Speisekarte stehen. Es gibt keine strafende Gerechtigkeit und den Gästen schmeckt der Braten vorzüglich. In anderen Fällen bzw. Geschichten, wendet sich die Ironie des Schicksals jedoch gegen den Täter. Der unscheinbare Mister Appleby konnte seinen alten, geliebten Trödelladen nur weiterführen, weil er in gebührendem Abstand sechs Gattinnen beerbte. Die siebente allerdings durchschaute ihn und sicherte sich ab mit Hilfe ihrer Rechtsanwälte. Doch als Appleby sie schonen wollte, um seiner selbst willen, geriet die Rachsüchtige durch einen dummen Zufall in die

Dieser Kater löste mit Neugier, Gefräßigkeit und detektivischem Gespür einen Mordfall und bekam als Anerkennung den Status eines Gerichtsreporters.

ihr zugedachte Todesfalle, und für den Antiquitätenhändler hieß es: »Ihre Zeit ist abgelaufen.«

Bei Roald Dahl aßen in »Lammkeule« die untersuchenden Polizisten pietätvoll die Mordwaffe, die eingefrostete Lammkeule, von der mörderischen Gattin vorsorglich gebraten, mit bestem Appetit auf – die trauernde Witwe hatte sie so liebevoll empfohlen: »Ich weiß, daß Patrick – Gott sei seiner Seele gnädig – mir nie verzeihen würde, wenn ich Sie in seinem Haus nicht anständig bewirtete.« Die bekannteste Sammlung der makabren Kriminalgeschichten erschien 1960 unter dem Titel »Kiss, Kiss«.

Der Dritte im Bund war Henry Slesar, ein amerikanischer Krimiautor, dessen Buchtitel »Enter Murderers« (1960) und »A Crime for Mothers and Others« (1962) bereits komische Akzente setzten. Hinter all diesen Kurzgeschichten, die es versuchten, das Crimen mit Humor irgendwie zu begreifen und nicht ohne Nachfragen zu verdammen, lugt das uns altbekannte Gesicht des Schelms, des Picaro, hervor.

Ähnlich wurde Groteskes, Gruselig-Komisches in die »unlikely stories« von John Collier hineingebracht. Der Titel einer Erzählsammlung war bereits ironisch: »Fancis and Goodnights« (1951). Nichtigkeiten, alltägliche Querelen, z. B. der Streit um das Frühstücksei, führten zum Mord. Kein Detektiv entdeckte die Verbrechen, aber oft enthüllte sie ein lächerlicher Zufall, der Leser konnte sich, dicht an die Katastrophe herangeführt, den Rest selbst ausmalen – in den vorgegebenen schwarzen Tönen. Der Täter war kein grundverdorbener Charakter, aber er war vielleicht der sensibelste in seiner Umwelt.

Unter dem Pseudonym Patrick Quentin schrieben Richard W. Webb und Hugh C. Wheeler ebenfalls mit schwarzem Humor durchzogene Kriminalgeschichten und -romane; sie waren eher bereit, den Täter – den der Leser selbstverständlich kannte – ungestraft zu lassen. Die Autoren nahmen fast eine Umwertung vor, das »Opfer«, das da aus der Welt geschafft wurde, war mehr als ein unleidliches Geschöpf, war egoistisch, gefährlich; charakteristischerweise hieß einer ihrer Romane: »The Green-eyed Monster« (1960), der deutsche Titel »Die Wahrheit über Maureen« war da weniger aussagekräftig. »Bächleins Rauschen tönt so bang...« (1975) – Mutter und Sohn können nach einem Mord ihr Leben in ungestörter Zweisamkeit wieder aufnehmen. Damit haben wir auch diese Randerscheinung der Kriminalliteratur in unsere geschichtliche Betrachtung wieder eingebunden.

Schlußbetrachtung

*Kriminalliteratur ist in erster Linie
ein Mittel zur Unterhaltung
des Publikums und wird es auch immer bleiben.*
Julian Symons

Beim »Blick in die Kristallkugel« bekennen wir uns auch zu diesem Ausspruch. Seit Jahrzehnten wurde der Kriminalroman bzw. die Detektivgeschichte immer wieder totgesagt, aber der düsteren Prognose folgte stets eine neue, oft überraschende Blüte: Neben Neuerscheinungen, neuen Sujets wurden und werden die »Klassiker« wieder herausgebracht: Klassischer Boden unseres Krimis sind das 19. Jahrhundert und die erste Hälfte des 20. Jahrhunderts – eine junge, aber respektierte Klassik.

Noch etwas spricht für die Lebenskraft des Krimis – seine Parodien. Mumien persifliert und karikiert man nicht. Da gibt es »5 x Mord« (Piec razy morderstwo, 1976) des polnischen Autors Jerzy Siewierski, der fast unserer Einteilung folgt mit: »Barlowes weiter Weg oder Mord auf amerikanisch« gemünzt auf die hard-boiled story; mit »Barliet und das tote Dienstmädchen oder Mord auf französisch«, à la Simenon; mit »Miß Barlowes Karten lügen nicht oder Mord auf englisch«, nach Agatha Christie; mit »Das Verbrechen im Sonnenklub oder Mord auf schwedisch«, Sjöwall und Wahlöö parodierend; »Fragen an einen Toten oder Mord auf polnisch«, der, wie viele polnische Kriminalromane, in die Zeit des zweiten Weltkriegs zurückführt. Dem Leser wurde jedoch nicht nur eine fünfteilige Parodie vorgesetzt, eine Lektüre, die ihn amüsierte, sondern das Element des Aufdeckens, Enträtselns blieb erhalten.

Auch Narcejac versuchte sich mit Kriminalparodien, seine gemeinsam mit Boileau geschriebenen Romane boten bereits eine Mischung von Fast-Groteskem mit Düster-Geheimnisvollem.

Das Wichtigste für den Bestand und die Weiterentwicklung des Krimis waren und sind jedoch seine Leser, die »Krimifans«, keineswegs alle jugendlichen Alters. Im Gegensatz zu anderen Genres der Unterhaltungsliteratur, sind die Krimifreunde, ähnlich wie die Autoren, in einigen Ländern zum Teil organisiert, in Clubs oder Verbänden oder fühlen sich durch ihre Zeitschriften verbunden. So das »Baker Street Journal«, das sich mit teilweise humoristisch gefärbten Beiträgen an die »Baker Street Irregulars«, jetzt die Verehrer des Sherlock Holmes, wendet oder der »Armchair Detective« mit kritischen Beiträgen, Rezensionen, Literaturempfehlungen und Leserbriefen. Während Alfred Hitchcocks Kriminalmagazin mehr als Anthologie gehalten ist, bringt »Ellery Queen's Mystery Magazine« auch Buchbesprechungen und Mitteilungen für die Freunde des Krimis. Überdies werden dem Krimileser Kompendien und Enzyklopädien angeboten, wo er Krimisujets, Zitate aus Kriminalromanen, literarische Detektive, preisgekrönte Romane, Autoren usw. verzeichnet findet. Nennen möchten wir hier: Ordean A. Hagen »Who Done It? A Guide to Detective, Mystery and Suspense Fiction« (1969), Jacques Barzun und Wendell Hertig Taylor »A Catalogue of Crime« (1971), Chris Steinbrunner und Otto Penzler »Encyclopedia of Mystery and Detection« (1976) und Dilys Winn »Murder Ink. The Mystery Readers Compagnion« (1977).

Der »Crime Writers Association« (1953) im englischen Bereich, die die besten Krimis eines Jahres mit dem »Goldenen« bzw. »Silbernen Dolch« (Golden Dagger) auszeichnet, entsprechen in den USA die »Mystery Writers of America« (1945), die in acht Kategorien den »Edgar« – nach Edgar Allan Poe – vergeben, so für den besten Krimi eines Jahres, die beste Kurzgeschichte, die beste Literaturkritik ... bis hin zum besten Fernsehkrimi. In Frankreich gibt es mehrere Preise, den »Prix du roman d'aventure«, den »Prix du Quai des Orfèvres«, den »Prix de littérature policière«, den »Prix Ciceron«, den »Prix Mystère«. Und in der BRD – nicht in England! – gibt es den »Edgar-Wallace-Preis«. Norwegische Kriminalautoren können den »Goldenen Revolver« empfangen, in

Dänemark ist der »Berenice-Preis« erhältlich und in Spanien der »Nada-Preis«.

Eine so erfolgreiche und bekannte Autorin wie Agatha Christie, deren Romane insgesamt eine Auflagenhöhe von 300 Millionen Exemplaren erreichten, konnte für ihre literarischen Verdienste – wohlgemerkt auf dem Gebiet der Kriminalliteratur – geadelt werden. Bereits zuvor war Lady Agatha von Kritikern und Reportern als »Queen of Crime« oder »Duchess of Death« auf den Schild gehoben worden. Wenngleich all diese Auszeichnungen für die Autoren bestimmt waren, begünstigten sie doch die Entwicklung und Etablierung des Krimis und spiegelten gleichzeitig sein gewachsenes Ansehen wider.

Die weltweite Verbreitung des Krimis gründete sich auch auf die Verzweigung in Untergattungen, die die Elemente der Kriminalliteratur in verschiedenen Varianten und in unterschiedlicher Gewichtigkeit brachten: Wie Freude am Spiel der Verstandeskräfte, Spannung, der Wunsch nach einer funktionierenden Gerechtigkeit, Emotionen, nicht zuletzt ein wohliges Gruseln, ein gewisses Maß an sachlichen Informationen, einen Einblick in unbekannte, aber interessante Gebiete und auch Probleme, aber nicht so lastend, daß sie das Vergnügen des Lesers störten. Doch die langsame, aber stetige Ausbreitung wissenschaftlichen Denkens hatte neben den politisch und gesellschaftlich wichtigen Ergebnissen auch zur Folge, daß innerhalb der Unterhaltungsliteratur gerade die Kriminalliteratur an Raum gewann – in zuvor unbehausten Räumen. Diese Entwicklung bestätigte die These Brechts, daß der Krimi den »Bedürfnissen der Menschen eines wissenschaftlichen Zeitalters« entgegenkam.

Es waren aber nicht nur der Leser und die Leserbedürfnisse, die die Herausbildung einer Kriminalliteratur förderten, sondern es mußten auch literarische Traditionen vorhanden sein, auf die die Autoren zurückgreifen konnten – wenn nicht, wie in vielen Fällen – Übersetzungen der bekannten Romane auf den Markt gebracht wurden, mitunter auch als Raubdrucke. Einige Autoren versuchten, erfolgreiche Romane nachzuahmen, z. B. die Maigret-Romane.

In Japan konnte sich eine eigenständige Kriminalliteratur entwickeln, weil im literarischen Vorfeld bereits Ansatzpunkte geschaffen waren.

In Spanien dagegen lagen diese Traditionen weit zurück, der Picaro war eine Gestalt der Reconquista, hier war ein Anknüpfen unmöglich. Einen Neubeginn machte Ende der sechziger Jahre Francisco Garcia Pavon mit einem Polizeichef als Detektiv, dem als »Watson« ein Veterinär beigesellt war. Lokalkolorit, Landschaftsschilderungen und Charakterzeichnungen, gerade auch von Kleinstädtern, gaben seinen Romanen ein eigentümliches Gepräge.

In Italien dominierten über Jahre Übersetzungen, vor allem von englischen, amerikanischen und französischen Kriminalromanen, nachdem die italienischen Leser durch Verbote der faschistischen Regierung dieser Literatur gegenüber zur Abstinenz gezwungen waren. Schließlich konnte sich Giorgio Scerbanenco mit seinen Romanen durchsetzen. Verbrechen von Individualtätern und Banden bestimmten das Handlungsgeschehen, aber wenn auch einige der Täter gefaßt wurden, die wirklichen Halunken konnten entkommen, und eine triste, böse Welt blieb zurück. Das war realistisch, aber war das die Gewißheit, die die Krimileser gewinnen wollten?

Von der einschlägigen Kritik fast völlig übersehen wurden die Kriminalliteratur und ihr Lesepublikum in den sozialistischen Ländern: In unserer Darstellung tauchten sie bereits an verschiedenen Stellen auf. Besonders deutlich ist ein Aufwärtstrend in der Sowjetunion sichtbar. Ein interessiertes Lesepublikum wird auch durch Kriminalromane zufriedengestellt. Anfangs standen Übersetzungen, vor allem englischer, französischer und skandinavischer Autoren im Vordergrund – erstaunlich gut bekannt sind die Werke von Collins, Gaboriau, Doyle, Chesterton, Simenon und Christie; auch Film und Fernsehen griffen auf diese »klassischen« Romane zurück. Dann aber drängte, weniger an die ausländische Literatur als an die eignen literarischen Traditionen knüpfend, das heißt also in ausgereifter Erzähltechnik und mit psychologischer Durchdringung, eine neue Autorengeneration nach vorn. Da wird auch viel experimentiert – nach Absterben sieht das nicht aus.

Wenn wir hier von unserer Darstellung der einzelnen Zweige der Kriminalliteratur einmal abgehen und statt dessen den Blick betont über die Ländergrenzen schweifen lassen, so wollen wir nicht unserem Prinzip untreu werden, sondern recht augenfällig auf die weite Verbreitung der Kriminalliteratur hinweisen, die von der Kritik oftmals in allzu engen Grenzen gesehen wird.

Vielleicht geht dieser Blick auch in die Zukunft; je breiter die Leserschichten, je differenzierter sie sind, desto differenzierter sind die Lesebedürfnisse und die Forderungen an die Literatur, die gezwungen ist, verschiedenartige und interessante Gestaltungen zu entwickeln.

Für die nächsten Jahre läßt sich vielleicht – wir blicken ja mit Symons in die Kristallkugel – ein Trend ausmachen: der Trend zur Geschichte. Dies bedeutet zum einen, daß immer wieder, auch von den Massenmedien, insbesondere von Film und Fernsehen, auf die »alten« Kriminalromane, insbesondere des 19. Jahrhunderts, zurückgegriffen wird, weil sie bei entsprechendem Volumen voller Themen und Sujets stecken. (Aber daneben bewirkt das Fernsehen eine Umkehr des bisherigen Verhältnisses von Film und Literatur. Nach einem erfolgreichen Debüt auf dem Bildschirm wird jetzt das Buch herausgebracht, oder – eine Modifikation – wird neu aufgelegt, nachdem der Stoff als Fernsehfilm gut angekommen ist.) Zum anderen, daß historische Kriminalfälle, Pitavalgeschichten von verschiedenen Autoren mit ebenso verschiedenen Absichten als Romane, Kriminalromane bearbeitet werden, wobei der Autor die offen gebliebenen Fragen wie Tatverdacht, Motivation aus seiner Sicht und Wertung heraus ergänzt.

Dahin z. B. gehört Julian Symons mit »Der Fall Adelaide Bartlett« (Sweet Adelaide, 1980), Günter Spranger »Das Lügenspiel. Der Kriminalfall Grete Beier« (DDR, 1980) und »Zu Recht befunden« (Nalezeno pravem, 1971) von Vaclaw Kaplicky, der sich auf Gerichtsprotokolle aus dem 17. Jahrhundert stützte, und »Mord in Olmütz« (Vražda v Olomouc; 1972) von Oldřich Baněk, der die Ermordung des böhmischen Königs Wenzel III. im 14. Jahrhundert zum Thema hat.

Soll dieser historische Krimi glaubhaft und von Anachronismen frei sein, so muß er durch realistische Elemente abgestützt werden, die wir vor allem in der hard-boiled story und im Polizeiroman beobachten konnten. Durch Synthese werden hier neue Möglichkeiten der Kriminalliteratur sichtbar. Dagegen sank die ehemalige Heftchenliteratur, die ohne jeden literarischen Anspruch gefertigte Massenware, optisch allerdings herausgeputzt, immer mehr in das Epigonentum des harten Krimis ab. Betonten vor

 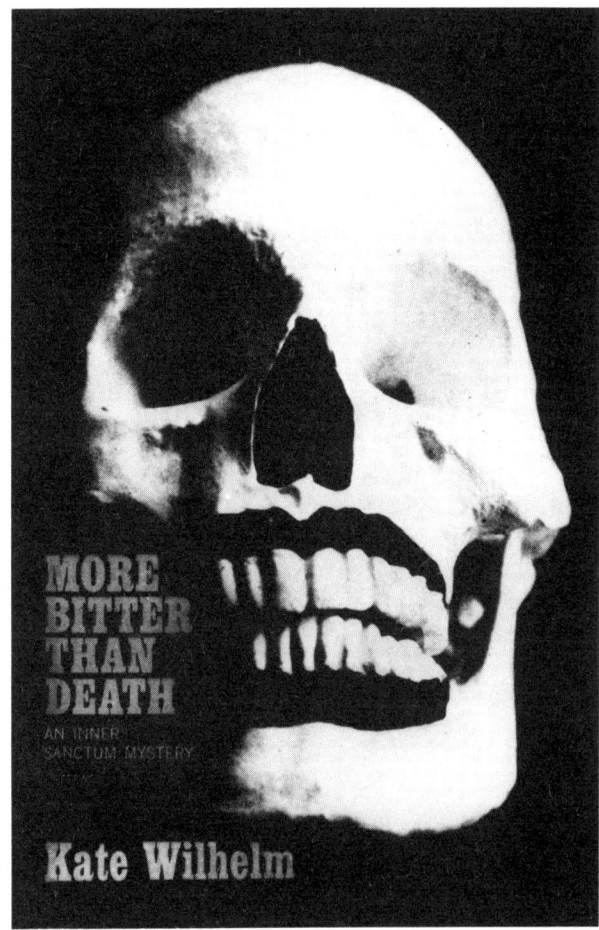

Einbandentwürfe, die dem Leser wohliges Gruseln versprechen.

einigen Jahren die Buch- bzw. Heftchentitel noch im Nachtrab der Wallace-Ära das Schauervolle und Mysteriöse im Titel wie »Rache aus dem Jenseits« oder »Im Banne des Bösen«, so werden die Titel jetzt härter als die hard-boiled story. Mit dem Versprechen und Ausmalen von »sex und crime« sind diese Produkte weit entfernt von den literarischen und letztlich humanistischen Zielen Chandlers und seinen Romantiteln wie »Der lange Abschied« (The Long Goodbye, 1953), »Das hohe Fenster« (The High Window, 1942) oder »Der tiefe Schlaf« (The Big Sleep, 1939). Gefördert wird dieser Trend durch die kurzen Serienkrimis des Fernsehens, die in einer guten halben Stunde geballt »action« bringen, d. h. Schießereien, Verfolgungsjagden in aufheulenden Autos, Verhöre mit Schlägereien und last not least das Hinunterkippen von Whisky. Hier konnten keine Roman- oder Novellensujets verarbeitet werden, durften Charakter- oder Umweltschilderungen nicht Platz und Zeit wegnehmen.

Aber auch der Schauerkrimi feiert, stark psychologisch durchtränkt, fröhliche Auferstehung. Gerade in einer Zeit der Rationalisierung des Arbeitslebens und des Alltags möchte der Leser in den Abendstunden sich ganz gern auf ein altes Spukschloß, in unterirdische Gewölbe oder eine wüste Heidelandschaft entführen lassen – literarisch.

Mit diesem Leser haben wir gemeinsam einen weiten Weg zurückgelegt: vom griechischen Orakel bis zu Scotland Yard, von der Antike bis zur Gegenwart. Anfangs war es noch mühselig, die Spuren der frühen Kriminalliteratur aufzufinden, dann aber von 1800 an nahm die einschlägige Literatur immer mehr zu, schwoll die Flut an ... Da half und hilft nur ein Auswählen. Es ging uns ja auch nicht darum, erschöpfend Verfasser und Titel aufzuführen, sondern wir wollten an literarischen Marksteinen die Entwicklung der Kriminalliteratur als literarisches Ganzes, als Genre, selbstverständlich auch in den Verästelungen verfolgen. Wo entdeckten und sahen wir die Wegzeichen? Da mag es zu Differenzen gerade mit dem kundigen Krimiliebhaber kommen. Ganz sicher haben wir irgendeinen Lieblingsautor nicht berücksichtigt, einen interessanten Roman beiseite oder gar ungelesen gelassen. Wir wollten nur mit dem Krimifreund sein Leserevier abschreiten und ihm dabei Informationen zukommen lassen und Vergnügen bereiten. Niemanden wollten wir langweilen. Deshalb verteidigen wir unser Vorhaben mit dem besten Gewissen und sagten: »Nicht schuldig, Euer Ehren.«

Der Kriminalautor – Karikatur aus »W Mire Knig«, Moskau.

Anhang

Literatur (Auswahl)
Autorenverzeichnis
Bildnachweis

Literatur (Auswahl)

Bei der Fülle des Materials haben wir nur begrenzt Zeitschriften-Aufsätze angeführt.

Achard, M.: Sophocle et Archimède, pères du roman policier. In: Nouvelles Littéraires v. 3. 11. 1960

Adamow, Arkadi: Der Kriminalroman, mein Lieblingsgenre. Moskau 1980

Alewyn, Richard: Das Rätsel des Detektivromans. In: Definitionen, Essays zur Literatur. Hrsg. v. Adolf Frise. Frankfurt/Main 1963

Alewyn, Richard: Anatomie des Detektivromans. In: Die Zeit, Nr. 47 v. 22. 11. 1968 und Nr. 48 v. 29. 11. 1969

Anders, Karl: Der Kriminalroman. Versuch einer Einordnung. In: Bücherei und Bildung 4, 1952

Arnold, Armin, und Josef Schmidt: Reclams Kriminalromanführer. Stuttgart 1978

Arnold, Armin, und Alois M. Haas (Hrsg.): Sherlock Holmes auf der Hintertreppe. Aufsätze zur Kriminalliteratur. Bonn 1981

Beyer, Hugo: Kriminalnovelle, -roman. In: Reallexikon der deutschen Literaturgeschichte (P. Mercker/W. Stammler). 2 Bde. Berlin 1928/29

Bien, Günter: Abenteuer und verborgene Wahrheit. Gibt es den literarischen Kriminalroman? In: Hochland 57, 1965

Bloch, Ernst: Die Form der Detektivgeschichte und die Philosophie. In: Neue Rundschau, 1960

Bloch, Ernst: Philosophische Ansicht des Detektivromans. In: Verfremdungen I, Frankfurt/Main 1961

Böckel, Fritz: Kriminalgeschichten. In: Monatsschrift für Kriminalpsychologie und Strafrechtsreform. 1914 bis 1918

Boileau, Pierre, und Thomas Narcejac: Le roman policier. Paris 1964. Dtsch.: Der Detektivroman. Neuwied und Berlin (West) 1967

Brecht, Bertolt: Über die Popularität des Kriminalromas. In: Schriften zur Literatur und Kunst. Bd. 2. Berlin und Weimar 1966

Bry, Karl Christian: Verbrecherschwarten. In: Das literarische Echo, 25. Jg. 1922–1923

Buchloh, Paul Gerhard, und Jens Peter Becker (Hrsg.): Der Detektiverzählung auf der Spur. Essays zu Form und Wertung der englischen Detektivliteratur. Darmstadt 1977

Caillois, Roger: Le roman policier. Paris 1941

Campos, Jorge: Lo policiaco en la América hispaña. In: Insula, Nr. 231, 1966

Carr, John D.: The Life of Sir Arthur Conan Doyle. New York 1949

Carter, John: Detective Fiction. In: New Paths, in: Book Collecting. London 1934

Chandler, Frank W.: The Literature of Roguery. Boston 1907

Chandler, Raymond Th.: The Simple Art of Murder. Boston/Mass. 1950

Chassaing, H.: De Zadig au rififi on du roman policier. Montpellier 1959

Chesterton, Gilbert Keith: A Defence of Detective Stories. In: The Defendant. London 1901

Chesterton, Gilbert Keith: On Detective Novels. In: Generally Speaking. London 1929

Chesterton, Gilbert Keith: Detective Story Writers. In: Come to Think it. London 1931

Christie, Agatha: Meine gute alte Zeit. Bern und München 1977

Dahnke, Walter: Kriminalroman und Wirklichkeit. Hamburg 1958

Depken, Friedrich: Sherlock Holmes, Raffles und ihre Vorbilder. Ein Beitrag zur Entwicklungsgeschichte und Technik der Kriminalerzählung, Heidelberg 1914 (Anglist. Forschungen 41)

Eckert, Otto: Der Kriminalroman als Gattung. In: Bücherei und Bildung 3, 1951

Egloff, Gerd: Detektivroman und englisches Bürgertum. Konstruktionsschemen und Gesellschaftsbild bei Agatha Christie. Düsseldorf 1974

Elgström, Jörge, und Ake Runniquist: Svensk mordbok. Den svenska detektivromanens historia 1900–1950. Stockholm 1957

Erné, Nino: Whodunnit oder die Olive im Martini. Ein Plädoyer für den Kriminalroman. In: Die Welt der Literatur. Nr. 16, 1965

Ferri, Enrico: Les criminels dans l'art et la Littérature. Paris 1907

Fischer, Peter: Neue Häuser in der Rue Morgue. In: Merkur 23, 1969

Fosca, François: Histoire et technique du roman policier. Paris 1937

Fürst, Rudolf: Kriminalromantik. In: Das literarische Echo 10, 1908

Gerber, Richard: Verbrechensdichtung und Kriminalroman. In: ndl (13) 1966, H. 3

Gerteis, Walter: Detektive. Ihre Geschichte im Leben und in der Literatur. München 1953

Gilbert, Michael (Hrsg.): Crime in Good Company. London 1959

Gribble, Leonhard: Die großen Detektive. 150 Jahre Kriminalistik. München 1965

Harper, Ralph: The World of the Thriller. Cleveland 1969

Haycraft, Howard: Murder for Pleasure. The Life and Times of the Detective Story. New York 1941

Haycraft, Howard: Mystery and Detective Stories. In: Encyclopaedia Britannica. 1963

Heißenbüttel, Helmut: Spielregeln des Kriminalromans. In: Trivialliteratur. Aufsätze. Hrsg. von Gerhard Schmidt-Henkel. Berlin (West) 1964

Highsmith, Patricia: Plotting and Writing Suspense Fiction. Boston 1966

Hollingsworth, Keith: The Newgate Novel 1830–1847. Detroit 1963

Hügel, Hans-Otto: Untersuchungsrichter – Diebsfänger – Detektive. Geschichte und Theorie der deutschen Detektiverzählung im 19. Jahrhundert. Stuttgart 1978

Just, Klaus G.: Edgar Allan Poe und die Folgen. In: Übergänge. Probleme und Gestalten der Literatur. Bern und München 1966

Kaemmel, Ernst: Literatur unterm Tisch. Der Detektivroman und sein gesellschaftlicher Auftrag. In: ndl (10)

Kaul, Karl: Der Kriminalroman gestern und heute. In: ndl (3) 1955

Knox, Ronald A.: Mystery Stories. In: Encyclopaedia Britanni - ca. 1946

Kracauer, Siegfried: Der Detektivroman. In: Schriften 1. Frankfurt 1971

Kruse, Hans-Joachim: Einleitung zu: Die deutsche Kriminalerzählung von Schiller bis zur Gegenwart. Hrsg. von Herbert Greiner-Mai u. Hans-Joachim Kruse. 3 Bde. Berlin 1968

Lacassin, Francis: Mythologie du roman policier. 2 Bde. Paris 1976

La Cour, Tage, und Harald Mogensen: Mordbogen. Kopenhagen 1969. Engl. The Murder Book. London-New York 1971

Lambert, Gavin: The Dangerous Edge. An Inquiry Into the Lives of Nine Masters of Suspense. New York 1976

Langenbucher, Helmut: Der Teufel spielt Verstecken oder Einiges zur Frage des gegenwärtigen Kriminalromans. In: Die Buchbesprechung 3. Leipzig 1939

Lichtenstein, Alfred: Der Kriminalroman. München 1908

Madden, David (Hrsg.): Tough Guy Writers of the Thirties. Carbondale 1968

Mager, Hasso: Krimi und crimen. Halle 1969

Marsch, Edgar: Die Kriminalerzählung. Theorie – Geschichte – Analyse. München 1972

Messac, Régis: The Detective Novel et l'Influence de la Pensée Scientifique. Paris 1929

Murch, E. A.: The Development of the Detective Novel. London 1958

Murr, Stefan: »Krimi« in Deutschland, Mordversuch an einem kultivierten Literaturzweig. In: Das Antiquariat, H. 4, 1980

Narcejac, Thomas: Esthétique du roman policier. Paris 1947

Nevins, Francis M.: The Mystery Writer's Art. Bowling Green (Ohio) 1971

Nusser, Peter: Der Kriminalroman. Stuttgart 1980

Ousby, Jan: Bloodhounds of Heaven. London 1976

Pfeiffer, Hans: Die Mumie im Glassarg. Bemerkungen zur Kriminalliteratur. Rudolstadt 1960

Pfeiffer, Hans: Die Sprache der Toten. Die Gerichtsmedizin im Dienste der Wahrheit. Berlin 1968

Pfeiffer, Hans: Die Spur der Toten. Berlin 1977

Reinert, Claus: Detektivliteratur bei Sophokles, Schiller und Kleist. Kronberg 1975

Rodell, Marie F.: Mystery Fiction, Theorie and Technique. Rev. Ausgabe. London 1952

Routley, Erik: The Puritan Pleasures of the Detective Story. London 1972

Schulz-Buschhaus, Ulrich: Formen und Ideologien des Kriminalromans. Ein gattungsgeschichtliches Essay. Frankfurt/Main 1975

Seeßlen, Georg: Mord im Kino. Geschichte und Mythologie des Detektivfilms. Hamburg 1981

Sichelschmidt, Gustav: Liebe, Mord und Abenteuer. Berlin 1969

Starrett, Vincent: Mystery Stories. In: Encyclopaedia Britannica. 1946

Sutherland, Scott: Blood in Their Ink. The March of the Modern Mystery Story. London 1953

Symons, Julian: The Detective Story in Britain. London 1962

Symons, Julian: A Pictorial History of Crime, 1840 To the Present. New York 1966

Symons, Julian: Bloody Murder. London 1972. Dtsch.: Am Anfang war der Mord. München 1972

Thompson, H. Douglas: Masters of Mystery. London 1931

Thorwald, Jürgen: Das Jahrhundert der Detektive. Zürich 1966

Tschimmel, Irene: Kriminalroman und Gesellschaftsdarstellung. Eine vergleichende Darstellung zu Werken von Christie, Simenon, Dürrenmatt, Capote. Bern 1979

Vogt, Jochen (Hrsg.): Der Kriminalroman. 2 Bde. München 1971

Watson, Colin: Snobbery With Violence. Crime Stories and Their Audience. London 1971

Wölcken, Fritz: Der literarische Mord. Eine Untersuchung über die englische und amerikanische Detektivliteratur. Nürnberg 1953

Würtenberger, Thomas: Die deutsche Kriminalerzählung. Erlangen 1941

Zmegac, Viktor (Hrsg.): Der wohltemperierte Mord. Frankfurt/Main 1971

Autorenverzeichnis

Dieses Verzeichnis bringt die von uns angeführten Kriminalautoren, aber auch die Dichter und Literaten, die sich in ihrem Schaffen der Kriminalliteratur zugewandt oder an tragender Stelle Kriminalsujets eingearbeitet haben. Bis auf wenige Ausnahmen wird vom Pseudonym auf den bürgerlichen Namen verwiesen. Die kursiven Zahlen verweisen auf Abbildungen.

Abele, Matthias von und zu Lilienberg (1616 oder 1618–1677)   29, 31, 65, 172
Studium der Philosophie und Jurisprudenz. Danach Sekretär der Eisengewerkschaft in Steyr. Neben seiner beruflichen Tätigkeit gab A. kleinere Prosaschriften und Kriminalanekdoten heraus.

Abraham a San(c)ta Clara (1644–1709)   31
Eigentlich Johann Ulrich Megerle. Berühmter Wiener Augustinerpater und -prediger, dessen Wirkung sich auf seine volkstümliche Sprache und Motivik gründete.

Adamow, Arkadi (geb. 1920)   168, 170; *170*
Sowjetischer Schriftsteller, der seit einem Vierteljahrhundert Kriminalromane verfaßt, z. B. »Ein Fall mit vielen Farben« (1955), »Kreise auf dem Wasser« (1973), »Ein böser Wind« (1975).

Ainsworth, William H. (1805–1882)   66; *67*
Er veröffentlichte, den historischen Romanen Walter Scotts und Victor Hugos folgend, Romane wie »Rockwood« und die romantisch gefärbte Diebesgeschichte »Jack Sheppard« (1839), hierbei in den Traditionen der Newgate-Novels stehend.

Aischylos (525–456 v. u. Z.)   10
Bedeutender altgriechischer Dramatiker. Von seinen 90 Tragödien sind jedoch nur 7 vollständig überliefert, in ihrem Mittelpunkt steht die Trilogie der »Orestie« (458).

Alexis, Willibald, s. Häring, Georg Wilhelm

Allain, Marcel (1885–1969)   109
A. erfand gemeinsam mit Pierre Souvestre (1874–1914) die Gestalt des Fantômas, des Verbrechers, der fast beliebig sein Aussehen wechselt. Mit den Fantômas-Romanen, die von 1909 bis 1965 erschienen, nähert er sich dem Schauerkrimi.

Allingham, Margery (1904–1966)   153
Englische Schriftstellerin. Sie war mit dem Herausgeber des »Tatler« verheiratet, der an ihren Krimis mitarbeitete. Neben Romanen wie »Mystery Mile« (1930) gab sie Kurzgeschichten heraus, z. B. »Campion Criminologist« (1937).

Apuleius (geb. 125 u. Z., Todesjahr unbekannt)   11, 14
Römischer Schriftsteller, Rechtsanwalt und Philosoph. Er lebte meist in Afrika und in Rom. Sein Hauptwerk ist: »Die Metamorphosen oder Der goldene Esel«.

Arnau, Frank (1894–1976)   141; *141*
Redakteur und Gerichtsreporter mit »Schweizer Staatsangehörigkeit«, machte sich als Verfasser von Sachbüchern der Kriminalistik, von Feuilletons, aber auch Kriminalromanen und Essays über interessante zeitgenössische Kriminalfälle einen Namen. »Das Auge des Gesetzes« (1962), »Der perfekte Mord« (1960).

Bailey, Henry Christopher (1878–1961)   133
Englischer Journalist und Schriftsteller. Er arbeitete anfangs beim Londoner »Daily Telegraph«. Als Kriminalautor erfand er den wissenschaftlichen Detektiv Mr. Fortune und den gerissenen Anwalt Joshua Clunk.

Balderson, Bo   172
Unter diesem Pseudonym schreibt ein wohl prominenter Schwede, der unbekannt bleiben möchte.

Balzac, Honoré de (1799–1850)   78
Bedeutender französischer Romancier, der in seine umfangreiche realistische Romanproduktion zahlreiche Kriminalsujetes einbaute und auch Eugène Vidocq ein literarisches Denkmal setzte.

Barr, Robert (1850–1912)   124
Journalist schottischer Herkunft, schrieb auch einige Kriminalgeschichten und Romane mit dem komischen französischen Detektiv Eugène Valmont.

Bäuerle, Adolf (1784–1859)   84
Populärer Wiener Lustspiel- und Romanautor.

Beer, Johann (1655–1700)   31
Ein aus Oberösterreich stammender Komponist und Autor von oft satirisch angelegten Romanen.

Bentley, Edmund C. (1875–1956)   113
Englischer Journalist und Schriftsteller, der nur wenige, aber seinerzeit sehr geschätzte Kriminalromane schrieb.

Berkeley, Anthony, s. Cox, Anthony

Besuglov, Anatoli   168
Sowjetischer Jurist, Staatsanwalt, der zusammen mit seinem ehemaligen Studienfreund Juri Klarow, den späteren Rechtsanwalt, Kriminalromane schrieb, deren Themen und Gestalten sie ihrer juristischen Praxis entnahmen.

Bierce, Ambrose (1842–1914)   142
B. hatte auf seiten der Nordstaaten am amerikanischen Bürgerkrieg teilgenommen. Arbeitete später als Kritiker und Reporter. Charakteristisch sind seine »bitteren Stories«.

Biggers, Earl Derr (1884–1933)   138

Bilinski, Wacław   160
Polnischer Schriftsteller.

Boileau, Pierre-Louis (geb. 1906)   155, 156, 175; *154*
Zusammenarbeit mit Thomas Narcejac; es entstanden theoretische Schriften über den Krimi. Verfasser von Psycho-Thrillern. »Sveursfroides« (1958) von Hitchcock 1964 verfilmt. »Et mon tout est un Homme« erhielt 1965 den »Prix de humour noir«.

Borge, Bernhard   155
Norwegischer Kriminalschriftsteller.

Borrow, George (1803–1881)   66
Englischer Schriftsteller, der Vidocqs Memoiren übersetzte und »Celebrated Trials and Remarkable Cases of Criminal Jurisprudence to 1852« herausbrachte.

Bosetzky, Ernst (geb. 1938)   171
Unter dem Pseudonym -ky veröffentlicht der in Berlin (West) lebende Universitätsprofessor Kriminalromane und -erzählungen.

Braddon, Mary Elizabeth (1837–1915)   75
Englische Romanschriftstellerin, die sich später dem historischen Roman zuwandte.

Brentano, Clemens (1778–1842)   58
Dichter der deutschen Romantik.

Brooks, Edwy Searles (1889–1965)   155
US-amerikanischer Kriminalschriftsteller, der 40 seiner 60 Krimis unter dem Pseudonym Victor Gunn veröffentlichte.

Bulwer-Lytton, Edward George (1803–1873)   66, 68
Absolvent der Universität Cambridge, Mitglied des britischen Parlaments, Diplomat. Machte sich auch als Schriftsteller einen Namen.

Caesarius, Abt von Heisterbach   15
Etwa von 1180 bis in die vierziger Jahre des 13. Jahrhunderts Abt des Klosters Heisterbach. Sein Schriftwerk umfaßt auch Erzählungen und Biographien.

Čapek, Karel (1890–1938)   140
Tschechoslowakischer Romancier und Dramatiker von internationalem Rang.

Capote, Truman (geb. 1925)   142
Bedeutender US-amerikanischer Schriftsteller.

Capra, Frank (geb. 1897)   172
US-amerikanischer Autor italienischer Abstammung; vor allem bekannt durch seine mit schwarzem Humor erfüllten Kriminalkomödien.

Carr, John Dickson (1906–1977)   135, 136; *137*
US-Amerikaner, Pseudonym: Carter Dickson. Schrieb unter beiden Namen über 80 Kriminalromane und schuf verschiedene Detektivgestalten, so Dr. Gideon Fell und Sir Henry Merrivale, Henri Bencollin, Colonel Narsh. 1949 verfaßte er eine Biographie Conan Doyles: »The Life of Sir Arthur Conan Doyle«.

Caryell, John Russell   100

Chandler, Raymond (1888–1959)   123, 142, 143, 144, 146, 148, 149, 150, 178; *148*
US-amerikanischer Kriminalschriftsteller, der die neue realistische Form der »hard-boiled story« mitentwickelte. Seine Jugendjahre verbrachte er in England und war gelegentlich als Journalist tätig. In der Zeit von 1919 bis 1932 war er in den USA im Gesellschaftsleben tätig. Als er während der Depression seine Stellung verlor, begann er mit dem Schreiben, anfangs von Kurzgeschichten; dann wandte er sich dem gesellschaftskritischen Kriminalroman zu.

Chesterton, Gilbert Keith (1874–1936)   8, 115, 116, 117, 119, 123, 125, 135, 156, 170, 176; *177*
Englischer Journalist, Kritiker und Schriftsteller. Trat zum Katholizismus über und führte später die Gestalt des Pater Brown in seine Detektivgeschichten ein. Insgesamt veröffentlichte er 50 Pater-Brown-Erzählungen.

Childers, Erskine (1870–1922)   115
Der gebürtige Londoner setzte sich für die irische Unabhängigkeit ein, fuhr zur See, trat der republikanischen Armee Irlands bei und wurde auf das Urteil eines Kriegsgerichts hin erschossen. Sein einziger Roman gilt als der erste Spionageroman der Weltliteratur.

Christie, Agatha (1890–1976)   95, 119, 123, 124, 128, 129, 130, 131, 132, 135, 138, 139, 153, 154, 175, 176; *124, 125*
Geboren als Agatha Mary Clarissa Miller in Devon (England). Sie heiratete 1918 den Offizier A. Christie. Während des Krieges arbeitete sie in der Krankenpflege und schrieb

in ihren freien Stunden ihren ersten Krimi. Aber erst 1926 erreichte sie den literarischen Durchbruch. In zweiter Ehe war sie mit dem Archäologen M. Mallowan verheiratet, veröffentlichte ihre Bücher aber weiter unter dem berühmt gewordenen Namen Christie. Mehrere Monate des Jahres verbrachte sie mit ihrem Mann bei Ausgrabungen im Vorderen Orient. Es wird geschätzt, daß ihre Bücher – etwa 80 Romane und Kurzgeschichtenbände – eine Gesamtauflage von 400 Millionen erreicht haben.

Cicero, Marcus Tullius (106–43 v. u. Z.) 11
Berühmter römischer Staatsmann, Schriftsteller und Redner.

Clemens, Samuel Langhorne, s. Twain, Mark

Cobra s. Dietrich, Joachim.

Cole, George Douglas Howard (1889–1959) 133
Der englische Wirtschaftswissenschaftler und Oxforder Professor schrieb gemeinsam mit seiner Frau Margaret Isabel eine Reihe von Kriminalromanen, teils zur Entspannung von wissenschaftlicher Arbeit, teils um Geld zu verdienen.

Collier, John (geb. 1901) 173
Der gebürtige Londoner emigrierte nach den USA. Er ist Autor zahlreicher, mit schwarzem Humor durchsetzter Kurzgeschichten.

Collins, William Wilkie (1824–1899) 71, 72, 73, 74, 85, 96, 98, 176; *72*
Englischer Novellist. Verfasser der ersten viktorianischen Kriminalromane.

Cooper, James Fenimore (1789–1851) 59, 79
Nach langen Reisen schrieb der US-Amerikaner auf seinem Gut Coopertown die Lederstrumpf-Romane.

Cox, Anthony Berkeley (1893–1970) 119, 134, 152, 153
Der englische Journalist und Schriftsteller veröffentlichte, auch unter den Pseudonymen Anthony Berkeley und Francis Iles, Kriminalgeschichten und -romane.

Crofts, Freeman Will (1879–1957) 95, 119, 123, 124
C. wurde in Dublin geboren, besuchte das College in Belfast und arbeitete zuletzt als Oberingenieur bei der Eisenbahn. Während einer längeren Krankheit schrieb er seinen ersten Kriminalroman und wandte sich dann ganz der Schriftstellerei zu.

Curtiss, Ursula (geb. 1923) 160
Die in New-Mexiko, USA, lebende Schriftstellerin, mit John Curtiss verheiratet, hat seit 1948 über 20 Kriminalromane verfaßt, die sich durch ihre Psychologisierung, oft mit Schauerelementen versetzt, auszeichnen.

Dahl, Roald (geb. 1916) 173
Der Waliser arbeitet als freier Schriftsteller. Er hat auch einige Kriminalerzählungen, durchzogen von schwarzem Humor, geschrieben.

Danney, Frederec (geb. 1905) 137, 138; *137*
Zusammen mit seinem Vetter, Manfred B. Lee, verfaßte der gebürtige New Yorker (ursprünglich Daniel Nathan) unter dem Pseudonym Ellery Queen zahlreiche Kriminalromane und gab auch seit 1941 die Zeitschrift »Ellery Queen Mystery Magazine« heraus.

Defoe, Daniel (1660 oder 1661–1731) 32, 52
Englischer Journalist und Schriftsteller mit starkem politischem Engagement. Bis heute bekannt ist sein »Robinson Crusoe«.

Dickens, Charles (1812–1870) 66, 70, 71, 98; *67, 71*
Bedeutender englischer sozialkritischer Romancier.

Dickson, Carter, s. Carr, John Dickson

Dietrich, Joachim (geb. 1927) 173
Mitarbeiter des »Eulenspiegel«, der satirischen Zeitschrift der DDR. Schreibt unter dem Pseudonym Cobra.

Dine, S. S. van, s. Wright, Willard Huntington

Dostojewski, Fjodor Michailowitsch (1821–1881) 8, 168
Russischer Schriftsteller, der mit seinen Romanen der Weltliteratur zuzurechnen ist.

Doyle, Arthur Conan (1859–1930) 75, 96, 97, 99, 103, 104, 106, 107, 112, 113, 115, 116, 130, 144, 158, 159, 170, 172, 176; *96, 97*
Der schottische Arzt, der in Edinburgh studiert hatte, wandte sich der Literatur zu. Seinen Ehrgeiz setzte er in historische Romane und Betrachtungen, fand jedoch seine größten literarischen Erfolge mit Detektivliteratur.

Droste-Hülshoff, Annette von (1797–1848) 90; *91*
Deutsche Novellistin und Lyrikerin.

Dumas, Alexandre d. Ä. (1802–1870) 38, 76, 79, 88, 94; *80*
Französischer Romanschriftsteller und Dramatiker. Er errang seine Erfolge vor allem mit historischen Abenteuerromanen, fungierte aber auch als Herausgeber von »Les crimes célèbres«.

Du Maurier, Daphne (geb. 1907) 161; *159*
Die Engländerin machte sich einen Namen als Verfasserin von historischen und Liebesromanen. Die Psychologisierung der Handlung ist dabei eng mit Geheimnissen und Verbrechen verbunden.

Dürrenmatt, Friedrich (geb. 1921) 151, 152; *152*
Der Schweizer ist vor allem durch seine Dramen bekannt; in seinem Prosawerk wandte er sich aber auch dem Kriminalsujet zu.

Eberhart, Mignon Good (geb. 1899) 136, 142
Nach ihrem Studium und ihrer Heirat fing die US-Amerikanerin an, Kriminalromane und -geschichten zu schreiben.

Edogawa 158
Japanischer Kriminalromanautor, der in den zwanziger Jahren den Krimi als literarisches Genre in der japanischen Literatur etablierte.

Ellin, Stanley (geb. 1916) 173
Der New Yorker Schriftsteller hat in seinen Romanen und vor allem in seinen Kurzgeschichten das Kriminalsujet mit schwarzem Humor verbunden.

Euripides (484/485 oder 480–406 v. u. Z.) 10
Klassischer griechischer Tragödiendichter.

Faulkner, William (1897–1962) 149, 150; *149*
Der in New Albany, Mississippi, geborene Schriftsteller bildete in seinen Romanen und Erzählungen Land und Menschen seiner Heimat ab. 1950 wurde er mit dem Nobelpreis für Literatur ausgezeichnet.

Feuerbach, Johann Paul Anselm (1775–1833) 62; 63
Deutscher Philosoph und Rechtswissenschaftler, der feudale Willkür und Kabinettsjustiz bekämpfte.

Fielding, Henry (1707–1754) 52, 69
Bedeutender Dichter der englischen Aufklärung.

Fletcher, Joseph Smith (1863–1935) 119, 132, 133
Neben Lyrik und Biographien verfaßte der englische Schriftsteller auch ungefähr 100 Kriminalromane.

Fontane, Theodor (1819–1898) 90, 92, 94; *93*
F. entstammte einer Hugenottenfamilie. Er wirkte als Journalist, Theaterkritiker und Romancier. Seine Hinwendung zu einem kritischen Realismus führte ihn des öfteren zu Kriminalthemen.

Freeling, Nicholas (geb. 1927) 163
In London geboren, wuchs er in Frankreich auf, studierte in Dublin und arbeitete in den Niederlanden, ehe er begann, Kriminalromane zu schreiben.

Freeman, Richard Austin (1862–1943) 118, 119, 123
Der gebürtige Londoner war Arzt und arbeitete längere Zeit in Afrika. 1907 ließ er seinen Helden, einen Gerichtsmediziner, zum ersten Mal in einem Roman auftreten, in »The Red Thumb Mark«.

Gaboriau, Emile (1832–1873) 76, 79, 81, 84, 95, 96, 101, 103, 108, 109, 113, 161, 163, 176
G. war Sekretär bei F. Féval, einem populären Romanschriftsteller. Er mußte Gefängnisse und Gerichte besuchen und für Févals Romane die betreffenden Passagen schreiben. Später publizierte er seine eigenen Romane als Feuilletons in den Pariser Zeitungen.

Galen, Philipp, s. Lange, Karl Philipp August

Gardner, Erle Stanley (1889–1970) 136, 143, 150
US-Amerikaner, Jurist und bekannter Strafverteidiger. Von 1923 an begann er Kriminalkurzgeschichten in den »Pulps« zu veröffentlichen. 1933 erschien sein erster Perry-Mason-Roman. Im Mittelpunkt dieser Romane standen die Szenen vor Gericht, wie G. sie selbst erlebt hatte.

Gay, John (1685–1732) 53
Englischer Dichter, berühmt durch die »Beggar's Opera« (1728).

Gerstäcker, Friedrich (1816–1872) 86
Deutscher Reise- und Abenteuerschriftsteller, bekannt z. B. durch »Die Flußpiraten des Mississippi«, verfaßte auch einen Kriminalroman; das Kriminalsujet schlug bereits in einigen seiner Abenteuerromane durch.

Glauser, Friedrich (1896–1938) 164
Der geborene Wiener wechselte mehrfach den Beruf. Er errang kurz vor seinem Tode in der Schweiz noch einigen Erfolg als Schriftsteller.

Godwin, William (1756–1836) 53
Er gilt als der Theoretiker der englischen Romantik und stand in Beziehung zu den literarischen Persönlichkeiten seiner Zeit.

Green, Anna Katherine (1846–1935) 101, 103, 113
Ihr Vater war ein berühmter amerikanischer Strafverteidiger und ihr erster und bekanntester Roman ist die literarische Darstellung eines Rechtsfalles. In der Folge schrieb sie etwa 40 Kriminalromane.

Grillparzer, Franz (1791–1872) 54
Der Ausbildung nach Jurist, nahm G. sein Amt, vorwiegend zur Sicherung seines Lebensunterhaltes. Er ist einer der bedeutendsten Dramatiker Österreichs.

Gunn, Victor, s. Brooks, Edwy Searles

Hammett, Dashiell (1894–1961) 142, 143, 144, 145, 146, 148, 149, 150; *143, 145*
H. begann seine berufliche Laufbahn als Detektiv der Pinkerton-Agentur. Seine Erlebnisse dort schlugen sich seit 1922 in ersten Kriminalerzählungen nieder. Zwischen 1929 und 1934 erschienen die Kriminalromane, die ihn berühmt machten, wie z. B. »Red Harvest«. Wie Chandler war auch er maßgeblich an der Prägung der »hard-boiled story« beteiligt.

Häring, Georg Wilhelm (1758–1871) 62, 64
H. war Jurist am Berliner Kammergericht. Er wurde später Journalist und Schriftsteller, als solcher auch unter dem Pseudonym Willibald Alexis bekannt.

Harsdörffer, Georg Philipp (1607–1658) 23, 24, 25, 26, 31, 33, 172; *24*
Nürnberger Patrizier, Jurist und Dichter. Mitbegründer des Ordens der Pegnitzschäfer. Er war auch der Verfasser der »Frauenzimmer Gesprechspiele«.

Hart, Francis Newbold Noyes (1890–1943) 136
Die in Silver Spring, Maryland, geborene Autorin wurde berühmt durch den in der »Saturday Evening Post« erschienenen Roman »The Bellamy Trial« (1927).

Hauff, Wilhelm (1802–1827) 58
Nach dem Studium und der Promotion in Tübingen arbeitete er als Redakteur an Cottas »Morgenblatt«. Bekannt wurde dieser romantische Dichter vor allem durch seine Märchen.

Heliodor (um 400 v. u. Z.) 14
H. stammte aus Emesa (Syrien). Er schuf den hellenistischen Abenteuerroman.

Highsmith, Patricia (geb. 1921) 156; *154, 157*
Die US-amerikanische Schriftstellerin erreichte ihren literarischen Durchbruch nach ihrem Wechsel nach Europa – England und Frankreich. Schon ihr erster Roman »Strangers on a Train« (1950) wurde ein Bestseller und von Hitchcock verfilmt.

Himes, Chester (geb. 1909) 149
H. wurde in Jefferson City, Missouri, geboren. Als Afroamerikaner griff er in seinen Kriminalromanen die Rassendiskriminierung auf.

Hitchcock, Alfred (1899–1981) 135, 175; *133*
H. machte sich einen Namen als Produzent von Kriminalfilmen. Unter seinem Namen erschienen auch Kriminalanthologien und »Alfred Hitchcock's Mystery Magazine«.

Hitzig, Julius (1780–1849) 62, 64
Der gebürtige Berliner war Jurist am Kammergericht und gehörte zum Freundeskreis um E. T. A. Hoffmann.

Hoffmann, Ernst Theodor Amadeus (1776–1822) 56, 58, 59, 62, 64, 89, 158; *56*
Dichter der deutschen Romantik, gleichzeitig aber auch als Komponist und Maler wirksam. Als Jurist am Berliner Kammergericht tätig.

Holcroft, Thomas (1745–1809) 53
Der gebürtige Londoner betätigte sich als Schullehrer, Schauspieler und Journalist. 1778 begann er Komödien zu schreiben. »The Tale of Mystery« brachte das Melodrama auf die englische Bühne.

Holtei, Karl von (1798–1880) 84
Der vielseitig begabte Deutsche arbeitete als Schauspieler, Dramaturg und Schriftsteller.

Hornung, Ernest William (1866–1921) 113; *114*
Schwager Arthur Conan Doyles und ebenfalls literarisch tätig. Von Abenteuerromanen wechselte er zu den Raffles-Geschichten über.

Hugo, Victor (1802–1885) 94
Dichter der französischen Romantik, 1841 Mitglied der Akademie, 1845 Pair von Frankreich, der die Nöte der Elenden, »Les Misérables«, in seinem Werk behandelte.

Hull, Richard, s. Sampson, Richard Henry

Hume, Fergus Wright (1858–1932) 99
Engländer, der mit seinen Eltern nach Neuseeland auswanderte. Dort studierte er und wurde Rechtsanwalt. Die Lektüre von Gaboriaus Romanen regte ihn dazu an, selbst Kriminalromane zu schreiben. »The Mystery of a Hansom Cab« wurde in Australien, in England und in den USA eins der erfolgreichsten Bücher.

Iles, Francis, s. Cox Anthony

James, Phyllis D. (geb. 1920) 154

Kästner, Erich (1899–1978) 132; *131*
Deutscher, kritischer, humanistischer Schriftsteller, der besonders auch für die Kinder und die Jugend zu schreiben verstand.

Kaul, Friedrich Karl (1906–1981) 141
Jurist und Universitätsprofessor, der in internationalen politischen Prozessen die DDR vertrat.

Kemelman, Harry (geb. 1908) 156
Der Absolvent der Havard-Universität (USA) übte verschiedene Berufe aus, dann Professor am State College in Boston. 1947 begann er seinen Einstieg in die Literatur mit einer Kurzgeschichte.

Kisch, Egon Erwin (1885–1948) 139
Der tschechische Journalist und Schriftsteller schrieb in deutscher Sprache. Er war ein Meister der Reportage (»Der rasende Reporter«, 1925).

Klarow, Juri 168
Mitautor von A. Besuglow (s. d.).

Kleist, Heinrich von (1777–1811) 54, 55
Nach Aufgabe der Offizierslaufbahn wandte er sich dem Journalismus und der Literatur zu. Berühmt wurde er durch seine Dramen und Novellen, wie z. B. »Michael Kohlhaas«. Zunehmende Isoliertheit führte ihn schließlich zum Selbstmord.

Knox, Ronald Arbuthnott (1888–1957) 119, 132, 136
K. studierte Theologie in Oxford, wurde anglikanischer Geistlicher und trat 1917 zum Katholizismus über. 1919 zum Priester geweiht, ging er wieder nach Oxford. Auf wissenschaftlich-theologischem Gebiet arbeitete er an einer Bibelübersetzung, schrieb aber auch Kriminalromane und Essays über den Kriminalroman: Er stellte die zehn Gebote des »Fair Play« auf.

Kruse, Laurids (1778–1839) 84
Dänischer Schriftsteller, der seine Kriminalgeschichten in deutscher Sprache veröffentlichte.

Kwaśniewski, Kazimierz (geb. 1920) 170
Der polnische Autor hat neben Kinder- und Jugendbüchern auch Kriminalromane verfaßt.

-ky s. Bosetzky, Ernst

Lange, Karl Philipp August (1813–1899) 85
Unter dem Pseudonym Phillip Galen schrieb der preußi-

sche Militärarzt in seiner Jugend den Kriminalroman »Der Irre von St. James«.

Latude, Henry Masers de (1725–1805) 36
L. berichtete in seinen Memoiren über seine mehrfache langjährige Kerkerhaft.

Leblanc, Maurice (1864–1941) 114
Französischer Schriftsteller. L. hatte Rechtswissenschaften studiert. Mit Dramen und Kurzgeschichten wandte er sich dann aber der Literatur zu. Sein Arsène Lupin war eine Übertragung von Hornungs Raffles ins französische Milieu.

Lee, Manfred B. (1905–1971) 137, 138; *137*
Mitautor seines Vetters Dannay, Frederec, s. d.

Le Fanu, Joseph Sheridan (1814–1873) 74, 75, 132, 140
Der gebürtige Ire schrieb seine ersten Romane in der Tradition Walter Scotts, dann aber entwickelte er die Gothic Novel, d. h. den Schauerroman, weiter; seine interessanteste Novelle ist wohl »Carmilla«.

Le Queux, William (1864–1927) 115
Der gebürtige Londoner arbeitete als Zeitungskorrespondent und veröffentlichte auch Romane, meist Spionageromane.

Leroux, Gaston (1868–1927) 108, 109, 161; *109*
L. war der Ausbildung nach Jurist, arbeitete aber als Journalist und trat seit 1907 mit Romanen hervor, die teils das Crimensujet, teils das Gebiet des Abenteuerromans und des Schauerromans berührten.

Leskow, Nikolai Semjonowitsch (1831–1895) 94
Der russische Dichter war anfangs im Staatsdienst tätig, dann widmete er sich der Literatur. Seine Romane und Novellen sind gleichsam Sittenbilder seiner Zeit.

Levitschnigg, Heinrich Ritter von (1810–1862) 84
Der österreichische Journalist und Schriftsteller griff des öfteren das Kriminalthema in seinen Romanen auf. »Die Geheimnisse von Pest« erschienen 1852, später dann als früher Krimi »Der Diebsfänger« (1860).

Lewis, Matthew Gregory (1775–1818) 45
Nach Studium in Oxford wurde er Parlamentsmitglied, interessierte sich aber auch stark für die Literatur, knüpfte Kontakte zur Weimarer Klassik. Berühmt wurde er durch seinen Schauerroman »Ambrosio, the Monk«.

Lincoln, Abraham (1809–1865) 61, 100
Der sechzehnte Präsident der USA war ursprünglich Rechtsanwalt. Als solcher veröffentlichte er 1846 eine Novelle, die einen Fall aus seiner Praxis nacherzählte.

Lovesay, Peter (geb. 1936) 157
Dieser englische Schriftsteller ist gleichzeitig als Pädagoge tätig. Zusammen mit seiner Frau schreibt er Kriminalromane, die sich meist auf Berichte aus alten Zeitungen stützen.

Lowndes, Marie Belloc (1868–1947) 112
Die englische Schriftstellerin verfaßte eine Reihe von Kriminalromanen, die sich durch eine genaue Charakter- und Milieudarstellung auszeichnen.

Lundquist, Sune (1911–1975) 166; *167*
Der schwedische Bauingenieur schrieb unter dem Pseudonym Vic Suneson mehr als 20 Krimis, die alle in Stockholm angesiedelt sind.

Lustgarten, Edgar Marcus (geb. 1907) 141, 142
Nach Studium in Oxford eröffnete L. in Manchester ein Anwaltsbüro, arbeitete dann bei der BBC London. Er schrieb Kriminalromane und stellte brühmte englische Gerichtsfälle zusammen.

Mac Donald, Ross, s. Millar, Kenneth

Mac Kintosh, Elizabeth (1896–1952) *157*
Die schottische Schriftstellerin schrieb unter dem Pseudonym Josephine Tey. Da sie mit historischen Dramen und einem historischen Abenteuerroman bekannt geworden war, hatte sie gute Voraussetzungen, einen Historiokrimi zu entwickeln.

Marek, Jiří (geb. 1914) 139, 140; *139, 140*
Der Prager Journalist und Dozent für tschechische Literatur wurde Schriftsteller und arbeitete auch für das Fernsehen. Er gewann gegenüber anderen Autoren durch seine mit liebevoller Ironie aufgezeichneten alten Kriminalfälle.

Marlitt, Eugenie (1825–1887) 84
Bekannte deutsche Verfasserin von trivialen Romanen.

Marsh, Ngaio (geb. 1899) 158
Die in Christchurch (Neuseeland) geborene Autorin lebt in Neuseeland und England. Sie arbeitet für das Theater und schreibt Kriminalromane.

Marsh, Richard (1858–1915) 112
Der Oxford-Absolvent schrieb Gruselgeschichten und Kriminalromane, die oft das Gebiet des Mysteriösen berührten.

Mason, Alfred Eduard Woodley (1865–1948) 119, 124
Der gebürtige Londoner studierte in Oxford und war später Parlamentsmitglied. Er schrieb Kurzgeschichten und Kriminalromane, die einen französischen Detektiv zum Helden haben.

Matsumoto, Seicho (geb. 1909) 158; *158*
M. erhielt den Preis des japanischen Verbandes der Krimiautoren für seinen Roman »Ten to Sen« 1957 (englische Übersetzung: »Points and Lines«, deutsche Übersetzung: »Spiel mit dem Fahrplan«), der ein Welterfolg wurde.

Maupassant, Guy de (1850–1893) 94
Vor allem in den Novellen des bedeutenden französischen Romanciers findet man Kriminalsujets eingebaut und psychologisiert.

May, Karl (1842–1912)   88, 89
Der erzgebirgische Weberssohn verfaßte zunächst Heimatromane, die sowohl als Sensationsromane wie Sittengemälde angelegt waren. In ihnen wurde das Kriminalthema besonders häufig angeschlagen. Bekannt wurde er jedoch durch seine späteren Reise- und Abenteuerromane, insbesondere Indianerromane.

Meißner, August Gottlieb (1753–1807)   41; *38*
Der Konsistorialrat, Direktor der höheren Lehranstalten in Fulda, machte sich als Verfasser historischer Romane und seiner, mehr zeitgenössische Probleme aufgreifenden, »Skizzen« einen Namen.

Millar, Kenneth (geb. 1915)   150
US-amerikanischer Schriftsteller, der unter dem Pseudonym Ross Mac Donald veröffentlichte. Verheiratet mit Margaret Millar (s. d.). Anfangs tendierte M. zum Spionageroman, folgte dann aber dem von Chandler begründeten Typ des Krimnalromans.

Millar, Margaret (geb. 1915)   161
Sie hatte an der Universität von Toronto (Kanada) klassische Sprachen studiert, heiratete Kenneth Millar (s. d.), als Schriftsteller unter Ross Mac Donald bekannt, und begann 1941 ebenfalls Kriminalromane zu schreiben. Diese, mit scheinbar unerklärlichen Geheimnissen beladen, tendieren zum Psychokrimi.

Milne, Alan Alexander (1882–1956)   123, 124
Der englische Autor ist vor allem als Verfasser von Kinderbüchern bekannt, versuchte sich aber – mit Erfolg – im Kriminalgenre.

Möllhausen, Balduin (1825–1905)   88; *87*
Der nach Amerika (USA) Ausgewanderte kehrte 1854 nach Deutschland zurück, wo er sich schließlich in Berlin als Reise- und Romanschriftsteller niederließ.

Mostar, Gerhart Herrmann (1901–1973)   141
Schriftsteller und Dramatiker.

Murray, Max (1901–1956)   134
Der australische Schriftsteller schrieb ein Dutzend Kriminalromane, denen er Schauerstimmung unterlegen wollte.

Narcejac, Thomas (geb. 1908)   155, 156, 175; *154*
Neben seiner Tätigkeit als Gymnasiallehrer veröffentlichte der Franzose Romane und literaturkritische Schriften. 1948 erhielt er den »Prix du roman d'aventures«. Seit 1950 arbeitet er mit Pierre Boileau (s. d.) zusammen auf dem Gebiet des Kriminalromans. Theoretische Schriften zu dieser Gattung.

Neville, Margot   138
Pseudonym für die Autoren Neville Joske und Margot Goyder.

Pavon, Francisco Garcia (geb. 1919)   176
Der aus Kastilien stammende P. war Professor an der Nationalen Schauspielakademie. Auf dem Gebiet der Literatur tritt er durch Theaterkritiken und Kriminalromane hervor.

Pentecost, Hugh, s. Philips, Judson

Pfeiffer, Hans (geb. 1925)   141, 171
Der in Leipzig lebende Schriftsteller und Dozent für Dramatik am Johannes R. Becher-Institut schrieb einige Kriminalromane, befaßte sich aber vorwiegend mit historischen Kriminalfällen und der Geschichte der Kriminalistik.

Philips, Judson (geb. 1903)   155
Nach einem Studium an der Columbia-Universität schrieb er anfangs für »Pulps«, dann veröffentlichte er über fünfzig Kriminalromane.

Pitaval, François Gayot de (1673–1743)   26, 33, 34, 58
Berühmter französischer Rechtsgelehrter.

Poe, Edgar Allan (1809–1849)   7, 59, 60, 61, 74, 76, 78, 86, 96, 97, 108, 113, 115, 135, 158, 172, 175; *59, 61*
In Boston geboren, wurde der früh Verwaiste von seinen Pflegeeltern verstoßen und geriet in bitterste Armut. Er begann zu schreiben, gewann 1833 einen Kurzgeschichtenwettbewerb und wurde Redakteur. Er hatte literarische Erfolge, blieb aber in finanzieller Not.

Post, Melville Davisson (1871–1930)   133, 142
Der in Virginia (USA) geborene P. wurde Rechtsanwalt, wechselte aber dann zur Schriftstellerei über.

P. Q. s. Quentin, Patrick

Prodöhl, Günter (geb. 1920)   141
Der in der DDR lebende Journalist und Gerichtsreporter wandte sich dem Schreiben von Kriminalromanen und der Herausgabe interessanter Kriminalfälle zu.

Queen, Ellery, s. Dannay, Frederic, und Lee, Manfred B.

Quentin, Patrick   174
Unter diesem Pseudonym veröffentlichten die beiden Engländer Richard M. Webb und Hugh Callingham Wheeler (geb. 1913) gemeinsam Kriminalromane. Als weiteres Pseudonym verwendeten sie den Namen Jonathan Stagge. Zuletzt publizierte Wheeler allein unter P. Q., wobei der Einschlag schwarzen Humors sich stärker bemerkbar machte.

Raabe, Wilhelm (1831–1910)   94
Deutscher Romanschriftsteller, den realistische Detailschilderungen und epischer Erzählstil auszeichneten.

Radcliffe, Ann (1764–1823)   45, 140; *46*
Die in London geborene Ann Ward heiratete den Rechtsgelehrten W. Radcliffe, den späteren Herausgeber der Zeitschrift »The English Chronicle«. In ihren Romanen verfolgte sie die Traditionen des Schauerromans, den sie jedoch mit Kriminalsujets verband.

Rhode, John, s. Street, Cecil J. Ch.

Richer, François (1718–1790)   34
Der französische Parlamentsadvokat bearbeitete die »Causes célèbres et interessantes« von F. G. de Pitaval, die seit 1734 in Paris erschienen.

Richmond   70
Unter diesem Pseudonym erschien 1827 der dreibändige Roman: Richmond: »Scene in the Life of a Bow Street Runner«. Der Autor blieb unbekannt.

Rinehart, Mary Roberts (1876–1958)   113
Die in Philadelphia geborene Mary Roberts war mit einem Arzt verheiratet. 1903 begann sie Kurzgeschichten zu schreiben und wandte sich dann dem Roman zu. Sie verfaßte über 30 Kriminalromane. »Die Wendeltreppe« wurde bereits 1915 verfilmt.

Roosevelt, Franklin Delane (1882–1945)   138
Präsident der USA von 1933–1945, ein Liebhaber von Kriminalromanen, entwickelte die Idee zu einem Krimi, verschiedene Autoren übernahmen je ein Kapitel. Der Roman erschien 1935 unter dem Titel »The President's Mystery Story«, deutsche Ausgabe: »Spurlos verschwunden« (1937).

Sampson, Richard Henry (1896–1973)   173
Der Engländer schrieb unter dem Pseudonym Richard Hull. Seit Anfang der dreißiger Jahre dieses Jahrhunderts veröffentlichte er oft schockierend angelegte Krimis.

Sayers, Dorothy Leigh (1893–1957)   8, 119, 123, 130, 131, 132, 146,152; *129*
Die Studien in Oxford schloß S. mit dem Titel eines Magisters of Arts ab. Anfangs arbeitete sie in einer Werbeagentur; ihre Kriminalromane schrieb sie vorwiegend aus finanziellen Gründen. Daneben verfaßte sie auch religiöse Dramen und Lyrik und versuchte sich in Übersetzungen.

Scerbanenco, Giorgio (1911–1969)   176
Der in Kiew geborene S. kam mit seinen Eltern nach Italien. Er arbeitete in verschiedenen Berufen und wurde schließlich Kriminalschriftsteller.

Scherf, Margaret (geb. 1908)   172
Nach Abschluß des Studiums Arbeit im Verlagswesen. Seit 1939 schriftstellerische Tätigkeit. Ungefähr 20 Krimis.

Schestakow, Pawel   158, 159
Sowjetischer Autor.

Schiller, Friedrich von (1759–1805)   32, 38, 41, 42
Der Dichter der deutschen Klassik, berühmt vor allem durch seine Dramen, brachte dem Kriminalsujet starkes Interesse entgegen und steuerte selbst zu dem Genre bei.

Schkliarjewski, Alexander Andrejewitsch (1837–1883)   95
Ausbildung als Lehrer. Nach dem Erfolg der ersten Kriminalnovelle als freier Schriftsteller in St. Petersburg tätig. Die Behörden beauftragten den erfolgreichen Kriminalautor, an Untersuchungen teilzunehmen.

Shakespeare, William (1564–1616)   22
Berühmter englischer Dramatiker der Weltliteratur. In den Dramen griff S. immer wieder auf Kriminalsujets zurück.

Siewierski, Jerzy   175
Polnischer Autor.

Simenon, George (geb. 1903)   156, 162, 163, 164, 171, 175, 176; *162*
Französischer Kriminalschriftsteller. 1920 Erscheinen des ersten Romans von S. Seit 1930 in Paris. Veröffentlichte unter verschiedenen Pseudonymen Kurzgeschichten. Von 1931 an erschienen die Maigret-Romane. Emigration in die USA, danach Wohnsitz in der Schweiz. 1973 stellte S. seine literarische Tätigkeit ein. Interessant ist sein Briefwechsel mit André Gide.

Sjöwall, Maj (geb. 1935)   165, 166, 167, 175
Die schwedische Journalistin, verheiratet mit dem schwedischen Romancier P. Wahlöö (s. d.), verfaßte zusammen mit diesem Kriminalromane, die stark sozialkritisch gefärbt sind.

Slesar, Henry (geb. 1927)   173
Der gebürtige New Yorker, der in einer Reklameagentur arbeitete, erhielt für seinen ersten Krimi einen »Edgar«. Seine Kriminalromane und Kurzgeschichten sind vielfach von schwarzem Humor durchzogen, was sich bereits im Titel ausdrückt: »A Crime for Mother and Others«.

Sophokles (um 499–406 v. u. Z.)   10
Griechischer Tragödiendichter. Seine Stoffe, z. B. »König Ödipus«, entstammen der Mythologie.

Spieß, Christian Heinrich (1755–1799)   52
Der ehemalige Wanderschauspieler schrieb Ritterdramen, Geister- und Schauergeschichten, die ihm die Bezeichnung »Vater des Schauerromans« einbrachten.

Spillane, Mickey (geb. 1918)   149
Der gebürtige New Yorker veröffentlichte zuerst in den »Pulps«, bediente sich dann der Stilelemente der »hardboiled story«, um aufpeitschende, Gewalt und Rowdytum verherrlichende Kriminalromane zu schreiben. Seine Publikationen liegen unterhalb der literarischen Ebene.

Spranger, Günter (geb. 1921)   177
Der DDR-Schriftsteller hat neben Romanen auch Krimis verfaßt.

Stagge, Jonathan
Pseudonym für Richard M. Webb und Hugh Callingham Wheeler, s. d.

Stemmle, Robert A(dolf) (1903–1974)   141, 172
Zusammen mit Gerhart Herrmann Mostar gab er in der BRD den »Neuen Pitaval« heraus.

Stendhal (1783–1843) 94
Unter diesem Namen, nach dem Geburtsort Winkelmanns, Stendal, schrieb Henri Beyle, französischer Essayist und Romancier, bekannt u. a. durch »Die Kartause von Parma«.

Stevenson, Robert Louis (1850–1894) 75, 76; *75*
Den schottisch-englischen Schriftsteller reizten besonders psychologische Probleme, literarisch gefaßt in »Der seltsame Fall des Dr. Jekyll und Mr. Hyde«, und die Abenteuerthematik, so in »Die Schatzinsel«.

Stout, Rex (1886–1975) 137
Der US-amerikanische Autor hatte verschiedene Berufe ausgeübt, ehe er anfing, Kriminalromane zu schreiben, anfangs noch als Fortsetzungsromane in der »Saturday Evening Post« veröffentlicht.

Street, Cecil J. Ch. (1884–1964) 134
Ehemaliger Berufsoffizier, der sich der Kriminalliteratur zuwandte.

Sue, Eugène (1804–1857) 41, 76, 79, 81, 88; *80*
Der französische Journalist entwickelte mit seinen über 2000seitigen »Geheimnissen von Paris« den Kolportageroman.

Suneson, Vic, s. Lundquist, Sune

Symons, Julian (geb. 1912) 177
Der Londoner Journalist machte sich auch als Schriftsteller in verschiedenen Literaturgattungen, so auch mit Kriminalromanen, einen Namen. Mit der Geschichte der Kriminalliteratur befaßte er sich in »Bloody Murder«, 1972 (deutsche Ausgabe: »Am Anfang war der Mord«). Er war der Nachfolger Agatha Christies im Vorsitz des Detective Clubs.

Temme, Jodocus Donatus Hubertus (1798–1881) 64, 65, 86; *64*
T. amtierte von 1839–1843 als zweiter Direktor des Kriminalgerichts in Berlin. Der freiheitlich-demokratische Jurist wurde 1849 des Hochverrats angeklagt, freigesprochen, aber dennoch aus dem Staatsdienst entlassen. 1852 wurde er als Professor an die Universität Zürich berufen. Neben seiner juristischen Tätigkeit hatte er auch auf dem Gebiet der Belletristik Erfolge, die er besonders seinen Kriminalnovellen verdankte.

Tey, Josephine, s. Mac Kintosh, Elizabeth

Thackerey, William Makepeace (1811–1863) 66, 68, 73
Der englische Schriftsteller, der sich durch kritische Beobachtungsgabe und Menschenkenntnis auszeichnete, gab in seinen Romanen eine Art Sittengemälde wieder.

Tieck, Ludwig (1773–1853) 42
Der sogenannte »König der Romantik« bemühte sich in seinem Schaffen besonders um die Novelle.

Tschechow, Anton Pawlowitsch (1860–1904) 95
Der russische Schriftsteller begann seine literarische Tätigkeit als Erzähler, wandte sich später auch dem Drama zu. Kriminalthemen griff er jedoch nur im Roman und in einer Geschichte auf.

Twain, Mark (1835–1910) 100, 101; *102*
Pseudonym für Samuel Langhorne Clemens. Der nordamerikanische Schriftsteller wurde vor allem durch seine humoristischen Romane, aber auch durch die Jugendbücher um Tom Sawyer und Huckleberry Finn bekannt.

Upfield, Arthur (1888–1964) 138
Der junge Engländer wurde 19jährig von seiner Familie nach Australien abgeschoben. Er arbeitete dort als Koch, Schafhirt, Farmarbeiter, Goldsucher und Fallensteller. Seit 1926 befaßte er sich mit dem Schreiben von Kriminalromanen.

Vance, Louis Joseph (1879–1933) 114
Der New Yorker schrieb Romane um den »Lone Wolf«, in denen sich Abenteuer- und Kriminalmotive mischten.

Véry, Pierre (1900–1960) 155
Der französische Schriftsteller, der auch Drehbücher verfaßte, meinte, mit seinen Krimis »Märchen für Erwachsene« zu schreiben. Bekannt wurde er mit »L'assassinat du Père Noel«.

Vidocq, François Eugène (1775–1857) 60, 72, 76, 78, 97, 161; *78*
In Arras geboren, wurde V. während der Französischen Revolution Soldat, geriet dann unter Gauner, wurde gefaßt und abgeurteilt. Aus dem Bagno freigekommen, bot er Napoleon seine Dienste an, errang bedeutende Erfolge bei der Bekämpfung des Verbrecherunwesens und wurde der erste Chef der Pariser Kriminalpolizei, bis er zum Rücktritt gezwungen wurde.

Vollert, Anton 64
Berliner Autor (19. Jahrhundert), der den »Neuen Pitaval« in Nachfolge von Hitzig und Häring herausgab.

Vulpius, Christian August (1762–1827) 42
Der Weimarer Bibliothekar und Schwager Goethes wurde durch seinen Räuberroman »Rinaldo Rinaldini« bekannt.

Wahlöö, Per (1926–1975) 165, 166, 167, 175; *167*
W. verfaßte mit Maj Sjöwall etwa 10 Kriminalromane.

Wainer, Arkadi (geb. 1931) 168; *170*
Der sowjetische Schriftsteller, von Haus aus Jurist, schrieb mit seinem Bruder Georgi zahlreiche Kriminalromane, die auch in mehrere Sprachen übersetzt wurden.

Wainer, Georgi (geb. 1938) 168; *169*
W. war zunächst Korrespondent der Nachrichtenagentur TASS. Neben Kriminalromanen verfaßte er gemeinsam mit seinem Bruder Arkadi W. auch Kurzgeschichten und Manuskripte für Funk und Fernsehen.

Wallace, Edgar (1875–1932)   42, 119, 121, 123, 132, 138; *121, 122*
W. war längere Zeit als Reporter in Südafrika und veröffentlichte, nachdem er nach England zurückgekehrt war, seinen ersten Kriminalroman »The Four Just Man« (»Die vier Gerechten«). In den folgenden Jahren schrieb er 172 Romane und 17 Dramen. Seine Einnahmen beliefen sich auf etwa 250 000 Dollar pro Jahr.

Walpole, Horace (1717–1797)   44, 45; *45*
Auf seinem Gute Strawberry legte der englische Brief- und Memoirenschreiber eine kostbare Sammlung alter Bücher, Schriften und Kunstwerke an. Sein Interesse an Geschichte und Belletristik schlug sich in der ersten Gothic Novel, »Castle of Otranto«, nieder.

Webb, Richard M.   174
Englischer Schriftsteller, der mit Wheeler, Hugh Callingham, unter den Pseudonymen Patrick Quentin (s. d.) und Jonathan Stagge zusammenarbeitete.

Wells, Carolyn (1870–1942)   136
Die US-amerikanische Bibliothekarin wandte sich dem Schreiben von Romanen, auch Kriminalromanen, zu und verfaßte »The Technique of the Mystery Story«.

Werner, Zacharias (1768–1823)   54
Nach einem sehr wechselvollen Leben wurde W. Domherr; bekannt war er durch seine Schicksalstragödien.

Werremeier, Friedhelm (geb. 1929)   171
BRD-Journalist und Verfasser von Kriminalromanen.

Wheeler, Hugh Callingham (geb. 1913)   174
Englischer Schriftsteller, der mit Webb, Richard M., unter den Pseudonymen Patrick Quentin (s. d.) und Jonathan Stagge zusammenarbeitete.

Wickram, Jörg (geb. um 1505 oder 1520, gest. vor 1562)   21
W. gründete 1549 in Kolmar eine Meistersingerschule, amtierte in Burgheim als Stadtschreiber und brachte 1555 das »Rollwagenbüchlein«, eine Schwank- und Erzählsammlung, heraus.

Wilde, Oscar (1854–1900)   95
Irischer Schriftsteller; berühmt vor allem durch seine Dramen, parodierte sowohl Spukgeschichten »Das Gespenst von Canterville« wie Mordgeschichten »Lord Arthur Savile's Verbrechen.«

Wright, Willard Huntington (1888–1939)   136
Der US-amerikanische Kunstkritiker begann ab 1925 Kriminalromane zu schreiben, und zwar bewußt für eine elitäre Leserschicht. Er schrieb jedoch unter dem Pseudonym S. S. van Dine, um, wie er meinte, seinen Ruf als Kunstkritiker nicht zu gefährden.

Zola, Emile (1840–1902)   94; *92*
Der französische Romancier mußte bei der Anlage seines großen Romanzyklus »Les Rougon-Macquart« – ein Bild der Gesellschaft im zweiten Kaiserreich – bereits Verbrechertypen und Kriminalsujets mit einarbeiten. Sein früher Roman »Thérèse Raquin« (1867) ist auf ein Kriminalthema gebaut, aber nicht als Krimi anzusehen.

Bildnachweis

ADN, Berlin 133 rechts, 141, 152
Archiv der Autorin 16, 20 links, 25 links, 30, 40, 80 unten links, 87, 88, 98, 102
Archiv des Fernsehens der DDR 76, 77
Aufbau-Verlag Berlin und Weimar 105 oben links
Deutsche Fotothek, Dresden 17, 18, 19, 30 unten
Deutsche Staatsbibliothek Berlin 21, 37 oben links, 38 unten, 43, 55, 56, 59, 61, 63 unten links, 68, 71, 72 links, 75, 80 oben, 96, 104, 117 oben links, 121, 124, 129, 130, 145 links, 149
Henkel, Thea, Berlin 13 links
Karger-Decker, Heinz, Berlin 12, 13 rechts, 28 oben, 29, 34, 35 unten, 38 oben, 47, 69, 97, 101, 103
Museum der bildenden Künste, Leipzig/Joachim Petri Frontispiz, 48, 49, 50, 51

Nachlaß B. Brecht/H. Weigel 125, 141, 148, 177
Plaul, Hainer, Berlin 44
Progress Verlag, Moskau 127 unten links
Staatliche Galerie Moritzburg, Halle 27
Staatliche Museen zu Berlin, Kupferstichkabinett und Sammlung der Zeichnungen 24, 36
Staatliches Filmarchiv der DDR, Dokumentensammlung 57, 93 oben, 105 oben rechts und unten, 106, 120, 121, 122, 126 unten, 127 oben und unten links, 147, 157, 159, 163, 164
Verlag Das Neue Berlin 72 rechts, 114, 117 oben rechts
Verlag Volk und Welt, Berlin 139, 140, 145 rechts, 154 links, 158, 162, 167, 169 links, 170